정민 교수의 삼국유사 깊이 읽기

불국토를 꿈꾼 그들

정민 교수의 삼국유사 깊이 읽기
불국토를 꿈꾼 그들

초판 1쇄 발행일 | 2012년 8월 14일
초판 2쇄 발행일 | 2012년 9월 5일

지 은 이 | 정 민
펴 낸 이 | 임 인 규

펴 낸 곳 | 동화출판사/문학의문학
주   소 | 413-756 경기도 파주시 교하읍 문발리 509-3 파주출판단지
전   화 | (031)955-4961
팩   스 | (031)955-4960
등록번호 | 제3-30호(1968.1.15)
홈페이지 | www.dhmunhak.com

ISBN 978-89-431-0396-5 (03910)

정민 교수의 삼국유사 깊이 읽기

불국토를 꿈꾼 그들

정 민 지음

문학의 문학

| 머리말 |

《삼국유사》는 상상력의 보물창고다. 우리 문화의 비밀을 푸는 짚코드다. 하지만 읽을 때마다 알 듯 모를 이야기뿐이다. 잡았다 싶으면 어느새 저만치 달아나 종잡을 수가 없다. 황당한 이야기 속에 진실이 숨 쉰다. 여태 《삼국유사》를 제대로 읽어 보자고 달려든 사람이야 어찌 손으로 꼽겠는가? 그래도 책 속의 이야기들은 여전히 실체를 숨긴 채 오리무중 속이다. 그만큼 텍스트의 결이 깊고, 중층적이다.

그간 몇 차례의 대학원 수업과 학부의 〈문학 텍스트의 상징 읽기〉 강의에서 학생들과 함께 이 글들을 읽었다. 읽을 때마다 난독증의 울렁거림이 있었다. 뭔가 있기는 한데, 맥락이 잘 엮이질 않았다. 학생들은 번번이 격심한 혼란에 빠져들곤 했다. 만만치가 않았다.

이 책은 불교 전래 이후 불국토를 꿈꾸었던 신라인들의 드높은 이상과 뜨거운 열망을 뒤따라가 본 자취다. 재래의 토착신앙이 불교에 자리를 내주었다. 신심은 아래로부터 불붙지 않고 임금과 왕비의 솔선수범에 따라 하층의 노비로까지 확산되었다.

이들은 신라가 과거불 시대의 불국토였음을 조금도 의심치 않았다. 땅속에 묻혀 까맣게 잊고 있던 자신들의 DNA를 이제야 되찾았다는 기쁨에 들떴다. 부처는 서방정토에만 있지 않았다. 이 땅이 바로 불국토요, 이 백성이 다름 아닌 진신의 부처였다. 상하귀천을 따지지 않는 염불과 독경 소리가 전국 방방곡곡에 울려퍼졌다. 우뚝한 탑이 여기저기서 울쑥불쑥 솟고, 신심의 깊이와 높이도 그와 함께 쑥쑥 자랐다. 무서운 외적도 부처님만 있으면 하나도 두렵지 않았다. 온갖 여우 귀신과 독룡들의 세상은 물러가고 광명한 화엄 만다라의 세계에 눈이 온통 부셨다. 문두루의 비법 앞에서는 아무 두려움도 거침도 없었다. 그 힘으로 신라는 삼국을 통일했고, 천년 왕국을 견인했다. 그리고 그 신심이 시들어 그 자리에 탐욕이 들어 앉으면서 쇠망의 깊은 늪에 빠져들었다.

짬짬이 현장을 답사했다. 물어물어 잊혀진 왕릉과 절터를 찾았다. 관기와 도성이 서로를 그릴 때마다 나무들이 일제히 그 방향으로 쏠렸다는 현풍 비슬산의 소나무는 오늘도 여전히 도성암 쪽으로 일제히 몰려 서 있다. 바위를 쪼개고 솟구친 도성을 향한 관기의 그리움은 여전히 현재진행형이었다. 물어물어 헤매다 희강왕의 초라한 무덤 앞에 서서 목 매 자살하던 비극의 그날을 생각했다. 단석산에 올라 단석斷石에 새겨진 명문을 어루만지며 김유신과 그 무리의 수련 장면을 떠올렸다. 내가 화랑이라도 된 양 양양했다. 부례랑이 만파식적을 타고 살아 돌아왔다는 백률사를 찾아 오르고, 미추왕릉 둘레에서는 있지도 않은 대숲에 마음이 오래 머물곤 했다.

황룡사지는 내게 늘 애잔하다. 그곳 풀밭에는 갈 때마다 종달새의 울음소리가 떠 있곤 했다. 그때 탑 꼭대기까지 곧장 올라갔다가 풀밭에 내려앉기를 반복하던 기억을 못 잊어서일까? 분황사 돌우물 곁에 서면 손바닥에 구멍을 뚫고 줄에 꿰어 용맹정진하던 욱면의 모습이 보였다. 이윽고 화쟁국사 비부碑趺를 어루만지다가, 어슬렁 어슬렁 걸어 산업도로 건너편 도림사지에 한참을 앉아 있다 오곤 했다. 감은사지 바닥에는 용으로 변한 문무왕의 넋이 드나들던 입구 자리가 여태도 선명하다. 황룡사 대종이 잠겼다는 대종천을 지나 이견대에서 바라보는 저물녘의 해중릉은 장엄했다. 익산의 사자산 정상에서 미륵사지를 내려다보며 장대했던 의자왕의 꿈과 좌절을 곱씹던 봄날도 생각난다. 문잉림과 신유림 자락에 여운을 주며 사천왕사 발굴 현장을 오래 서성거렸다.

기록이 있었고 현장이 있었다. 번번이 거짓말처럼 옛 자취가 그대로 살아 있는 데 놀라곤 했다.

《삼국유사》는 허튼 말이 하나도 없었다. 해석이 어려운 것은 해독의 코드를 잃어버렸기 때문이다. 단절을 이어 맥락을 복원하는 일이 시급하다. 하지만 정해진 답은 없다. 열린 텍스트인 까닭이다. 그러니 장님 코끼리 만지기 식으로 저마다 본 대로 말하고 느낀 대로 적을밖에. 이 글도 그런 사족의 하나다.

2012년 8월 1일 하버드 연경학사에서

정민 적다.

| 차 례 |

도깨비 대장 비형랑

귀신과 도깨비는 옛 이야기 속의 단골손님이다.
《삼국유사》〈기이紀異〉편에 실린
〈도화녀桃花女와 비형랑鼻荊郎〉조의 귀신 이야기는
조금 색다르다.
왕이 등장하고, 귀신과 인간과의 사랑 이야기에 더하여
복잡한 신라 왕계의 문제가 한데 얽혀 있다.
신라 사람들의 귀신이나 도깨비에 대한 생각은 어땠을까?
인간계와 귀신계는 어떻게 연결되어 있나?
이 이야기의 행간에 역사는 또 어떻게 끼어들고 있는가?
이 글에서 알아볼 참이다.

진지왕과 도화녀

진지왕眞智王은 신라 25대 왕이다. 《삼국유사》는 그에 대해 이렇게 적었다.

> 제 25대 사륜왕舍輪王은 시호가 진지대왕이니, 성은 김씨다. 왕비는 기오공起烏公의 딸인 지도 부인知刀夫人이다. 대건大建 8년 병신년(576)에 즉위했다. 나라를 다스린 지 4년에 정치가 어지럽고 황음荒淫에 빠져 나라 사람이 이를 폐위시켰다.

그는 진흥왕眞興王의 둘째 아들이었다. 태자 동륜銅輪이 일찍 죽어 왕위에 올랐다. 그는 재위 4년 만인 579년에 정치 혼란과 황음을 이유로 폐위되었고, 그해 7월 17일에 세상을 떴다. 《삼국사기》가 정리한 그의 치세는 원년에 이찬 거칠부를 상대등으로 등용하면서 시작되었다. 2년 봄에는 신궁에 제사를 지내고 대사면을 단행하여 야심찬 시작을 알렸다. 그해 10월에 침범해 온 백제군을 물리쳐 무려 3천7백 명의 수급을 베는 전과를 거두었다. 이어 내리서성內利西城을 쌓아 적의 침범에 대비했다. 3년 가을에는 백제의 알야산성閼也山城을 함락시켰다. 하지만 4년 봄 2월에 백제는 웅현성熊峴城과 송술성松述城을 쌓아 신라의 산산성蒜山城과 마지현성麻知峴城, 내리서성으로 통하는 길을 차단했다.

선왕인 진흥왕의 국경 개척이 끊임없는 반격으로 되돌아오던 상황에서 이같이 허를 찌르는 백제의 반격은 신라에 상당한 타격을 주었을 법하다. 하지만 정사正史인 《삼국사기》는 진지왕이 그저 죽었다고만 적었다. 그렇다면 《삼국유사》에서 말한 국정 문란과 황음의 폐위 사유는 어찌 된 것일까?

《삼국유사》는 왕의 황음에 대한 예증이라도 들겠다는 듯이 위 기록에 이어 폐위 이전 도화녀와의 사이에서 일어난 사건을 장황하게 기술했다. 글을 보자.

> 이에 앞서, 사량부沙梁部의 서녀庶女가 자색이 몹시 아름다워 사람들이 도화랑桃花娘으로 불렀다. 왕이 듣고 궁중으로 불러들여 관계하려 했다. 여자가 말했다. "여자가 지킬 바는 두 지아비를 섬기지 않는 것입니다. 지아비가 있는데 다른 사람에게 가는 것은 비록 만승萬乘의 위엄으로도 끝내 빼앗지 못할 것입니다." 왕이 말했다. "죽인다면 어찌하겠느냐?" 여자가 말했다. "차라리 저자에서 죽임을 당할망정 원컨대 그를 따르지 않겠습니다." 왕이 장난으로 말했다. "지아비가 없다면 되겠느냐?" 여자가 말했다. "됩니다." 왕이 놓아 보내 주었다.
>
> 이해에 왕은 폐위되어 죽었다. 2년 뒤 그 남편도 죽었다.

열흘쯤 되었을 때, 홀연 밤중에 왕이 평소의 모습대로 여자의 방에 와서 말했다. "네가 예전에 승낙한 적이 있다. 이제 네 남편이 없으니 되겠느냐?" 여자가 가볍게 승낙하지 않고, 부모에게 고하였다. 부모가 말했다. "군왕의 명이니 어찌 피하겠느냐?" 그러고는 그 딸을 방에 들여보냈다. 왕이 7일간 머물렀는데, 항상 오색구름이 집을 덮었고, 향기가 방에 가득했다. 7일 뒤에 홀연히 종적이 없어졌다. 여자가 인하여 임신하더니, 달이 차서 장차 낳으려 하자 천지가 진동하였다. 낳아 사내 아이 하나를 얻으니, 이름을 비형鼻荊이라 하였다.

도화녀는 남편이 있는 여자였다. 그런데도 예쁘다는 소문을 듣고 왕은 그녀를 궁중으로 불러들였다. 황음이란 비난을 받아 마땅한 처사다. 하지만 진지왕은 여자의 도리를 말하며 완강히 거부하는 그녀를 폭압으로 누르지 않고 순순히 돌려보내 주었다. 《삼국사기》 열전에 나오는 백제 개로왕蓋鹵王의 경우와는 사뭇 다른 전개다. 개로왕은 도미都彌의 처가 말을 듣지 않자 그 남편 도미의 두 눈을 뽑아 버리고 그 처를 겁탈하려 했다.

하지만 개로왕이 끝내 도미 처를 품에 넣지 못한 것과 달리, 진지왕은 죽어서도 혼백으로 찾아와 그녀와 동침하고, 마침내 아들 비형을 얻는다. 왕의 바람기는 죽어서도 식지 않았던 것이다. 죽어 귀신이 되어서까지도 이승의 여인을 잊지 못해 거처로 찾아드는 진지왕의 모습은 자못 진지하다. 도화녀의 처신은 결코 가볍지 않았고, 부모를 등장시킨 것은 두 사람의 결합이 집안의 공인 아래 이루어진 것임을 말해 준다.

무슨 일이 있었는가?

확실히 진지왕의 폐위와 진평왕眞平王의 즉위에는 무언가 감춰진 곡절이 있다. 정사인 《삼국사기》의 기록만으로는 폐위의 속내가 가늠되지 않는다. 《삼국유사》는 정치 혼란과 왕의 황음을 폐위 이유로 들었지만, 이도 석연치는 않다. 미묘한 노선 차이와 드러나지 않은 권력 투쟁이 있었고, 왕의 폐위는 그 결과였을 터. 도화녀와의 예화는 왕의 황음에 대한 간접적 예시야 되겠지만, 이 에피소드를 다루는 《삼국유사》의 태도는 결코 비난의 어조가 아니다. 하기야 진지왕과 도화녀의 삽화는 주인공인 비형랑을 등장시키기 위한 사전 포석일 뿐이기도 하다.

여기서 잠깐 살피고 넘어갈 것이 있다. 불교를 전격적으로 수용한 23대 법흥왕法興王과, 그를 이어 영토 확장과 율령 정비로 왕권을 강화시켰던 24대 진흥왕 대에서 진평왕의 치세로 이어지는 시기 신라 왕실의 불교 신앙 문제가 그것이다.

법흥왕 14년(527) 이차돈異次頓의 순교는 신라 왕실에서 불교를 단번에 국교國敎의 지위로 올려놓는 계기를 마련한다. 법흥왕의 재위 기간은 27년이었다. 왕은 즉위 18년(531)에 이찬 철부哲夫를 상대등에 임명하고 나라의 정사를 모두 그에게 맡겼다. 상대등이란 벼슬이 이때 처음 시작되었다. 만년에 왕은 아예 왕위를 버리고 법공法空이란 법명을 짓고 출가하기까지 했다. 그는 조성 중에 있던 흥륜사興輪寺에 머물렀다. 왕비인 박씨 보도 부인保刀夫人도 왕을 따라 비구니가 되어 묘법妙法이란 법명으로 영흥사永興寺에 머물렀다.

법흥왕의 아우인 갈문왕葛文王 입종立宗의 아들 삼맥종彡麥宗이 보위를 이어 24대 진흥왕이 된다. 진흥왕은 37년간 보위에 있었다. 즉위 당시 그는 15세(《삼국사기》엔 7세로 되어 있다)였다. 왕비는 박씨 사도 부인思道夫人이었다. 즉위 5년(544)에 마침내 흥륜사가 완공되고, 남녀가 출가하여 승려 되는 것을 국법으로 허용했다. 35년(574) 봄 3월에는 황룡사의 장륙존상이 조성되었다. 왕은 이 장륙존상이 고대 인도의 아육왕阿育王이 조성하려다 끝내 실패하고 배에 실어 보낸 철과 황금으로 주조했다는 설을 퍼뜨려, 이를 계기로 신라의 불국토설을 확산시켰다. 10년(549)에는 각덕覺德을 통해 양나라에서 부처의 사리가 왔다. 37년(576)에는 안홍安弘 법사가 수나라로 가서 불법을 묻고, 호승胡僧 비마라毗摩羅 등과 함께 돌아와 《능가승만경楞伽勝鬘經》과 부처의 사리를 바쳤다.

진흥왕에 대해 《삼국사기》는 이렇게 적고 있다.

> 왕은 어린 나이에 즉위하여 한 마음으로 불교를 신봉했다. 말년에 이르러서는 머리를 깎고 승복을 입었다. 법운法雲이라 자호하며 그 몸을 마쳤다. 왕비 또한 이를 본받아 비구니가 되어 영흥사에 머물렀다.

왕비의 법명은 묘주妙住였다. 그녀의 출가 시기가 진흥왕 33년(572)이었던 것으로 보아, 진흥왕이 머리를 깎은 것도 이때쯤이었을 것이다.

진흥왕은 아들의 이름을 독특하게 지었다. 큰 아들은 동륜銅輪, 둘째는 사륜舍輪 또는 금륜金輪, 셋째는 국륜國輪이었다. 이는 하늘로부터 보륜寶輪을 얻어 세계를 통치한다는 이상적 제왕인 전륜성왕轉輪聖王의 다른 이름이기도 하다. 전륜성왕은 칼과 무력이 아닌 정의의 힘으로 세상을 정복하고 지배하는 절대적 군주다. 여기에는 철륜鐵輪·동륜銅輪·은륜銀輪·금륜金輪 등 4왕이 있다. 저마다 설이 다르지만, 인간의 수명이 2만 세가 되면 철륜왕이 출현하여 왕이 되고, 4만 세에는 동륜왕이 출현하며, 6만 세 때는 은륜왕이, 그리고 8만 세가 되면 금륜왕이 나타나 천하에 군림한다고 했다. 둘째인 사륜은 금륜으로도 불렸다고 했으니, 진흥왕은 자식의 이름을 전륜성왕의 이름을 따서, 이들이 차례로 세상을 지배하는 이상적 군주가 되었으면 하는 바람을 담았던 셈이다.❖

법흥왕은 불법을 일으켰고, 진흥왕은 흥륜사의 대역사를 마무리 지어 법륜法輪, 즉 불법佛法의 수레바퀴를 힘차게 돌렸다. 신라는 불교가 공인된 지 불과 수십 년 만에 두 왕과 왕비가 잇따라 머리를 깎고 출가를 결행했을 만큼 순식간에 불교 기반을 확고히 강화했다. 이들은 거처를 각각 흥륜사와 영흥사로 구분하여 따로 지냈을 만큼 독실한 수도 생활을 했다.

❖ 관련 논의는 안지원, 〈신라 진평왕 대 제석신앙과 왕권〉, 《역사교육》 제 63집(역사교육연구회, 1997), 79쪽을 참조할 것. 이 논문에서는 진흥왕이 왕자들의 이름을 이렇게 지음으로써 자신을 전륜성왕으로 자처한 것이라고 이해했다.

하지만 진흥왕 27년(566)에 태자로 책봉되었던 동륜은 왕에 앞서 세상을 떴다. 둘째인 사륜이 보위를 이으니 그가 바로 진지왕이다. 그런데 진지왕은 앞선 왕들과 달랐다. 아예 머리를 깎고 법복을 입으며 왕비까지 비구니가 되게 했던 선왕들과는 반대로 진지왕은 여색을 거침없이 밝히고, 행동에 절제가 없었다. 백제와의 전쟁 등으로 정치적 혼란마저 가중되자 국인國人으로 대변되는 화백회의는 진지왕의 폐위를 결정하기에 이른 것으로 보인다. 아마도 진지왕의 폐위는 그의 반불교적 처신과 무관치 않을 듯싶다.

어쨌거나 왕은 재위 4년 만에 폐위되었고, 폐위된 그해에 바로 세상을 떴다. 진흥왕(534-576)이 사망시 불과 40대 중반의 나이였던 것으로 보아, 진지왕은 사망 당시 아직 20대였을 것이다.

진지왕을 폐위시키고 즉위한 이가 26대 진평왕이다. 그는 진흥왕의 장남인 동륜 태자의 아들이었다. 왕은 즉위 이후 무려 54년간이나 보위를 지켰다. 진평왕의 이름은 백정白淨이었고, 왕비는 갈문왕 복승福勝의 딸 마야 부인摩耶夫人이었다. 동생의 이름은 백반伯飯과 국반國飯이었다. 그런데 이 이름이 또한 절묘하다. 백정은 달리 정반왕淨飯王으로 불리는 중인도 가비라국의 임금으로, 다름 아닌 석가모니 아버지의 이름이기도 하다. 그의 왕비는 사자협왕獅子頰王의 아들인 구리성주拘利城主 선각왕善覺王의 누이 마야 부인이었다. 결국 진평왕과 왕비의 이름은 석가모니의 부모 이름과 같게 되는 셈이다. 그뿐이 아니다. 동생 백반 또한 사자협왕의 둘째 아들로 석가모니 삼촌의 이름이었다.

진평왕과 왕비, 그리고 형제들의 이름은 모두 석가모니의 부모와 삼촌의 그것과 같다. 앞서 진흥왕이 아들들의 이름을 전륜성왕의 이름으로 지은 것과 동일한 발상에 기초한다. 다만 진평왕은 여기서 한 걸음 더 나아가 석가모니 부처님의 부모 이름을 따서 지음으로써, 다음 대에 석가모니 부처님과 같은 임금이 출현해서 신라를 온전한 불국토로 만들어 주었으면 하는 강력한 염원을 피력했다.

하지만 왕의 이 소망 역시 이루어지지 않았다. 그는 아들 없이 뒤에 선덕 여왕이 되는 딸 덕만德曼을 낳았다. 보위는 다시 진덕 여왕이 되는 조카 승만勝曼으로 이어졌다. 승만 또한 불경 속에 등장하는 이름이다. 인도 사위국 바사익왕의 딸로 아유타국의 왕 우칭友稱의 부인이다. 그녀는 법흥왕 때 안홍 법사가 들여왔던 《승만경

勝鬘經》의 중심인물이기도 하다. 《승만경》은 승만 부인이 석가모니께 자기의 사상을 여쭙자, 석가가 이를 기쁘게 받아들이는 내용을 담고 있다. 진평왕의 후비인 손씨의 이름도 승만 부인僧滿夫人인 것을 헤아린다면, 진평왕은 고대 인도의 석가모니 집안의 족보를 왕실에 그대로 옮겨 놓으려 했음이 분명하다. 그는 이렇게 함으로써 신라 왕실이 석가모니 집안을 재현하는 불국토임을 입증하려 했

▲ **진평왕릉** 진평왕은 11척의 장신으로 제석궁의 돌계단을 밟아 두 개로 쪼갤 만큼 힘이 셌다. 왕릉은 보문동 가는 들판에 자리잡았다. 맞은편 낭산에 묻힌 딸 선덕여왕의 무덤과 마주 보고 있다.

다. 이른바 석종의식釋宗意識으로 일컬어지는 이러한 의식의 강화는 진지왕을 폐위시킨 후 동요하는 민심을 불법의 힘으로 진정시켜 흔들리는 왕권을 확고히 세우려는 의지로 읽힌다.❖

진평왕은 여기서 그치지 않고, 진흥왕의 장륙존상 조성의 예를 본떠 즉위 원년에 천사天使가 상황上皇의 뜻을 받들어 옥대玉帶를 하사했다는 신화를 유포시켰다. 또 궁궐 내에 있던 제석궁帝釋宮의 섬돌을 발로 밟아 부서뜨림으로써 자신의 권위에 대한 의구심을 말끔히 씻어 내려 했다.

❖ 석종의식釋宗意識과 관련된 논의는 안지원, 〈신라 진평왕 대 제석신앙帝釋信仰과 왕권〉, 《역사교육》 제 63집(역사교육연구회, 1997. 9)을 참조할 것.

한편 진지왕과 진평왕의 차이는 계통의 차이로도 설명된다. 진흥왕과 진지왕은 왕비를 모두 박씨에게서 취했다. 이른바 진골 계통이다. 하지만 태자 동륜은 아내를 김씨 만호 부인萬呼夫人으로 맞아들임으로써 성골 계통의 왕계를 출범시켰다. 성골 계통의 편협한 순수혈통주의가 바로 석가모니 집안의 재현으로 대변되는 석종의식의 강화로 이어졌고, 다음 시기 성골 내부의 승계 원칙에 따라 최초의 여왕인 선덕 여왕 체제의 출범으로까지 연결되었다.

도깨비 무리를 부리는 비형랑

이제 이러한 복잡한 상황을 안고, 다시 주인공인 비형랑의 이야기로 돌아오기로 한다. 이어지는 《삼국유사》 〈도화녀와 비형랑〉조의 기사를 계속해서 읽어 본다.

> 진평 대왕이 그가 남다르다는 말을 듣고, 거두어 궁중에서 길렀다. 나이 15세가 되자 벼슬을 내려 집사執事로 뽑았다. 매일 밤 도망가서 먼 데서 놀았으므로, 왕이 용사 50명을 시켜 이를 지키게 했다. 매번 날아서 월성을 넘어 서쪽으로 경성 서편에 있는 황천荒川의 언덕 위로 가서 귀중鬼衆들을 이끌고 놀았다. 용사들이 숲속에 엎드려서 엿보니, 귀중들은 여러 절의 새벽 종소리를 듣고서야 각자 흩어져 갔고, 낭 또한 돌아왔다.
>
> 군사들이 이 일을 아뢰자, 왕이 비형을 불러 말했다. "네가 귀신을 이끌고 논다는데, 사실이냐?" 낭이 말했다. "그렇습니다." 임금이 말했다. "그렇다면 네가 귀신의 무리를 부려서 신원사神元寺 북쪽 도랑(신중사神衆寺라고도 하나 잘못이다. 황천 동쪽의 깊은 도랑이라고도 한다)에 다리를 만들도록 해라." 비형이 명을 받고 그 무리를 부려서 돌을 다듬어 하룻밤 만에 큰 다리를 놓았다. 그래서 이름을 귀교鬼橋라 한다.

이 이야기를 어찌 이해해야 할까? 비형랑은 귀신이 인간과 관계해서 낳은 아이였다. 그는 사람이면서 귀신이고, 귀신이면서 사람이었던 모순적 존재다. 촌수로만 따지면 진평왕과 비형랑은 4촌간이었다. 왕이 비형랑의 존재를 바로 알았던 것을 보면 비형랑의 출생과 관련된 풍문은 당시 꽤 널리 유포되었음이 분명하다. 진평왕은 그의 비범성을 들어, 아예 왕실로 데려와서 길렀다. 그와 관련된 불온한 풍문을 이렇게 해서 서둘러 잠재우려 한 것이다. 나이

15세 때는 비형랑을 집사로 삼았다. 진지왕이 세상을 뜬 후 2년 뒤에 도화녀에게 나타났고, 여기에 임신 기간을 합친다면, 이때는 진평왕 18년 또는 19년에 해당한다. 집사는 왕의 가신적家臣的 성격을 띤 근시직近侍職이다.

그런데 왕실에서 자란 소년은 집사가 되고서도 밤마다 궁궐을 벗어나는 모험을 즐겼다. 50명의 용사를 곁에 두어 지키게 한 것으로 보아, 비형랑의 외부 접촉을 왕이 몹시 꺼렸음을 알 수 있다. 그가 가는 곳은 월성 서쪽에 있는 황천 언덕이었다. 그는 그곳에서 귀중과 어울려 지냈다. 귀신이 된 임금의 혈통인지라, 귀중들도 그에게 복종했다. 이때 귀鬼는 그저 여느 귀신이 아니라, 신라 사람들이 두두리라고 불렀던 도깨비다. 허겁지겁 비형랑의 뒤를 쫓아간 용사들의 전언을 통해 이 일이 왕에게까지 알려졌다. 비형鼻荊은 뜻으로 풀면 '코에 가시'다. 코가 유난히 뾰족했던 그의 신체적 특징과 무관치 않다고 본다. 이것이 도깨비와의 연상 작용을 일으켰을 가능성도 있다.

왕은 비형랑과 도깨비 무리를 차단하는 대신, 이들로 하여금 신원사 북쪽 도랑에 다리를 놓게 했다. 비형은 도깨비의 무리를 부려서 하룻밤 만에 큰 다리를 놓았다. 이 다리가 바로 귀교다. 비형랑이 도깨비들과 늘 놀았다는 황천은 경주 시내 탑정동 일대를 흐르는 하천으로 오릉五陵의 앞쪽에 있다. 《신증동국여지승람》에는 경주부의 귀교 항목에서 《삼국유사》 〈도화녀와 비형랑〉조 기사를 그대로 옮겨 적은 뒤, 맨 끝에 "이것이 동경 두두리豆豆里의 시초다[此東京豆豆里之始]."라는 한 구절을 덧붙였다. 실제 지금도 경주 사람들은 탑정동 일대를 '두두리 들'이라고 부른다.

그렇다면 '두두리'는 무슨 뜻인가? 《신증동국여지승람》 권 21의 경주부 고적조, 〈왕가수王家藪〉 항목에 이에 대한 설명이 보인다.

> 왕가수는 고을의 남쪽 10리에 있다. 고을 사람들이 목랑木郎을 제사 지내는 곳이다. 목랑은 속칭 두두리라고 하는데, 비형 이후로 세속에서 두두리를 섬기는 것이 몹시 성하였다.

▲ **신원사의 북쪽 도랑** 비형랑이 하룻밤 만에 귀교를 세웠다는 곳으로 추정되는 곳이다.

두두리는 목랑의 속칭이니, 당시 경주 사람들이 도깨비를 부르던 토박이 말인 셈이다. 왕가수는 연못이나 늪지였을 텐데, 그곳에서 사람들이 두두리를 제사 지낸다고 했다. 비형랑 이후로 두두리에 대한 신앙 행위가 꽤 성행했음이 확인된다.❖ 두두리란 표현은 《신증동국여지승람》 권 21의 〈영묘사靈妙寺〉 조항에 한 번 더 등장한다.

> 영묘사는 경주부의 서쪽 5리에 있다. 당나라 정관貞觀 6년(632)에 신라 선덕왕이 창건했다. 건물이 3층으로, 체제가 남달랐다. 신라 때의 건물이 한두 개가 아닌데 다른 것은 모두 무너졌어도 이것만은 완연히 지난날과 같았다. 세속에서 전하기를, 절터는 본래 큰 못이었다. 두두리의 무리가 하룻밤 만에 이를 메워 마침내 이 건물을 지었다고 한다.

이러한 일련의 기록을 통해 볼 때, 두두리의 무리[鬼衆]는 비형랑이 이들을 시켜 귀교를 놓음으로써 세상에 처음 알려졌다. 두두리 무리는 영묘사 건립에 있어서도 큰 못을 하룻밤 사이에 메워서 그 위에 건물을 짓게 하는 이적을 펼쳐 보였다. 이후 사람들은 왕가수 같은 곳에 이들을 제사 지내는 공간까지 마련해서 신앙의 대상으로 삼았다. 이들은 반드시 무리를 지어 움직이고, 늪이나 연못, 그리고 하천 같은 물과 깊은 관련을 맺고 있다. 이들은 다리를 놓거나 건물을 짓는 등 토목 방면에 탁월한 역량을 지닌 존재였다. 때문에 두두리는 토목공사 현장에서 나는 소리와 연관되어 '두드린

❖ 이상 두두리와 관련된 논의는 강은해, 〈도깨비의 정체〉, 《한국학논집》 제 30집(계명대 한국학연구소, 2003)과 박은용, 〈목랑고木郎攷〉, 《한국전통문화연구》 제 2집(효성여대 한국전통문화연구소, 1986) 등을 참조할 것.

다' 는 말에서 나왔다고 보는 견해도 있다.

두두리의 존재는 《고려사》에도 나온다. 열전 〈이의민李義旼〉조에 관련 내용이 있다.

> 이의민은 문자를 익히지 않아 오로지 무격만 믿었다. 경주에 목매木魅가 있는데, 그곳 사람들은 두두을豆豆乙이라고 불렀다. 의민이 집에 건물을 짓고서 맞아들여 두고는 날마다 제사하며 복을 빌었다. 문득 하루는 건물 안에서 곡하는 소리가 들렸다. 의민이 괴이하게 여겨 묻자, 목매가 말했다. "내가 네 집을 지켜 보호한 지가 오래되었다. 이제 하늘이 장차 재앙을 내리려 하니 내가 의지할 곳이 없구나. 그래서 곡한다." 얼마 못 가서 이의민은 패망하였다. 유사有司가 벽 위의 도형圖形을 없앨 것을 주청하니 명을 내려 흙을 발라 버리게 했다.

두두을은 '두둘' 로 읽는다. 두두리의 다른 표기일 뿐이다. 목랑이니 목매니 하는 표현 또한 도깨비를 지칭한다. 이는 도깨비 신앙이 절굿공이나 도리깨 같은 것의 나무붙이 신에서 비롯된 것과 관련이 있다. 지금도 도깨비 하면 늘 방망이를 들고 다니는 존재로 그려지지 않는가. 두두리 신앙은 당초 비형랑 설화에서 출발하여 널리 유포되었고, 고려 때까지도 상당한 영향력을 지닌 채 널리 퍼져 있었음을 알 수 있다. 위 인용은 그 신앙 형태가 벽에 두두리 그림을 그려 놓고 치성을 드리는 방식이었음을 알려 준다.

진평왕은 어째서 비형랑을 시켜 두두리 무리에게 다리를 놓게 했을까? 다리는 이곳과 저곳을 연결시켜 주는 구조물이다. 다리는 막힌 곳, 건널 수 없는 곳을 이어 주는 소통의 상징이다. 왕은 비형이 궁궐을 넘어 자신의 힘이 미치지 못하는 지역의 이물異物과 교통하는 것을 몹시 꺼렸다. 제지와 방해로도 소용이 없음을 알게 되자, 왕은 오히려 이들에게 일정한 역할을 맡김으로써 자신의 편으로 끌어들이려 했다. 그 결과가 바로 귀교였던 셈이다. 두두리들은 왕의 요구에 협조하여 하룻밤 만에 돌다리를 완성함으로써 서로 차단되었던 두 세계 사이에 소통의 가교를 놓았다. 이런 것은 진평왕이 석종의식에 입각하여 신라의 불국토화를 진행하는 과정에서, 장애가 되는 세력들을 끌어안고 가려는 노력으로 읽힌다.

여우로 변한 길달

〈도화녀와 비형랑〉조의 마지막을 장식하는 인물은 길달吉達이다. 그는 비형랑에 의해 조정에 들어왔던 도깨비였다. 먼저 글을 읽어 보자.

> 왕이 또 물었다. "귀신의 무리 중에 인간 세상에 출현하여 조정을 보필할 자가 있느냐?" "길달이란 자가 국정을 보좌할 만합니다." 왕이 말했다. "함께 오너라." 이튿날 비형과 함께 뵈니, 벼슬을 내려 집사로 삼았다. 과연 충직하기 짝이 없었다. 마침 각간 임종林宗이 자식이 없었으므로, 왕이 명하여 아들로 잇게 하였다.

임종이 길달에게 명하여 흥륜사 남쪽에 누문樓門을 세우게 하고, 매일 밤 가서 그 문 위에서 자게 했다. 그래서 길달문이라고 불렀다. 하루는 길달이 여우로 변해서 달아나 숨었다. 비형이 귀신을 시켜 잡아 죽였다. 그래서 그 무리가 비형의 이름만 듣고도 두려워하며 달아났다. 당시 사람들이 가사를 지어 말했다.

성제聖帝의 혼령이 아들 낳으니 聖帝魂生子
비형랑의 집이 바로 여길세. 鼻荊郎室亭
날고뛰는 귀신의 무리들이여 飛馳諸鬼衆
이곳에는 머물러 있지를 마라. 此處莫留停

향속鄕俗에서는 이 가사를 붙여서 귀신을 쫓는다.

왕은 두두리들이 놓은 다리를 보고, 차제에 그들을 중용해서 쓸 작정까지 했다. 그렇게 해서 비형랑의 추천을 받은 길달이 궁궐로 들어와 비형랑과 함께 집사의 직임을 받았다. 그는 더할 나위 없는 충직함으로 왕의 신임을 한 몸에 받았다. 도깨비들은 통상 새벽 종소리와 함께 어둠 속으로 흩어져 버리고, 광명한 세상에는 출현하는 법이 없지만, 세상에서 받아들일 경우 그들은 백주 대낮에 자신을 드러낼 수도 있는 존재들이었다. 왕은 길달을 각간 임종의 아들로 삼게 함으로써 그에 대한 아낌없는 신뢰를 보였다.

왕이 비형랑에게 귀교를 놓게 했던 것처럼, 임종은 길달에게 흥륜사 남쪽에 누문을 세우게 했다. 길달은 역시 두두리들의 도움을 받아 누문을 세웠다. 임종은 길달에게 매일 밤 문 위에서 잠을 자며 지키게 했다. 그는 누문을 세웠을 뿐 아니라, 이제 수문장의 노릇까지 하게 된 것이다. 여기서 잠깐 비형랑의 귀교와 길달의 누문의 성격을 음미해 볼 필요가 있다. 다리가 앞서 말한 대로 소통의 가교 역할을 한다면, 길달의 누문은 외부인의 출입을 차단하는 통제의 기능이 앞선다. 문이 없으면 아무나 들락거릴 수 있을 텐데, 누문을 세움으로써 그곳을 통과하는 사람을 검열할 수 있게 되는 까닭이다. 더욱이 길달은 밤마다 누문에서 잠을 자며 밤사이에 아무나 드나들 수 없도록 그곳 문을 지켰다.

처음 비형랑은 귀교를 놓아 인간과 두두리들 사이에 가교를 마련했고, 그 다리를 건너 길달이 인간 세상으로 넘어왔다. 하지만 막상 인간에 소속된 길달에게 주어진 역할은 흥륜사로 들어서는 길목을 지키는 수문장 노릇이었다. 두두리 무리의 우두머리였던 길달이 이제 인간계에 소속되면서 도리어 두두리 무리를 차단하는 데 앞장서게 된 것이다. 길달이 여우로 변해서 달아나 숨은 것은 본래 그가 속했던 도깨비 세계로 돌아가겠다는 의지를 표명한 것에 다름 아니다. 하지만 비형은 다른 두두리들을 동원해서 그를 붙잡아 오게 하고, 그를 죽여 버렸다. 배신에 대한 징벌이다. 귀신이 여우로 변하는 예는 예전 설화에서 수도 없이 많다. 《삼국유사》의 〈원광서학圓光西學〉조와 〈밀본최사密本摧邪〉조에도 귀신이 여우로 변하였다가 불법의 위력 앞에 죽임을 당하는 이야기가 나온다.

앞서 밤마다 황천으로 달려가 두두리들과 노닐던 비형랑은 어느새 두두리들의 벗이 아니라 공포의 대상으로 바뀌었다. 이제 비형랑은 두두리들의 대변자가 아닌 왕의 대변자를 자임하고 나선 셈이다. 두두리들은 그런 비형랑을 더 이상 자신들의 리더로 인정하지 않고 두려워하며 달아나 버렸다. 그리하여 두두리들의 벗이자 대장이었던 비형랑은 이에 이르러 성격이 완전히 변모된다. 귀신과 인간의 사이에서 태어나 방황하던 그가 인간의 길을 걷게 되면서 귀신들이 두려워 떠는 무서운 존재로 변했다. 소통의 다리는 끊어지고 누각 문은 굳게 닫혀 버리고 말았다.

비형랑은 마침내 귀신을 쫓는 벽사辟邪의 문신門神이 되었다. 주문처럼 시를 써서 붙이기만 하면 귀신들이 근처에 얼씬도 하지 않았던 것이다. 이렇게 본다면 진평왕이 비형랑을 궁중에서 길러 집사로 삼고, 그를 매개로 두두리들까지 끌어들였던 당초 의도는 일단 성공했던 셈이다.

비형랑은 권좌에서 밀려난 진지왕의 혼백이 인간의 여인과 교통해서 낳은 아들이다. 그는 사람이되 귀신의 아들이었고, 귀신이면서 사람의 자식이었다. 그의 비범성은 어려서부터 남달랐다. 그의 풍문은 대궐에서 의식하지 않을 수 없었으리만치 강력했다. 왕은 그의 존재를 방치할 수 있는 형편이 아니었다.

진평왕이 즉위 원년부터 상황이 천사를 시켜 옥대를 하사했다는 신화를 유포하고, 내제석궁의 섬돌을 밟아 부서뜨리면서까지 자신의 위엄을 드러내려 한 것은 당시까지 그의 지위가 매우 불안정한 상태였다는 증좌다. 그로서는 진지왕의 추종세력들을 일단 끌어안고 가는 모양새를 취하지 않을 수 없었던 셈이고, 그 화합과 포용의 상징적 존재가 바로 비형랑이었다. 비형랑은 왕의 의도대로 야성을 버리고 왕의 불교적 신앙체계 속으로 순치되었다. 한때 그와 한편이었던 두두리의 세계는 이제 적대적 관계로 돌아서고 말았다.

두두리들은 어둠의 세계로 돌아가고, 이제 불법佛法이 지배하는 광명의 세계만 남게 되었다. 도화녀와 비형랑 설화는 본래 진지왕의 폐위와 진평왕의 즉위 사이에 끼어 있는 이야기다. 그렇다면 이 설화는 도깨비의 대장이었던 비형랑이 도깨비들이 무서워 떠는 존재로 변모하는 과정을 통해 도깨비로 대변되는 토착적 신앙체계가 불교의 막강한 힘에 의해 와해되고 견인되었음을 보여 준 이야기로 이해되기도 한다.

비형랑과 용춘

여기에 한 가지 더 음미할 사실이 있다. 진지왕에게는 왕비인 박씨 지도 부인과의 사이에 낳은 자식이 하나 있었다. 그는 용춘龍春 또는 용수龍樹로 불려진 인물이다. 사실 진평왕이 비형랑보다 더 신경 썼어야 마땅할 인물은 바로 용춘이다. 그런데 훗날 태종太宗 무열왕武烈王의 아버지이기도 한 용춘에 대한 기록은 적어도 진평왕 초기 기사에서 전혀 찾아볼 수가 없다. 그가 처음 등장하는 것은 《삼국사기》 진평왕 44년(622) 봄 2월 기사에서다. "이찬 용수를 내성사신內城私臣으로 임명했다."는 내용이 그것이다. 요컨대 진지왕의 혈육이었던 그는 진평왕이 비형랑을 궁중에서 거두어 기르고, 집사의 직임을 맡기며, 귀중을 부려 다리를 놓게 하는 활약을 벌이는 동안에 단 한 차례도 거론된 바 없다.

위서인 《화랑세기》에는 진지왕의 폐위를 주도했던 인물이 그의 어머니인 사도 부인으로 나온다. 그녀는 이미 머리를 깎은 승려의 신분이었다. 도덕적으로 방탕한 아들 진지왕의 행동을 받아들이기

어려웠을 것이다. 선왕이 바랐던 전륜성왕의 꿈을 짓밟는 일련의 행동을 보고 폐위를 결심했을 법하다. 설득력 있는 추정이다. 폐위 당시 진지왕이 20대의 나이였음을 감안한다면 용춘은 당시 비형랑과 나이 차이가 거의 없는 강보에 싸인 어린아이였을 것이다. 진지왕의 폐위는 국인國人의 여론을 업은 왕실의 결정에 따른 것이었고, 진평왕으로의 권력 이양은 노리부공弩里夫公과 같은 중신의 중재에 의해 큰 유혈 사태 없이 이루어졌던 듯하다.

한편 용춘의 다른 이름이 용수龍樹인 것도 흥미롭다. 용수는 남인도의 승려로 대승불교를 크게 발흥시킨 인물이다. 후세에서는 그를 제 2의 석가, 또는 8종의 조사祖師로 일컫는다. 앞서 석가모니 집안의 이름을 끌어와 작명했던 진평왕 직계의 작명 방식을 고려한다면, 용춘에게 용수라는 이름을 붙여 준 것 또한 진평왕이나 사도 부인이었을 것이다. 용춘이 음탕했던 아버지와 달리 불교의 가르침을 널리 선양하는 인물로 성장해 주었으면 하는 바람을 읽을 수 있다. 더 흥미로운 것은 용춘의 부인이 진평왕과 마야 부인 사이에서 난 딸인 천명 부인天明夫人이라는 사실이다. 왕은 자신과는 사촌간인 용춘을 아예 사위로 삼았다.

비형랑은 진평왕 즉위 직후 궁궐로 불려가 거기서 자랐다. 그는 성장한 후 집사부의 요직에 소속되었고, 귀중을 부려 귀교를 놓고 길달을 추천해 흥륜사 문루를 세우게 하며, 변심하여 협조를 거부한 길달을 처단하는 등, 진평왕을 위해 지속적인 기여를 했다. 하지만 그의 존재는 길달을 처단한 시점 이후 다시는 나타나지 않는다. 그러다가 20여 년 뒤에 갑자기 이찬의 지위에 오른 용춘이 내성사신이라는 실권을 지닌 실세로 등장한다. 다시 7년 뒤인 진평왕 51년(629)에 용춘은 대장군이 된다. 그는 진평왕 대 후반에 승승장

구하며 국가의 핵심인물이 되어 있었던 것이다.

비형랑과 용춘은 결코 겹쳐서 조우한 적이 없다. 《삼국사기》에는 비형랑의 존재가 아예 흔적조차 없다. 《삼국유사》만으로 볼 때 이 두 인물은 겹쳐 보아도 큰 무리가 없다. 비형랑은 바로 용춘이 아니었을까?❖ 호방하고 낭만을 알며, 아름다움을 사랑했던 인물 진지왕은 부왕과 왕비가 머리를 깎고 승려로 살았던 극단적인 종교적 쏠림 속에서 용납되기 어려웠던 캐릭터였다. 하지만 신라 왕실의 개방적인 성관념에서 보면, 그의 행동은 그다지 문제될 것도 없었다. 그는 폐위 후 한 해를 넘기지 못하고 세상을 떴다. 그런 그를 두고 신라인들은 전통 신앙체계 속에서 귀신의 너울을 씌워 도화녀와의 사랑을 통한 비형랑 이야기를 만들어 냈다. 그리고 그 비형랑은 궁궐의 종교적 자장磁場 속에서 귀중의 대장 노릇을 하던 야성을 점차 잃고 마침내 왕실의 수호자로 거듭 났다. 비형랑의 정체는 진지왕 사망 당시 강보에 쌓여 있었던 용춘 바로 그였을 것이다. 도화녀와의 염문은 또 다른 실제의 사건이었을 테고.

❖ 김두진, 〈신라 진평왕 대 초기의 정치개혁〉, 《진단학보》 제69집(진단학회, 1990)에서 진평왕 즉위 초에 사륜계에 대한 포용 정책에 대해 검토하면서 두 사람의 동일 인물 가능성에 대해 시사한 바 있다.

이후 비형랑, 아니 용춘은 몇 차례의 시험을 거쳐 왕의 사위가 된다. 그는 마침내 대장군의 지위에까지 올라 김유신金庾信과 함께 고구려의 침략에 맞서 싸우는 국가의 원훈이 되었다. 성골의 계보에 집착했던 진평왕이 딸 선덕을 최초의 여왕으로 세우는 무리수를 두었을 때도 용춘은 묵묵히 그를 도왔다. 적어도 용춘에게 진평왕이 자신의 아버지를 몰아낸 원수라는 의식은 전혀 없었던 듯하다. 그에게 진평왕은 오히려 든든한 배경이 되어 주는 장인이었다.

왕위의 승계가 쿠데타에 의한 것도 아니었고, 여론을 등에 업은 왕실의 결정에 따른 것이었기 때문이다. 초기 비형랑의 방황은 왕에 대한 불만 때문이라기보다 자기 정체성에 대한 고민에 더 가까워 보인다.

용춘의 아들 김춘추가 진덕 여왕을 이어 태종 무열왕에 오르게 됨으로써, 진지왕계는 다시 진골 왕조를 열어 삼국통일의 위업을 달성했다. 밤마다 호위무사 50명을 따돌리며 대궐 담을 뛰어넘던 콧날 오뚝한 왕자님은 적극적으로 왕을 보좌하면서 불교의 아우라 속에서 왕의 사위가 되고, 훗날 삼국 통일을 견인한 태종 무열왕계의 계보를 출범시켰던 것이다.

《삼국유사》 속의 이야기들은 이렇듯 행간에 유장한 함축을 내포한다. 겉으로 드러난 이야기의 구조는 대단히 허술해서 허튼 것 같지만, 찬찬히 들여다보면 결코 그렇지가 않다. 하나하나의 이야기는 모두 상징과 은유로 압축된 짚 파일이다. 이것을 풀면 비로소 이야기들의 속살이 드러난다.

귀신을 물리치는 주술사들

주술로 귀신을 물리치는 승려들의 이야기다.
시기는 진평왕 대에서 출발한다.
《삼국유사》 권 4, 〈의해義解〉 첫머리의 원광 법사와,
권 5 〈신주神呪〉의 밀본密本, 혜통惠通,
명랑明朗 법사의 이야기가 그것이다.
토착 신앙체계 속에 속한 귀신 집단과 진언眞言 주술을 익혀
이들을 퇴치하는 승려들의 대결이 흥미롭다.
대체 무슨 일들이 일어났던 걸까?
이들이 부렸다는 신주는 어떤 것이었나?

삼기산의 여우 귀신

〈원광서학圓光西學〉조의 전승은 갈래가 복잡하다. 일연은 원광 법사에 대한 당나라 《속고승전續高僧傳》 기사와 동경 안일호장安逸戶長 정효貞孝의 집에 전하던 고본古本 《수이전殊異傳》, 그리고 《삼국사기》 열전 〈귀산貴山〉조의 기록을 나란히 실었다. 각각의 전승은 성씨마저 박씨와 설씨로 서로 당착이 있고, 관련 내용도 착오가 적지 않다. 이 가운데 고본 《수이전》의 기사가 유독 눈길을 끈다. 단락별로 끊어 읽어 음미해 본다.

> 법사는 속성이 설씨薛氏니 왕경王京 사람이다. 처음에 승려가 되어 불법을 배웠다. 나이 30세에 고요히 지내며 도를 닦으려는 생각으로 혼자 삼기산三岐山에 살았다. 4년 뒤에 한 비구가 와서 그가 사는 곳에서 멀지 않은 데에 따로 암자를 짓고, 2년을 살았다. 사람됨이 굳세고 사나웠고, 주술을 즐겨 닦았다. 법사가 밤중에 혼자 앉아 불경을 외우는데, 홀연 신神의 목소리가 그의 이름을 불렀다. "네 수행이

참으로 훌륭하다! 무릇 수행하는 자가 비록 많다 하나 법대로 하는 자는 아주 드물다. 이제 이웃에 있는 비구를 보니, 서둘러 주술을 닦았으나 얻은 것 없이 시끄러운 소리로 다른 이의 정념靜念만 괴롭힌다. 머무는 곳은 내 가는 길을 막아, 매번 오갈 적에 악한 마음이 일어나곤 한다. 법사는 날 위해 말을 고해 그로 하여금 옮겨 가게끔 하라. 만약 오래 머문다면 내가 갑자기 죄업을 짓게 될까 걱정이다."

원광이 승려가 되어 도를 닦을 결심으로 들어간 삼기산은 경주시 안강읍 서남쪽에 있는 산 이름이다. 그는 이곳에서 4년간 수행했다. 그때 다시 한 비구가 이웃에 이사 와서 2년간 주술呪術을 열심히 익혔다. 그러니까 원광의 삼기산 수행은 6년째로 접어들고 있었다.

어느 날 밤 원광은 정체를 알 수 없는 신의 목소리와 교통한다. 신은 법사의 송경誦經 수행과 이웃 승려의 주술呪術 수행을 견주며, 송경 수행이 바르고 주술 수행은 시끄러워 다른 이의 정념靜念을 깨뜨리기만 할 뿐 보람은 없으리라고 말했다. 특히 그의 주술은 신의 심기를 건드려 악심惡心을 불러일으키므로, 살인의 죄업罪業을 짓지 않도록 그에게 거처를 옮기라는 말을 전하라고 했다. 귀신을 물리치는 주술이 신의 입장에서 가증스러웠을 것은 당연하다. 하지만 신은 원광 법사의 송경에 대해서는 우호적 태도를 보였다. 불경을 외우며 정념을 기르는 수행이 바르고 훌륭하다고 생각했다. 이어지는 다음 단락이다.

다음날 법사가 가서 고했다. "내가 어젯밤에 신의 말을 들었소. 비구는 다른 곳으로 옮기는 것이 좋겠소. 그렇지 않으면 마땅히 남는 재앙이 있을 것이오." 비구가 대답했다. "수행이 지극한 사람도 마귀에게 현혹되는가? 법사는 어찌 여우 귀신의 말을 근심하는가?" 그날 밤 신이 또 와서 말했다. "앞서 내가 고한 일을 비구가 어떻게 대답하던가?" 법사는 신이 성을 낼까 걱정하여 이렇게 대답했다. "미처 말을 마치지 못했습니다. 만약 세게 말한다면 어찌 감히 듣지 않겠습니까?" 신이 말했다. "내가 이미 다 들었다. 법사가 어찌 더 말하겠는가. 다만 가만히 내가 하는 것을 보도록 하라." 마침내 작별하고 떠나갔다. 밤중에 우레 같은 소리가 났다. 이튿날 살펴보니 산이 무너져서 비구가 있던 암자를 메워 버렸다.

원광과 이웃 비구와의 대화다. 원광의 전언에 대한 비구의 대답은 단호하고 결연하다. 비구는 신의 정체가 여우 귀신임을 이미 알고 있었고, 원광이 마귀에게 현혹되었다고 단언했다. 비구의 언표에는 귀신을 맞상대할 수 있다는 자신감이 넘친다. 반면 원광은 여전히 일방적으로 신의 목소리에 압도되어 있다. 한 번 더 말할 기회를 청했으나 신은 이를 묵살하고, 대번에 산을 무너뜨려 암자를 메워 비구를 죽여 버렸다. 신의 위력은 더없이 막강했고, 비구의 주술은 그 위력 앞에 맥도 못 추고 무너졌다.

신이 또 와서 말했다. "법사가 보니 어떻던가?" 법사가 대답했다. "보고는 몹시 놀라고 두려웠습니다." 신이 말했다. "내 나이가 3천 살에 가깝다. 신술神術이 가장 성대하니, 이것은 작은 일이다. 어찌 놀라겠는가? 장래의 일은 모르는 것이 없고, 천하의 일은 통달치 않은 것이 없다. 이제 생각해 보니, 법사가 다만 이곳에서 지낸다면 비록 스스로를 이롭게 하는 행실은 있겠으나, 남을 이롭게 하는 보람은 없을 것이다. 현세에서 높은 이름을 날리지 못하고, 미래에 훌륭한 결과를 얻지도 못할 것이다. 어찌 중국에서 불법을 익혀 동해에서 무리의 미혹함을 인도하지 않는가?" 법사가 대답했다. "중국에 가서 도를 배우는 것은 본래의 소원입니다. 바다와 육지가 멀리 가로막힌지라 능히 스스로 교통하지 못할 뿐입니다." 신은 중국으로 가는 방법을 자세하게 일러주었다. 법사는 그 말대로 해서 중국으로 가서, 11년간 머물면서 삼장三藏에 널리 통하고, 아울러 유학도 배웠다. 진평왕 22년 경신(600)(《삼국사》에는 이듬해인 신유년에 왔다고 했다)에 법사가 장차 짐을 꾸려 동쪽으로 돌아오니, 중국에 조빙朝聘 온 사신을 따라 환국하였다.

세 번째 단락에서 신의 목소리는 긍지에 가득 차서, 아예 노골적으로 법사의 후견인을 자처하고 나선다. 그의 나이는 3천 살에 가깝고, 신술은 가공할 경지에 이르렀다. 모르는 일이 없고, 못하는 일이 없다. 그는 자신의 신통력으로 법사의 미래를 예언하고, 중국 유학을 적극 권한다. 신의 말 속에서 적어도 겉으로 원광을 위해주는 척하면서 자신의 터전인 삼기산에서 불승의 무리를 몰아내려는 속셈은 보이지 않는다. 그는 오히려 불법을 제대로 익혀 와서 미혹한 중생을 제도할 것을 적극 권한다. 자신의 말대로 미래의 일을 다 알 수 있었기 때문이다. 귀신은 한 걸음 더 나아가 중국으로 가는 길이 백제에 가로막혀 있던 상황에서 특별한 신분도 아니었던 원광에게 중국 가는 방법까지 친절하게 일러주었다. 원광은 《삼국유사》의 기록대로라면 589년부터 600년까지 11년간 중국에서 유학했다. 그는 중국 체류 중에 불교와 유교의 가르침을 함께 익힌 후 귀국했다.

> 법사가 신에게 사례하려고 전에 머물던 삼기산의 절에 이르렀다. 밤중에 신이 또한 와서 그 이름을 부르며 말했다. "바다와 육지의 길 사이에서 오고감이 어떠하던가?" 대답하였다. "신의 크나큰 은혜를 입사와 평안하게 도착하였습니다." 신이 말했다. "저 또한 신에게 계율을 주겠습니다[吾亦授戒於神]." 인하여 내생에도 계속 서로를 구제해 주자는 약속을 맺었다. 또 청하여 말했다. "신의 참모습을 볼 수 있겠습니까?" 신이 말했다. "법사가 만약 내 모습이 보고 싶거든 새벽에 동녘 하늘가를 바라보아라." 법사가 다음날 바라보니, 큰 팔뚝이 구름을 꿰뚫고 하늘 가에 닿아 있었다. 그 밤에 신이 또 와서 말했다. "법사는 내 팔뚝을 보았는가?" 대답하였다. "보니 몹시 기이하였습니다." 이로 인해 세속에서는 비장산臂長山으로 불렀다. 신이 말했다. "비록 이러한 몸을 지녔어도 무상無常의 해害를 면치는 못할 터. 그런 까닭에 내가 얼마 못 가 그 산마루에 몸을 버릴 것이니, 법사는 와서 길이 떠나는 넋을 전송해 주게나." 약속한 날을 기다려 가서 보니, 옻칠한 것처럼 검은 늙은 여우 한 마리가 있었는데, 다만 쉴 새 없이 헐떡이다가 얼마 후 죽고 말았다.

원광이 귀국 후에 바로 찾은 곳은 다름 아닌 삼기산의 옛 암자였다. 자신에게 중국 유학을 권하고 방법을 일러주어 현재의 자신을 있게 해 준 신에게 감사의 인사를 드리려는 목적에서였다. 원광은 신의 은혜로 자신이 무사하게 중국에 갔다가 배움을 이뤄 돌아올 수 있었음을 조금도 의심치 않았다.

감사를 표하는 원광의 인사에 대한 신의 대답 대목은 문맥이 엉켜 있다. 원문대로 직역하면 "나 또한 신에게 계율을 준다[吾亦授戒於神]."가 된다. 신이 신에게 계율을 준다는 것이 되니 당착이다. 여러 번역들은 원문의 '신神' 자 '사師' 자의 오기로 보아, "나 또한 법사에게 계율을 주겠다."로 해석했다. 하지만 신이 불승에게 계율을 준다는 것은 어불성설이다. 깨달음을 얻은 원광이 불교에 우호적인 신에게 계율을 준다고 보아야 문맥이 순조롭다. 그래야 그 다음 "인하여 생생生生에 서로를 건져 주자는 약속을 맺었다."는 말과 매끄럽게 연결된다. 신은 신의 방식으로 이미 원광을 건져 주었고, 원광은 신에게 계율을 주어 신을 무상無常에서 건져 그 은혜에 보답한 셈이다. 이 부분의 원문은 원광의 대답 이후 신의 말이 한 단락 누락되고, 원광의 말이 신의 말로 잘못 연결된 것으로 보아야 순조롭다.

생생상제生生相濟의 맹약을 맺은 뒤, 원광은 대뜸 신에게 참모습을 보여 줄 것을 청한다. 신은 다음날 새벽 동쪽 하늘에 치솟은 팔뚝으로 자신의 존재를 처음 드러낸다. 팔뚝은 구름을 뚫고 하늘 끝에 닿아 있었다. 그의 전신은 바로 삼기산 그 자체였다고 말한 것이나 같다. 자신이 그 지역 전체를 지배해 온 실질적인 지배자임을 드러낸 셈이다. 하지만 이미 원광의 계율을 받은 신은 모르는 것이 없고 못하는 일이 없던 자신의 권능을 거두고, 이처럼 강한 몸을 지녔음에도 무상無常의 해害를 면할 수 없음을 시인한 채 제 몸을 스스로 버린다. 신은 내세에도 원광이 자신을 건져 주리라는 약속을 믿은 것이다. 이제 신은 완전히 불법의 체계 속으로 들어와 순치되었다. 마지막에 드러난 신의 실체는 가쁜 숨을 내쉬는 옻칠처럼 검은 늙은 여우 한 마리였다. 원광의 법력은 3천 년 동안 권위를 누려 온 그 막강한 신이 자발적으로 자신의 능력을 거두고 불법의 계율을 받아 윤회의 사슬을 겸허히 받아들이게 만들 정도였다.

> 법사가 처음 중국에서 오자, 신라의 임금과 신하가 공경하고 중히 여겨 스승으로 삼으니, 항상 대승경전大乘經典을 강론하였다. 이때 고구려와 백제가 늘 변경을 침략하므로 왕이 이를 몹시 근심하여, 수나라(당나라라고 해야 옳다)에 군대를 청하려고, 법사에게 부탁하여 걸병표乞兵表를 짓게 했다. 황제가 보고 30만의 군사로 몸소 고구려를 쳤다. 이로부터 법사가 유학에도 두루 통했음을 알았다. 누린 해 84세로 입적하니, 명활성明活城 서쪽에 장사지냈다.

마지막 단락은 원광을 군신이 모두 공경하여 스승으로 삼았고, 그가 대승경전을 강의했다는 내용이다. 뿐만 아니라 그는 불법과 함께 익힌 유술儒術을 발휘해 중국에 보내는 걸병표를 지어 국가적 문제 해결에도 앞장섰다. 그가 84세로 묻혔다는 명활성 서쪽은 바로 안강면의 서남쪽 골짝이니, 다름 아닌 삼기산 금곡사金谷寺라고 일연은 뒷글에서 부연했다.

원광과 삼기산 여우 귀신과의 관계는 불교가 토착 신앙을 포섭하여 가는 과정에 대한 설명이기도 하다. 《삼국유사》 제 4, 〈탑상〉

의 〈대산오만진신臺山五萬眞身〉조에는 보천寶川 태자가 울진국蔚珍國의 탱천굴撑天窟에 머물며 밤낮으로 《수구다라니경隨求陀羅尼經》을 외우자, 굴신窟神이 나타나 "내가 굴의 신이 된 지가 이미 2천 년입니다. 오늘에야 비로소 《수구다라니경》의 참된 가르침을 들었습니다. 보살계를 받기 청합니다."라고 말하는 내용이 보인다. 계를 받은 이틀날 굴은 형체조차 없어지고 말았다. 또 〈심지계조心志繼祖〉조에도 진표 율사의 간자簡子를 전수받은 심지가 중악中岳으로 돌아오자 그

▲ **삼기산 금곡사지 원광법사 부도탑** 금곡사지는 경주시 안강읍 두류리 깊은 산골짜기에 자리 잡았다. 파손된 부도탑을 몇 해 전 지금의 모습으로 보수하였다.

곳의 산신山神이 두 선자仙子를 데리고 나와 바위 위에 심지를 앉히고, 자신들은 바위 아래 엎드려 정계正戒를 받는 내용이 보인다. 이런 장면들은 원광이 여우 귀신에게 계를 주어 불법에 귀의케 하는 장면과 동일한 의미로 읽힌다. 불교는 차례로 토착 신앙을 포섭하며 절대적 영향력을 행사해 나갔던 것이다.

정리한다. 원광 법사는 삼기산 여우 귀신의 전폭적인 후원을 받아 중국으로 건너가 불법을 이루었다. 그는 돌아와 삼기산 여우 귀신에게 계율을 주어 그로 하여금 육신의 허물을 벗고 윤회의 고리를 잇게 해 주었다. 초기 단계에서 귀신의 권능은 주술승을 압도할 만큼 막강했다. 또 앞 글에서 살핀 바, 두두리의 리더였던 길달吉達이 자신을 배반하고 여우로 변해 달아나자 비형랑은 두두리를 시켜 그를 잡아 죽인다. 이로 보면 토착 신앙의 신격을 여우의 화신으로 보는 인식이 당대 신라인에게 보편적이었음을 알 수 있다. 이렇게 해서 원광은 삼기산에 다시 묻혔다. 절 이름은 금곡사다. 이 절 이름을 잠깐 기억해 두자.

퇴마사 밀본의 주술

《삼국유사》 권 5, 〈신주神呪〉편에는 신통한 주술로 귀신들을 물리치는 퇴마사退魔師들이 잇따라 등장한다. 밀본密本과 혜통惠通 등 밀교 계통의 승려가 바로 그들이다. 먼저 읽을 것은 〈밀본최사密本摧邪〉, 즉 밀본이 삿된 귀신을 꺾는 이야기다.

선덕왕 덕만德曼이 병에 걸려 오래 끌었다. 흥륜사의 승려 법척法惕이 부름에 응해 병시중을 들었는데, 오래되어도 효험이 없었다. 이때 밀본법사란 이가 덕행으로 나라에 소문이 났다. 좌우에서 그로 대신할 것을 청하므로, 왕이 맞아 궐 안으로 들어오게 했다. 밀본이 거처 바깥에 있으면서 《약사경藥師經》을 읽었다. 한 차례 다 읽자 지니고 있던 고리가 여섯 개 달린 지팡이가 침실 안으로 들어가 늙은 여우 한 마리와 법척을 찔러 뜰 아래로 거꾸러뜨렸다. 왕의 병이 그제야 나았다. 이때 밀본의 정수리 위로 오색의 신비한 광채가 뻗쳤다. 보던 자가 모두 놀랐다.

밀본密本은 이름 그대로 밀교密敎를 근본으로 하는 승려다. 《약사경》을 한 차례 외우자 그가 짚고 있던 육환장 지팡이가 왕의 침소 안으로 날아 들어가 단숨에 늙은 여우 한 마리와 법척을 찔러 죽였다. 늙은 여우는 여왕의 몸속에 들어가 육신을 병들게 한 귀신이고, 법척은 말 그대로 밀교의 교법을 두려워한[惕] 엉터리 승려다. 법척은 왕을 병들게 한 여우 귀신을 못 보았거나, 그와 한통속인 인물이었다. 그것이 밀본의 독경으로 단번에 퇴치된 것이다. 다시 이어지는 단락이다.

> 또 승상 김양도金良圖가 아이 적에 갑자기 입이 붙고 몸이 뻣뻣해져서 말도 못하고 움직이지도 못했다. 매번 보니 한 큰 귀신이 여러 작은 귀신을 이끌고 집 안으로 들어왔다. 무릇 소반에 먹을 것이 있으면 모두 씹어 맛을 보았다. 무당이 와서 제사 지내면 무리로 모여 다투어 욕을 보였다. 양도가 비록 그만두게 하려 했으나 입을 열어 말을 할 수가

없었다. 아버지가 법류사法流寺의 이름 모를 승려를 청해 와서 경을 읽게 했다. 큰 귀신이 작은 귀신에게 명하여 철퇴로 승려의 머리를 치게 하자, 땅에 거꾸러져서 피를 토하고 죽었다. 며칠 뒤에 사람을 보내 밀본을 청하였다. 심부름꾼이 돌아와 말했다. "밀본 법사께서 우리 청을 받아들여 곧 오시겠답니다." 여러 귀신들이 이 말을 듣더니 모두 낯빛을 잃었다. 작은 귀신이 말했다. "법사가 오면 불리할 테니 피하는 것이 좋겠습니다." 큰 귀신이 업신여기며 아무렇지도 않은 듯이 말했다. "무슨 해가 있겠느냐?" 잠시 후 사방에서 큰 힘센 신장神將이 모두 쇠 갑옷에 긴 창을 들고 와서 여러 귀신들을 붙잡더니 묶어서 가 버렸다. 그 다음에는 무수한 천신天神들이 빙 둘러서서 예를 갖추며 기다렸다. 잠시 후 밀본이 이르러 경전을 펼치기도 전에 그 병이 바로 나아, 말이 통하고 몸이 풀려 그 일을 자세히 말했다. 김양도는 이로 인해 불교를 독실하게 믿어 일생토록 게을리 하지 않았다. 흥륜사 오당吳堂의 주불主佛인 미타존상과 좌우 보살을 조성했고, 아울러 건물을 금화金畫로 가득 채웠다. 밀본은 일찍이 금곡사에 머물렀다.

승상 김양도의 어릴 적 일화를 소개한 밀본 법사의 두 번째 이적 장면이다. 질병이 귀신의 장난이라고 믿었던 신라인의 생각이 잘 나타난다. 청을 받아 불경을 외던 법류사의 승려는 눈에 보이지 않는 귀신에게 철퇴를 맞아 피를 토하고 죽었다. 앞서 법척이 여우를 어쩌지 못했던 것에서 한 걸음 더 나아가 귀신이 승려를 죽이는 힘을 발휘했다. 앞서 삼기산의 여우 귀신에게도 주술을 익히던 승려가 해를 당한 적이 있다.

하지만 밀본의 등장으로 상황은 말끔히 종료된다. 거들먹거리던 귀신들은 밀본이 나타나기도 전에 갑옷과 무기로 무장한 힘센 신장들에게 붙들려 갔고, 밀본은 천신들이 미리 와서 호위하고 있는 가운데 도착하였다. 귀신이 잡혀가고, 밀본이 도착하면서 김양도의 병은 말끔하게 나았다.

흥륜사는 신라 왕실의 원찰이었다. 밀본은 그곳의 명망 높던 승려 법척을 독경으로 죽여 버렸다. 그런데 막상 밀본의 은혜로 새 생명을 얻은 김양도는 그 보답을 다른 절도 아닌 하필 흥륜사의 부처님과 보살을 빚어 안치함으로써 갚았다. 이 일 이후 흥륜사가 밀본의 영향권 아래 들어갔음을 시사한다.

끝에서 일연은 무심히 지나가는 말로, 그가 한동안 금곡사에 살았던 적이 있다고 했다. 금곡사가 어딘가? 바로 앞서 원광이 여우 귀신과 만나 그의 도움을 받았고, 죽어 부도가 세워진 삼기산의 금곡사가 아닌가? 참으로 묘한 여운을 남기는 언술이다. 원광은 여우 귀신의 도움을 받아 불법을 이뤘다. 또 주술을 익히던 승려가 여우 귀신에게 죽임을 당하는 것을 속수무책으로 지켜보았다. 이제 상황은 역전되어, 그곳 출신의 밀본이 여우 귀신을 죽이고 송경하던 승려를 죽이고 있는 것이다. 금곡사란 공간의 이 미묘한 겹침을 어떻게 이해해야 할까? 밀본이 원광의 법맥을 이었다는 암시로 보아야 할까? 여우 귀신과 원광이 세상을 뜬 후, 이 지역이 마침내 주술하는 승려들의 차지가 되었다는 의미로 읽어야 할까? 여러 정황으로 보아 후자 쪽으로 읽힌다.

다시 이어지는 한 조목은 김유신이 가깝게 지내던 한 늙은 거사가 김유신의 친척 수천秀天의 질병을 낫우려고 갔다가 중악中岳에서 온 승려 인혜사因惠師와 신통력을 다퉈 압승을 거두는 얘기다. 대개 이런 이야기는 이 시기에 이르러 독경讀經하는 일반 종단의 승려와 밀교승 사이에 갑자기 신통력을 둘러싼 경쟁 구도가 만들어졌고, 이를 통해 어느 한쪽이 차츰 우위를 점해 가는 과정을 잘 보여 준다.

교룡이 혜통에게 항복한 이야기

이어지는 〈혜통항룡惠通降龍〉조는 밀교의 승려 혜통惠通이 주술을 통해 드러낸 이적들을 소개한다. 처음 그는 냇가에서 놀다가 수달 한 마리를 잡아 죽이고 그 뼈를 동산에다 내다 버렸다. 아침에 보니 뼈가 간 곳이 없었다. 핏자국을 따라가 보니 뼈는 옛 굴로 되돌아가 새끼 다섯 마리를 감싸 안은 채 웅크리고 있었다. 죽어서도 새끼를 지키려는 어미의 놀라운 사랑에 충격을 받은 그는 그 길로 속세를 버리고 출가했다. 이름도 수달 어미의 은혜를 보고 감통했다는 의미에서 혜통이라 지었다.

이를 이어 그의 당나라 유학 당시의 일이 그려진다. 그는 중국으로 건너가 무외無畏 삼장三藏을 찾아가 배움을 청했다. 무외 삼장은 오랑캐에게 불법을 가르쳐 줄 수 없다며 가르침을 거부했다. 3년을 부지런히 섬겼어도 삼장은 빗장을 열지 않았다. 분통이 터진 혜통은 불화로를 머리 위에 얹어 버렸다. 잠깐 만에 우레 소리를 내며 정수리가 찢어졌다. 삼장이 이 소리를 듣고 나와 보고는 화로를 치우고 터진 상처를 만지며 신주神呪를 외워 상처를 낫게 했다. 정수리에 터졌다가 봉합된 상처가 임금 왕王자 모양으로 남았으므로 사람들은 그를 왕화상王和尙이라 불렀다. 삼장은 그를 기특하게 여겨 비로소 그에게 신주의 인결印訣을 전수해 주었다. 이제 본문으로 들어간다.

> 이때 당나라 왕실의 공주가 병에 걸렸다. 고종이 삼장에게 구해 줄 것을 청했다. 삼장은 혜통을 자기 대신 천거했다. 혜통이 명을 받고서 따로 거처하며, 흰 콩 한 말을 은그릇 가운데 담고서 주문을 외우니, 흰 갑옷 입은 신병神兵으로 변해 병마를 몰아냈으나 이기지 못했다. 또 검은 콩 한 말을 금그릇에 담고 주문을 외우자, 검은 갑옷을 입은 신병으로 변했다. 두 빛깔로 하여금 합쳐서 내쫓게 하자, 홀연 교룡이 달아나 버렸다. 병도 마침내 나았다.

삼장에게서 받은 신주의 인결은 주문으로 귀신을 퇴치하는 주술이다. 그 방법은 흰 콩과 검은 콩을 금은의 그릇에 담고서 주문을 외워 콩알을 갑옷 입은 신병으로 변화시켜 귀신과 맞싸우게 하는 것이다. 공주의 몸에 들어간 교룡은 힘이 막강했던지, 흰색 콩알이 변화한 신병 군단만으로는 퇴치할 수가 없었고, 검은 콩 군단이 가세한 뒤에야 겨우 물리칠 수 있었다. 혜통의 법력은 이때만 해도 단숨에 귀신을 제압할 정도는 못 되었던 셈이다.

이어지는 단락의 내용이 흥미롭다.

> 용은 혜통이 자신을 쫓아낸 것을 원망하여 본국의 문잉림文仍林으로 와서 목숨을 해치는 것이 더욱 독랄하였다. 이

때 정공鄭恭이 당나라에 사신 왔다가 혜통을 보고서 말했다. "스님이 쫓아낸 독룡이 본국으로 돌아와 해악이 심합니다. 속히 가서 이를 없애 주십시오." 이에 정공과 함께 인덕麟德 2년 을축년(665)에 환국하여 이를 쫓아냈다. 용은 또 정공을 원망하여, 버들에 의탁하여 정씨의 문 밖에서 살았다. 정공은 이를 깨닫지 못했다. 다만 나무가 무성한 것을 감상하며 몹시 아꼈다. 신문왕이 세상을 뜨고 효소왕이 즉위함에 미쳐 산릉을 보수하고 장사 지내는 길을 닦았다. 정씨의 버드나무가 길을 막자, 담당한 관리가 이를 베려 하였다. 정공이 성을 내며 말했다. "내 머리를 벨망정, 이 나무는 못 벤다." 왕이 크게 노하여 법 집행을 맡은 관리에게 명하였다. "정공이 왕화상의 신술神術을 믿고, 장차 불손한 일을 꾸미려고 왕의 명령을 업신여겨 거역하였다. 제 머리를 베라 했다니 마땅히 원하는 대로 따라 주어라." 그러고는 그를 죽여 버리고 그 집을 파묻었다.

혜통의 신주로 인해 쫓겨난 교룡의 복수전을 그린 대목이다. 교룡은 신라로 건너와 문잉림에 근거지를 정했다. 그러고는 작정하고 사람들의 목숨을 해쳤다. 문잉림은 어떤 곳인가? 문잉림은 《삼국유사》 권 4, 〈탑상〉 중 〈황룡사장륙皇龍寺丈六〉에 한 번 더 나온다. 부처가 세상을 뜬 후 1백 년 만에 태어난 인도의 아육왕이 불상을 주조하려다가 실패하고, 황철 5만7천 근과 황금 3만 푼을 배에 실어 온 세계를 두루 다녔으나 모두 실패했다. 마지막에 황금과 철을 실은 배가 신라에 닿았고, 진흥왕이 마침내 이를 주조하여 불상을 완성했으니, 이것이 바로 황룡사의 장륙존상이다. 어디서도 성공

▲ **문잉림** 신라 성소聖所의 하나였던 숲으로 지금의 구황동모전석탑지(도림사지) 주변이 문잉림이 있었던 곳으로 추정된다..

하지 못한 불상 주조를 단번에 성공한 장소가 바로 문잉림이었다. 실로 영험 높은 거룩한 공간이 아닐 수 없다. 혜통에게 쫓겨난 교룡이 하필 문잉림에 자리 잡고 사람을 해치기 시작했다는 것은 신라 불교에 대한 정면 도전이요, 성소聖所에 대한 훼손이었다.

혜통은 사신 왔던 정공을 통해 독룡의 문잉림 준동 소식을 들었다. 정공이 독룡의 정체를 이미 알고 있었다는 사실은 흥미롭다. 정공과 함께 급거 귀국한 혜통은 다시 독룡을 문잉림에서 쫓아냈다. 복수의 칼끝이 이번에는 정공에게 겨누어졌다. 교룡은 이제 버드나무 귀신이 되어 정공의 마음을 끌었고, 넘치는 고집을 부리게 만들어 그의 목숨을 빼앗아 버렸다. 독룡의 복수는 집요했고, 술법은 갈수록 교묘해졌다. 결과적으로 불똥은 다시 혜통에게 튀었다.

조정의 의논이, 왕화상이 정공과 몹시 가까워 꺼려함이 있을 것이므로 마땅히 이를 먼저 도모해야 한다고 했다. 이에 군사를 불러 잡아오게 했다. 혜통은 왕망사王望寺에 있었다. 군사의 무리가 오는 것을 보고 사기병을 들고 지붕으로 올라갔다. 주사를 갈아 붓을 적시며 외쳤다. "내가 하는 것을 보아라." 그러고는 병목에 일획을 그으며 말했다. "너희는 마땅히 각자의 목을 보아라." 살펴보니 모두 붉은 획이 그어져 있었으므로 서로 보며 경악하였다. 또 외쳐 말했다. "만약 병목을 자르면 마땅히 너희의 목도 떨어지겠지? 어떠냐?" 그 무리가 달아나 붉은 목으로 왕에게 나아갔다. 왕이 말했다. "화상의 신통력을 어찌 사람의 힘으로 능히 도모하겠는가?" 그러고는 놓아두었다. 왕녀가 갑자기 병이 나자, 혜통을 불러 치료하게 했다. 병이 낫자 왕이 크게 기뻐하였다. 혜통이 인하여 정공이 독룡의 더럽힘을 입어 나라의 형벌을 지나치게 받았음을 말했다. 왕이 듣고 마음으로 뉘우쳐 정공의 처자를 면해 주고, 혜통을 임명하여 국사로 삼았다.

결과적으로 교룡의 획책은 수포로 돌아갔다. 왕화상 혜통이 왕명조차 거부하는 모습을 취한 것은 뜻밖이다. 그는 이 또한 교룡의 장난임을 알았던 셈이다. 어쨌거나 교룡은 정공을 죽임으로써 자신을 고자질해 문잉림에서 다시 쫓겨나게 한 복수에 성공했다. 혜통은 독룡을 징치하는 대신 왕녀의 병을 낫게 하여 대치 국면을 해소한 후, 왕의 뉘우침을 이끌어 내서 정공의 원한을 풀어 주었다. 이제 혜통은 국사의 지위로 승격되었다. 신라에서 비로소 공식적인 인정을 받게 된 것이다.

> 용이 정공에게 원수를 갚고는 기장산機張山으로 가서 웅신熊神이 되었다. 참혹한 독이 자심했으므로 백성들이 몹시 근심하였다. 혜통이 산속으로 가서 용을 타일러 불살계不殺戒를 주자, 신의 해악이 그쳤다. 이에 앞서 신문왕神文王이 등창이 나서 혜통에게 살펴 줄 것을 청했다. 혜통이 와서 주문을 외자 즉시 나았다. 그러고는 말했다. "폐하께서 예전 재상의 신분이 되어, 착한 사람 신충信忠을 잘못 처결해서 종으로 삼았으므로, 신충이 원망을 품어 생을 거듭하면서도 보복하는 것입니다. 이제 이 악창도 신충이 그렇게 한 것입니다. 마땅히 신충을 위해 절을 세워 명복을 빌어 풀어 주십시오." 왕이 깊이 그렇게 여겨 절을 세워 신충봉성사信忠奉聖寺라 하였다. 절이 이루어지자 공중에서 외쳐 말했다. "왕이 절을 세워 주어 고통을 벗고 하늘에 태어나니, 원망이 이미 풀렸다(어떤 본은 이 일이 진표율사의 전 가운데 실려 있는데, 잘못이다)." 그 외친 곳을 인하여 절원당折怨堂을 세우니, 건물이 절과 함께 지금도 남아 있다.

교룡은 다시 기장산의 웅신으로 변했다. 혜통은 용에게 불살계를 주어 그를 법제자로 만들었다. 그제야 신의 해악이 그쳤다. 묘한 순환의 고리다. 처음 삼기산의 여우 귀신은 주술승을 죽였다. 그런데 혜통의 시대에 이르러서는 교룡과 웅신으로 표현된 신의 존재가 주술승인 혜통에게 마침내 백기를 들었다. 원광이 삼기산 여우 귀신의 도움으로 중국으로 건너간 것이 진평왕 11년(589)이고, 효소왕의 즉위 직후 정공이 버드나무 귀신에 씌워 왕에게 죽임을 당한 것은 692년이니, 원광과 혜통의 사이에는 1백 년의 시간이 가로놓여 있는 셈이다. 일연은 끝에서 다시 효소왕 이전 혜통이 신문왕의 병을 고쳐 주고, 신충봉성사를 창건케 한 일을 부연했다. 이 이야기는 진표율사의 전승으로도 알려졌던 듯하다.

여기서 드러나는 인식은 이렇다. 첫째, 모든 질병은 귀신의 장난이다. 둘째, 귀신을 물리치거나 사람이 억울하게 죽으면 그 귀신이 반드시 복수한다. 셋째, 귀신은 여러 가지 형상으로 변화해서 사물에 깃들기도 하고, 터를 잡아 신적 존재가 되어 해악을 끼치기도 한다. 넷째, 단지 불법佛法의 힘으로만 그 질긴 원한과 복수의 사슬을 끊을 수 있다. 귀신은 계를 받아 불법의 영역으로 들어오게 되고, 임금은 절을 세워 원망을 씻어 준다.

국난을 막아 낸
명랑의 문두루 비법

끝으로 살필 인물은 명랑明朗 법사다. 그는 밀본과 혜통의 사이에 놓인 인물이다. 〈혜통항룡〉조의 기사는 이렇게 마무리된다.

> 이에 앞서 밀본의 뒤에 고승 명랑이 있었다. 그는 용궁에 들어가 신인神印(범어로는 문두루文豆婁라 하는데, 여기서는 신인이라 했다)을 얻었다. 처음으로 신유림神遊林(지금의 천왕사)을 세

> 워 여러 번 이웃 나라의 침략을 물리쳤다. 이제 화상이 무외無畏의 정수를 전하며 속세를 두루 다니면서 사람을 구하고 만물을 감화시켰다. 아울러 타고난 총명함으로 절을 세우고 원한을 풀어 주었다. 밀교의 교화가 이에 크게 진작되었다. 천마산의 총지암總持嵓과 모악산의 주석원呪錫院 등이 모두 그 유파의 후예이다.

일연은 어째서 혜통의 이야기 끝에다가 그보다 세대가 훨씬 앞서는 명랑의 이야기를 슬쩍 끼워 넣었을까. 순서로 보면 밀본–명랑–혜통인데, 《삼국유사》의 기술은 밀본–혜통–명랑의 순서다. 명랑은 그야말로 신인종神印宗의 창시자다. 그는 신인, 즉 문두루 비법으로 국난을 물리쳤다. 밀본이나 혜통이 귀신을 퇴치해 질병을 고치고 해악을 제거한 것과는 또 다른 차원이다. 그는 곳곳에서 중생을 제도하고, 절을 세워 원한을 풀어 주어, 밀교의 종파를 신라에 크게 성행시킨 장본인이 되었다.

이제 이야기는 다시 〈명랑신인明朗神印〉조의 내용으로 넘어간다.

> 《금광사본기金光寺本記》를 살펴보니 이렇게 적혀 있다. "법사는 신라에서 태어나 당나라로 들어가 도를 배웠다. 돌아올 때 바다 용의 요청으로 용궁에 들어가 비법을 전하고, 황금 1천 냥(혹 천 근이라고도 한다)을 시주받았다. 땅속으로 몰래 가서 자기 집 우물 밑에서 솟아나왔다. 이에 희사하여 절을 만들었다. 용왕이 시주한 황금으로 탑과 불상을 장식하니 광채가 몹시 특이했다. 인하여 이름을 금광사라 하였다(승전僧傳에는 금우사金羽寺라 하였는데 잘못이다)." 법

사의 이름은 명랑이고, 자가 국육國育이다. 신라 사간沙干 재량才良의 아들이다. 어머니는 남간 부인南澗夫人으로, 혹 법승랑法乘娘이라고도 한다. 소판蘇判 무림茂林의 자식 김씨이니 바로 자장慈藏의 누이다. 세 아들은 맏이가 국교 대덕國敎大德이요, 둘째는 의안 대덕義安大德이며, 법사는 막내다. 처음에 어머니가 푸른빛의 구슬을 삼키는 꿈을 꾸고서 임신하였다.

명랑은 원광처럼 당나라 유학승이었다. 귀국할 때 용왕이 그를 용궁으로 모셔 가서 비법을 청했을 정도로 법력이 대단했다. 그는 자기 집 우물 속에서 솟아 나오는 이적을 보이며 귀국을 알렸다. 용왕이 시주한 황금으로 금광사를 지었다. 일연이 알려 주는 그의 집안은 한마디로 대단하다. 어머니는 자장 법사의 누이요, 3형제는 모두 대덕으로 일컬어진 큰 스님들이었다. 명랑은 용의 여의주 같은 푸른 구슬을 삼키고 낳은 특별한 아들이었다. 이어지는 다음 대목은 이렇다.

선덕왕 원년(632)에 당나라로 들어가 정관貞觀 9년 을미(635)에 돌아왔다. 총장總長 원년 무진(668)에 당나라 장수 이적李勣이 큰 군사를 이끌고 신라와 합력하여 고구려를 멸망시켰다. 뒤에 남은 군대가 백제에 머물면서 장차 신라를 습격하여 멸망시키려 했다. 신라인이 이를 알아채고 군대를 내어 막았다. 고종이 듣고 크게 진노하여 설방薛邦에게 명하여 신라를 치려고 하였다. 문무왕이 듣고 두려워하여 법사를 청하여 비법을 베풀어 이를 물리쳤다(일이 〈문무왕전

文武王傳〉에 있다). 이로 인하여 신인종의 시조가 되었다.

명랑은 632년에서 635년까지 3년간 당나라에 유학했다. 원광의 유학이 589년부터 600년까지였으니, 30년의 상거가 있다. 그는 밀교의 신인비법神印秘法을 배워 와 당나라 대군을 물리쳐 신인종의 시조가 되었다. 신인은 범어로 '문두루'라고 부르는 신술이다. 이 문두루 비법이 대체 어떤 것이었길래 당나라의 대군을 물리칠 수 있었을까? 정작 문두루 비법에 관한 내용은 《삼국유사》 제 2, 〈기이〉편의 〈문호왕법민文虎王法敏〉조에 실려 있다.

총장總長 원년 무진(668)에 왕이 군사를 거느리고 김인문金仁問, 김흠순金欽純 등과 함께 평양에 이르러, 당나라 군대와 회동하여 고구려를 멸망시켰다. 당나라 장수 이적李勣이 고장왕高藏王을 붙잡아 환국하였다. 이때 당나라 유병游兵의 여러 장병이 진鎭에 머물며 장차 우리나라를 습격하려 하였다. 왕이 이를 깨닫고 군사를 내었다. 이듬해 고종이 사람을 시켜 김인문 등을 불러 꾸짖어 말했다. "네가 우리 군대를 청하여 고구려를 멸하였는데, 이를 해치는 것은 어째서인가?" 이에 감옥에 가두고 군사 50만을 훈련시켜 설방薛邦을 원수로 삼아 신라를 정벌코자 하였다. 이때 의상義相 스님이 서학西學을 배우려고 당나라로 들어왔다가 김인문을 찾아보니 김인문이 이 일을 알려 주었다. 의상이 동쪽으로 돌아 와 임금께 알렸다. 왕이 몹시 걱정하여 군신들을 모아 방어할 계책을 물었다. 각간 김천존金天尊이 아뢰었다. "근자에 명랑 법사가 용궁에 들어가서 비법을 전해 주고 왔답

> 니다. 청하여 물어 보시지요." 명랑이 아뢰어 말했다. "낭산狼山의 남쪽에 신유림神遊林이 있는데, 이곳에 사천왕사四天王寺를 창건하고 도량을 베풀면 됩니다."

고구려를 멸망시킨 후 내친 김에 신라까지 넘보던 당나라의 속셈을 문무왕은 선제 기습 공격으로 막았다. 당나라가 배은망덕이라며 발끈했을 것은 불 보듯 환하다. 즉각 50만 대군이 전쟁 준비에 돌입했다. 발등에 불이 떨어진 문무왕에게 각간 김천존이 제시한 해결책이란 것이 명랑 법사의 비법이었다. 명랑은 왕의 다급한 자문에 낭산 신유림에 사천왕사를 지어 법도량을 베풀면 된다고 아무렇지도 않게 대답한다.

신이 노니는 숲 신유림은 말 그대로 여우나 늑대[狼]와 같은 재래 신앙의 신들이 위세를 떨치던 신라의 성소聖所였다. 명랑은 이 재래 신앙의 본거지에 사천왕사를 세워 신인의 법도량을 세울 것을 주문한 것이다. 다급했던 왕은 두 말 않고 그의 말을 따랐다. 더욱이 명랑은 바다 용왕까지 그에게 비법을 전수받아 사례로 황금 1천 냥을 시주했다는 인물이 아닌가. 사정은 매우 급박하게 돌아가고 있었다.

> 이때 정주貞州의 사자가 달려와 보고했다. "무수한 당나라 군대가 우리 지경에 이르러 바다 위를 순회하고 있습니다." 왕이 명랑을 불러 말했다. "일이 이미 코앞에 닥쳤으니 어찌 해야 하오?" 명랑이 말했다. "채색 비단을 가지고 임시로 만들면 됩니다." 이에 채색 비단으로 절을 조성하고, 풀로 오방 신상五方神像을 만들었다. 유가瑜珈에 밝은 승

려 12명을 데리고 명랑을 상수上首로 삼아 문두루의 비밀법을 베풀었다. 이때 당나라와 신라의 군대가 서로 맞붙지도 않았는데, 바람과 파도가 성난 듯 일어나 당나라 배가 모두 물에 가라앉았다. 뒤에 고쳐 절을 세워 사천왕사라 이름하였다. 이제까지 단석壇席이 없어지지 않았다(국사에는 크게 개창한 것은 조로調露 원년 기묘년(679)이었다고 했다). 후년 신미년(671)에 당나라는 다시 조헌趙憲을 장수로 파견하여 또한 5만 명의 군사로 쳐들어왔다. 또 그 비법을 행하니 배가 앞서와 같이 가라앉았다.

문두루 비법의 실체와 위력이 비로소 드러난다. 문두루 비법을 베풀려면 사천왕 도량과 오방 신상이 필요하고, 비법을 수행할 12명의 유가승瑜伽僧이 요구되었다. 여기서 문두루 비법의 문헌 근거와 구체적 방법에 대해 잠깐 살펴보자.

문두루는 범어 Mūdra를 중국 동진東晉 시대에 음역한 것이다. 밀교의 결인訣印을 가리키는 말이다. 동진 시대 백시리밀다라帛尸梨蜜多羅가 번역한 《대관정신주경大灌頂神呪經》 12권 중 일곱 번째 경전인 《불설관정복마봉인대신주경佛說灌頂伏魔封印大神呪經》❖에 그 구체적 방법이 나온다.❖❖ 정수리에 물을 붓고 주술을 베풀어 마귀를 항복시켜 꼼짝 못하게 하는 신주가 바로 문두루 비법인 셈인데, 소의所依 경전인 《불설관

❖ 혹은 《천제석소문관정복마대신주경天帝釋所問灌頂伏魔大神呪經》이라고도 한다.

❖❖ 서윤길, 《한국밀교사상사》(운주사, 2006), 169쪽 참조. 한편 김복순, 《신사조로서의 신라 불교와 왕권》(경인문화사, 2008), 151쪽에서는 명랑이 유가 명승 12인과 함께 문두루 비법을 행한 것이 유가 유식과 밀접한 관련이 있고, 사찰명을 사천왕사로 한 것 또한 호국 경전인 《금광명경》의 사천왕품의 영향을 받은 내용이라고 설명한 바 있다.

정복마봉인대신주경》의 설명에 따르면 다음과 같다.

부처님의 4부 대중이 사악한 귀신에 의해 두려움에 처하게 되면 동서남북과 중앙의 5방 대신을 존념存念한다. 단차아가亶遮阿加, 마가기두摩呵祇斗, 이도열라移兜涅羅, 마하가니摩訶加尼, 오달라내烏呾羅嬭 등으로 불리는 이들 오방 대신들은 각각 7만의 귀신을 거느리며 대선지법大仙之法을 행하여 국가나 사람을 환난과 재액으로부터 건져준다. 문두루법은 말세에 불제자들이 재액이나 위난을 당했을 때 오방 신장과 그 권속의 이름을 둥근 나무 위에 써 붙여 놓고 정해진 주술을 외우는 방식으로 진행되었다.

위 명랑의 기사를 보면, 명랑은 먼저 채색 비단으로 임시 절을 만들었다고 했다. 《불설관정복마봉인대신주경》에서 동방은 청색, 남방은 적색, 서방은 백색, 북방은 흑색, 그리고 중앙은 황색으로 나타낸다고 한 언급으로 보아, 방위에 따라 비단의 빛깔을 달리하여 오방 대신의 위치를 표시한 것이다. 풀로 오방 신상을 만들었다고 한 것도 정확히 일치한다. 실제 주술의 시행은 유가승 12명이 동원되었다. 유가는 범어 요가Yoga의 취음으로 육체와 정신의 통합을 이루기 위한 밀교의 수행법을 말한다. 요컨대 유가승은 밀교 계통의 신인종 승려를 일컫는다. 문두루 비법은 둥근 나무에 신들의 이름을 써 놓고, 방위에 따라 주문을 외우며 일정한 절차에 따라 진행된 대단히 장엄하고 거창한 의식이었음을 알 수 있다. 단석壇席이 일연 당시에도 남아 있었다고 한 것을 보면, 의식은 중앙에 높게 설단하고 단 위에서 방위에 따라 진언을 베푸는 방식이었던 듯하다.

문두루의 위력은 경악할 만했다. 난데없는 바람과 파도가 당나라 50만 대군을 실은 배를 일제히 침몰시켜 몰살시켰다. 이듬해에 다시 쳐들어온 5만의 당군 역시 힘 한번 써 보지 못하고 물에 가라앉았다. 이어지는 기사는 당나라 황제의 반응이다.

> 이때 한림랑翰林郎 박문준朴文俊이 김인문을 따라 옥중에 있었다. 고종이 박문준을 불러서 말했다. "너희 나라에 무슨 밀법密法이 있길래, 두 번이나 큰 군대를 내었는데 살아 돌아온 자가 없느냐?" 문준이 아뢰었다. "배신陪臣 등이 상국에 온 지 십여 년이나 되어 본국의 일을 모릅니다. 다만 멀리서 한 가지 일을 들었을 뿐입니다. 상국의 은혜를 두터이 입어 3국을 하나로 통일하였으므로, 은덕을 갚으려고 낭산 남쪽에 천왕사를 새로 창건하여 황제의 수명이 만세토록 이어지기를 축원하는 법석을 늘 연다고 합니다." 고종이 이 말을 듣고 크게 기뻐했다. 이에 예부시랑 악붕귀樂鵬龜를 신라에 사신으로 파견하여 그 절을 살펴보게 하였다. 왕이 당나라 사신이 올 것이란 소식을 먼저 듣고, 이 절을 보여 주는 것을 마땅치 않게 여겨, 따로 그 남쪽에 새 절을 짓고서 기다렸다. 사신이 도착해서 말했다. "반드시 먼저 황제께 축수하는 장소인 천왕사에서 향을 올리겠소." 그래서 새로 지은 절로 안내해 보였다. 그 사신이 문 앞에 서서 말했다. "이는 사천왕사가 아니라, 망덕요산望德遙山의 절이다." 그러면서 끝내 들어가지 않았다. 나라 사람이 황금 1천 냥을 주니, 사신이 돌아가 아뢰었다. "신라가 천왕사를 창건하여 새 절에서 황제께 축수하였을 뿐입니다." 당나라 사신의 말을 인하여 이름을 망덕사望德寺라 하였다.

이렇게 해서 사태는 겨우 수습 국면으로 접어들었다. 당나라 사신 악붕귀의 이름은 《삼국유사》〈탑상〉의 〈천룡사天龍寺〉조에 한번 더 나온다. 《토론삼한집討論三韓集》이란 책에 천룡사 터를 두고 중국 사신 악붕귀가 "이 절을 파괴하면 나라가 곧 망할 것이다."라고 말했다는 풍수지리적 언급이 그것이다. 이로 보면 악붕귀는 단지 사천왕사만 살피고 간 것이 아니라, 신라의 여러 사찰을 두루 살폈던 것이 분명하다.

《삼국유사》 제 5 〈의해義解〉의 〈이혜동진二惠同塵〉에도 명랑의 일화 한 단락이 보인다. 신인종의 조사 명랑이 금강사金剛寺를 창건한 후 낙성회를 열었을 때, 고승들이 다 모였다. 혜공惠空 스님만 오지 않자, 명랑이 향을 피우고 경건하게 기도했다. 조금 뒤에 혜공이 큰 비 속에 옷도 젖지 않은 채 나타났다는 이야기다. 이렇듯 명랑의 신술은 많은 이야깃거리를 낳았다.

명랑의 문두루 비법은 신라를 이어 고려조까지 막강한 위력을 발휘하며 호국 불교의 상징적 주술로 자리 잡았다. 〈명랑신인〉의 끝에는 고려 태조가 건국할 때에도 해적이 침범하자 안혜安惠와 낭융朗融의 후예인 광학廣學과 대연大緣을 청해 문두루 법으로 해적을 물리쳐 진압한 일을 적고 있다.

고려 문종 28년(1074) 7월에도 동경 사천왕사에서 번병을 물리치고자 27일간 문두루 도량이 개설되었고, 이후로도 문두루 도량은 나라에 큰 일이 있을 때마다 계속해서 설행되었다. 이규보李奎報도 《동국이상국집東國李相國集》 권 39에 〈동경금강사문두루도량문同京金剛寺文豆婁道場文〉을 남긴 바 있다. 금강사가 앞서 명랑이 창건한 절 이름과 동일한 것도 음미할 만 하다. 그 내용은 신인의 더없이 큰 공덕으로 신통한 감응을 빌어 병기를 거두고 외적의 침입을 물리쳐 사직을 장구히 하고 중흥의 경사를 이룰 수 있기를 발원한 것이다.

이제 글을 마무리하자. 신라는 법흥왕 때 이차돈의 순교 이후, 진흥왕의 치세로 이어지는 동안 국왕과 왕비가 머리를 깎고 승려가 되었을 만큼 급격한 불교적 쏠림이 전국가적 현상으로 나타났

▲ **사천왕사지** 선덕 여왕 능이 있는 낭산 아래 자락에 위치하고 있다. 앞쪽에는 울산에서 경주로 오는 산업도로가 있어 늘 시끄럽다. 몇 해 전부터 발굴로 온통 파헤쳐져 있는데, 사진은 발굴 전의 모습이다.

다. 누구나 암자를 짓고 들어앉아 염불을 외우고 주술을 익히며 성불의 열망을 염원하는 종교적 신성이 온 나라에 편만하였다. 원광이 만난 삼기산의 여우 귀신 이야기는 새롭게 일어난 불교가 재래 신앙과 조화를 이루며 어떻게 불교 쪽으로 견인되어 갔는지 잘 보여 주는 예화다.

하지만 〈신주〉편의 세 고승 밀본과 혜통, 그리고 명랑 세 승려의 이야기는 밀교의 주술 신앙이 곧이어 신라 사회에 큰 파장을 일으키며 중심 교리의 하나로 세력을 얻어 가던 과정을 설명한다. 여기에도 계통이 있었다. 밀본과 혜통은 귀신을 몰아내는 축귀逐鬼와 병을 치유하는 치병治病의 이적을 보였고, 명랑은 외적을 물리치는 문두루 비법을 선보였다. 시기상으로 명랑이 밀본의 다음 시기임에도 혜통의 뒤쪽에 명랑의 이야기를 배치한 것은 이 두 갈래 신주승의 계보가 있음을 보이기 위함인 듯하다.

조선 초 매월당 김시습金時習은 《매월당사유록梅月堂四遊錄》에 실린 〈천왕사 터는 이제 인가가 되었다[天王寺址今爲人家]〉란 시에서 명랑의 문두루 비법을 이렇게 노래했다.

문두루의 비법은 서역에서 나왔나니	文豆婁法出西天
신인종의 근원이 명랑에게서 전해졌네.	神印宗源自朗傳
명신明信의 한 기약을 비록 환득幻得한다 해도	明信一期雖幻得
이 일로 변경 안정 가능할지 모르겠네.	不知玆事可安邊

3구의 '명신明信'은 《좌전》에 나오는 말로, 마음을 쏟아 정성을 다해 기도하는 것이다. 그는 경주의 사천왕사 터를 찾았다가 이미 인가로 변해 버린 절터에서 문두루 비법과 명랑의 신인종 이야기

를 떠올렸다. 하지만 그는 폐허조차 찾을 길 없는 허망한 옛 자취 앞에서 과연 문두루 비법을 오늘에 다시 얻는다 해도 변경을 안정시키는 데 무슨 힘이 있겠느냐며 안타까운 탄식을 토하고 말았다.

당나라 50만 대군을 물귀신으로 만들었다던 문두루 비법이 행해졌던 낭산 자락의 사천왕사지는 오늘날 복원 공사가 한창이다. 신유림神遊林의 신들은 이제 떠나고 없다. 명랑이 주술을 펼치던 제단의 흔적도 찾을 길이 없다. 그렇다고 그때의 그 신화가 말짱한 거짓말이었다고 말할 수야 없지 않은가? 그 뜨겁게 달아올랐던 불국토의 열망이 허망한 꿈이라고 말할 수는 없지 않은가?

서동과 선화, 미륵 세상을 꿈꾸다

2009년 1월 19일,
백제 미륵사지 서탑 해체 보수 과정에서 발견된 사리 장엄구와
사리 봉안기舍利奉安記가 공개되어 세상을 놀라게 했다.
무왕 40년, 즉 639년의 이 기록은
무려 1370년 만에 햇빛을 보았다.
정작 소동은 그 다음에 벌어졌다.
사리를 봉안한 왕비의 이름이 신라 진평왕의 셋째 공주
선화善花가 아닌, 백제 사탁적덕沙乇積德의 딸이었던 것이다.
앞서 살핀 도깨비 대장 비형랑과 신인종 승려들의 이야기 또한
신라 진평왕 대에 일어난 일이었다.
같은 시기 백제에서는 어떤 일이 일어났던 걸까?
따지고 살펴야 할 내용이 적지 않다.

사리 봉안기,
미륵사 창건의 블랙박스

2009년 미륵사지 서탑 기단부에서 사리 봉안기 금판이 수습되었다. 15.5㎝×10.5㎝ 크기의 금판에 새겨진 194글자의 사리 봉안기는 실타래처럼 얽힌 미륵사 창건에 관한 이야기 속으로 우리를 끌고 간다. 새 자료이니만큼 원문과 함께 그 내용을 소개한다. 필자의 번역이다.

> 생각건대 법왕法王께서 세상에 나오시어 기미機微에 따라 감응하사, 사물에 응해 몸을 드러내시매 마치도 물에 비친 달과 같았다. 이런 까닭에 왕궁에 삶을 의탁하시고 사라쌍수娑羅雙樹 아래서 입적하시니, 8곡의 사리를 남기시어 삼천세계三千世界를 이롭게 하시었다. 마침내 빛을 오색으로 빛나게 하여, 나아가 일곱 차례 돌게 한다면 신통한 변화가 불가사의하리라.
>
> 우리 백제의 왕후께서는 좌평佐平 사탁적덕沙乇積德의 따님이시니, 드넓은 겁에 선인善因을 심으사 지금 세상에서 빼

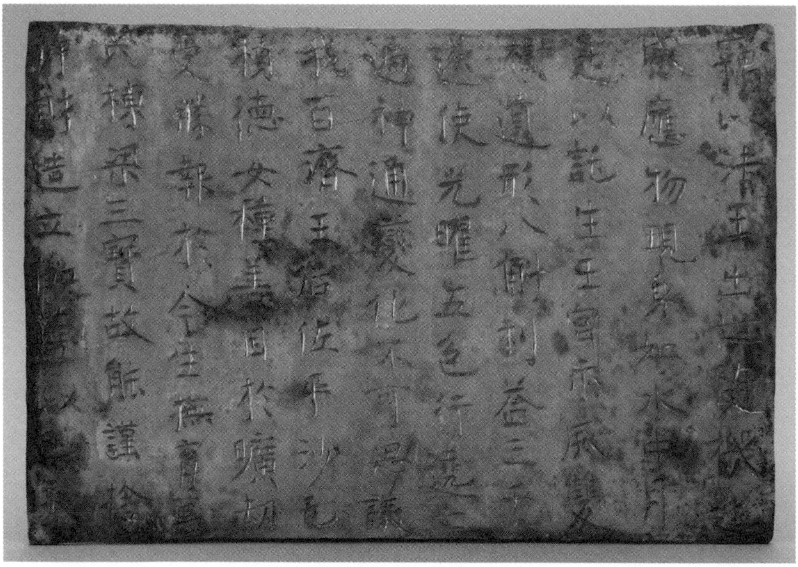

▲ 미륵사지 서탑 기단부에 안치된 사리봉안기와 출토 직전의 상태 - 사진 협조 국립문화재연구소.

어난 응보를 받으시어, 만민을 어루만져 기르시고, 삼보三寶의 동량이 되시었다. 그런 까닭에 능히 정결한 재물을 삼가 희사하사 가람을 세우시고, 기해년(639, 무왕 40) 정월 29일에 사리를 받들어 맞이하였다.

원컨대 대대로 공양케 하여 겁겁에 다함이 없게 할지니, 이 선근善根을 써서, 우러러 대왕폐하께서 수명은 산악과 더불어 굳셈을 나란히 하고, 보력寶曆은 천지와 함께 장구함을 함께하여, 위로는 정법正法을 넓히고, 아래로는 창생을 교화하는 바탕으로 삼게 하소서. 또 원하옵노니 왕후 자신에게는 마음은 물거울과 같아 법계法界를 비추어 항상 밝으며, 몸은 금강金剛과 다름없이 허공과 한가지로 소멸하지 않아, 7세의 구원久遠에서도 나란히 복리福利를 입게 하시어, 무릇 마음 있는 이라면 모두 함께 불도를 이루게 하소서.

竊以法王出世, 隨機赴感, 應物現身, 如水中月. 是以託生王宮, 示滅雙樹, 遺形八斛, 利益三千. 遂使光曜五色, 行遶七遍, 神通變化, 不可思議. 我百濟王后, 佐平沙乇積德女, 種善因於曠劫, 受勝報於今生, 撫育萬民, 棟梁三寶. 故能謹捨淨財, 造立伽藍. 以己亥年正月廿九日, 奉迎舍利. 願使世世供養, 劫劫無盡, 用此善根, 仰資大王陛下, 年壽與山岳齊固, 寶曆共天地同久. 上弘正法, 下化蒼生, 又願王后卽身, 心同水鏡, 照法界而恒明, 身若金剛, 等虛空而不滅, 七世久遠, 竝蒙福利, 凡是有心, 俱成佛道.

4·6 변려문으로 짜여진 수식이 화려한 글이다. 사리의 봉안과

함께 발원發願의 내용을 적었다. 내용은 세 단락으로 구분된다. 첫 단락은 법왕法王, 즉 석가모니 부처님이 8곡의 사리를 남겨 삼천세계를 이롭게 하시니, 오색영롱한 사리를 모신 탑을 일곱 번 돌면서 빌면 그 신통한 변화가 참으로 불가사의하리라고 한 내용이다. 첫 단락의 부처님에 대한 장황한 서술은 이때 받들어 맞이한[奉迎] 사리가 부처님의 진신사리였음을 밝히기 위한 것이다.

둘째 단락은 왕후이신 사탁적덕의 따님이 기해년 1월 29일에 사리를 받들어 봉안하게 된 경과를 말했다. 왕후가 광겁曠劫에 쌓은 선인善因을 금생에 승보勝報로 받아, 그 인연으로 정재淨財를 희사하여 가람을 만들어 세웠다고 했다.

셋째 단락은 발원문이다. 진신사리를 겁겁에 다함없이 대대로 공양하여, 그 선근의 힘을 빌어 대왕폐하의 수명이 산악과 같고, 보력寶曆 즉 재위기간이 천지처럼 장구하여, 이로써 정법을 드넓히고 창생을 교화하기를 염원했다. 재물을 희사한 왕비 또한 마음은 법계를 비추고 몸은 금강석처럼 변치 않아 구원久遠의 시간 속에서 복리福利를 누리고, 이를 통해 마음 있는 이들이 함께 불도佛道를 이룰 수 있기를 빌었다.

여기서 우리는 몇 가지 새로운 사실과 접한다. 첫째, 미륵사 서탑에 봉안한 것은 부처님의 진신사리였다. 둘째, 무왕 재위 40년 되던 639년 당시 왕비는 좌평 사탁적덕의 딸이었다. 셋째, 미륵사 가람의 조성 또한 당시 왕비의 희사로 이루어졌다. 넷째, 사찰 조성 목적은 왕실의 안녕과 홍법弘法, 즉 불법의 확산을 위해서였다.

이로써 미륵사 창건의 주체로 사탁씨 왕비의 존재가 오롯이 부각되었다. 선화공주의 발원에 의한 것으로 적힌 《삼국유사》의 기록과 정면 배치된다. 이 봉안기로 인해 《삼국유사》 기록의 신뢰성은 깨지고 마는 것인가? 나아가 서동과 선화의 낭만적 사랑 이야기는 한 편의 허구적 설화에 불과한가? 이 기록이 기성의 지식을 전복하는 판도라의 상자가 될지, 파편적 정보를 하나로 꿰어 줄 블랙박스가 될지는 아직 알 수가 없다. 이제 이 새로운 사실이 발신하는 의미를 하나하나 음미해 보기로 하자.

《일본서기》의 의자왕 정변 기사의 행간

사리 봉안기를 통해 새롭게 확인된 사탁씨 왕비의 존재로 인해 단연 흥미를 끄는 것은 《일본서기》 제 42권 황극皇極 원년조의 기사다. 그 내용은 이러하다.

> 642년 2월 정해년 그믐 무자일(2일)에 아담산배련비라부阿曇山背連比羅夫와 초벽길사반금草壁吉士磐金, 왜한서직현倭漢書直縣을 백제 조사弔使의 처소로 보내, 저들의 소식을 물었다. 조사가 대답했다. "백제 국주께서 신에게, '새상塞上이 항상 나쁜 짓만 하므로 돌아오는 사신 편에 딸려 보내기를 청해도 천조天朝가 허락지 않는다.' 고 하셨습니다." 백제 조사의 겸인傔人들이 말했다. "지난해 11월, 대좌평 지적智積이 죽었고, 또 백제의 사신이 곤륜崐崘의 사신을 바닷속에 던져 버렸습니다. 금년 정월에 국주國主의 어머니가 돌아가셨고, 또

아우 왕자의 아들인 교기翹岐 및 그 모매母妹의 딸 4인, 내좌평內佐平 기미岐味, 높은 명성이 있는 사람 40여 명이 섬으로 추방되었습니다."

二月丁亥朔戊子, 遣阿曇山背連比羅夫, 草壁吉士磐金, 倭漢書直縣, 遣百濟弔使所, 問彼消息. 弔使報言, 百濟國主謂臣言, 塞上恒作惡之, 請付還使, 天朝不許. 百濟弔使傔人等言, 去年十一月, 大佐平智積卒. 又百濟使人擲崐崘使於海裏. 今年正月, 國主母薨, 又弟王子兒翹岐, 及其母妹女子四人, 內佐平岐味, 有高名之人四十餘, 被放於嶋.

백제는 641년 10월에 서거한 서명천황舒明天皇의 조문 사절을 왜에 파견했다. 의자왕은 같은 해 3월 무왕의 서거로 갓 왕위에 오른 상태였다. 위 2월 2일 기사에 바로 앞서 1월 29일의 기사는 백제국에 사신 갔던 아담산배련비라부가 백제 조문 사절과 함께 도착한 사실을 아뢴 뒤, "그 나라가 지금 크게 어지럽습니다."는 보고를 올리고 있다.

백제의 조문 사절이 전한 의자왕의 요청은 나쁜 짓만 하는 새상을 본국으로 송환해 달라는 것이었다. 새상은 새성塞城이라고도 불린 의자왕의 아우로 당시 왜에 볼모로 와 있었다. 의자왕은 새상이 왜에 있으면서 악한 행동을 계속하므로 본국으로 송환하려 하는데, 왜와 협조가 되지 않는 상황을 답답해했다.

왜의 조정은 다시 조문 사절의 하인들에게도 백제 쪽의 사정을 탐문했다. 그들은 대좌평인 지적智積이 서거한 일과, 백제 사신이 곤륜 사신을 바다에 던져 버린 사건, 그리고 642년 1월, 조문 사절

출국 직전에 일어난 정변政變 사실을 잇따라 알려 주었다. 이렇게 본다면 백제는 당시 정변에 휩싸인 긴박한 상태였고, 이 사태가 의자왕의 동생인 새상 왕자의 모종의 움직임과 밀접한 관계가 있음을 가늠케 한다.

대좌평 지적은 사택지적砂宅智積이니, 1948년 부여읍 관북리官北里 도로변에서 발견된 사택지적비의 주인공인 바로 그 사람이다. 사리 봉안기의 왕비와 성씨가 같다. 사택 또는 사탁씨는 백제 대성팔족大姓八族 중 가장 위세 있던 귀족 집안이었다. 사택砂宅, 사탁沙乇, 사타沙吒 등으로 달리 표기된다. 다만 641년에 서거했다던 사택지적은 이듬해 일본에 사신으로 오고 있고, 사택지적비에 따르면 654년까지 생존해 있었으므로 위 《일본서기》 황극 원년 기사를 642년이 아닌 계명 원년(655)조 기사의 착란으로 보는 견해도 있다. 하지만 《일본서기》에 위 기사와 맞물려 있는 고구려 연개소문의 반란과 보장왕 등극 등 분명한 641년의 정황과 밀착되어 있다. 또 곤륜 사신을 바다에 내던진 사건은 전후 맥락이 소연치 않으므로 여기서 따지지 않는다.

이제 백제에서 발생한 친위 정변 소식을 좀더 찬찬히 따져 보자. 정변의 계기는 무왕 어머니의 서거였다. 금번 발견된 사리 봉안기는 639년 1월에 안치되었고, 무왕은 그 2년 뒤인 641년 5월에 세상을 떴다. 그러니 그로부터 8개월 후인 642년 1월에 세상을 뜬 국왕의 모후는 사탁씨 왕비일 수밖에 없다. 의자왕은 모후가 세상을 뜨자마자 기다리기라도 했다는 듯이 정변을 단행했다. 그 대상은 동생의 아들 교기翹岐와 모매母妹의 딸 4인, 그리고 내좌평 기미岐味였고, 여기에 이들 편으로 분류된 고명한 40여 인이 포함되었다. 이들은 모두 섬으로 추방되었다.

◀ 사택지적비
뒤쪽은 잘려 나간 상태다.
– 사진 협조 국립부여박물관.

의자왕의 이 조처는 무왕 사후 의자왕의 즉위 과정이 결코 순탄치 않았고, 선왕후의 막강한 영향력 아래 사탁씨를 정점으로 한 귀족 세력의 보이지 않는 위협이 지속되었음을 말한다. 의자왕은 어떤 임금인가? 《삼국사기》 〈의자왕〉조에서, "의자왕은 무왕의 원자元子다. 용감하고 담력과 결단력이 있었다. 무왕 재위 33년에 세워 태자로 삼았다. 효로써 어버이를 섬겼고, 형제들과 우애로웠으므로, 당시에 해동증자海東曾子로 불렸다."고 적었던 인물이다. 그랬던 그가 모후 사망 직후에 일본에 인질로 가 있던 아우 왕자의 아들 교기와 이모인 사탁씨의 딸 4인을 한꺼번에 내친 것은 뜻밖의 행보다. 또한 사탁씨였을 것이 분명한 내좌평 기미와 이들에 동조한 명망 있는 40여 명도 동시에 추방되었다.

무왕 33년에야 비로소 세자로 책봉된 것을 보면, 의자왕의 세자 책봉 과정 또한 상당한 진통이 따랐던 것이 분명하다. 무왕은 일본과의 화호和好를 위해 왕자 풍장豊璋을 인질로 보냈다. 당시 태자 책봉을 둘러싸고 맏아들 의자를 지지하는 세력과 왕자 풍장을 지지하는 세력 간의 갈등이 있었다는 관점도 있고 보면, 의자왕의 세자 즉위는 두 세력 간의 팽팽한 긴장 속에서 무왕의 확고한 의지 표명을 통해 이루어졌음을 짐작케 한다.❖

결국 의자왕의 효성과 우애는 자신에게 여러 모로 불리한 상황에서 세자에 오르고 마침내 왕권을 잡기 위한 부득이한 선택이었음이 드러나는 셈이다. 그는 자신을 반대하는 음해 세력을 오랫동안 참고 기다리다가 결정적인 기회가 오자 담력과 결단력으로 단번에 제압해 버렸다. 이런 상황 전개는 모후였던 사탁씨 선왕비가 의자왕의 친모가 아님을 뜻한다. 교기의 아버지로 보이는 제왕자弟王子

❖ 유원재, 《한국사》 6(국사편찬위원회 편, 1995), 158쪽.

풍장과 그 아우 새상도 모두 사탁씨의 혈통을 이은 이복이라는 의미다. 앞서 의자왕이 일본에 인질로 가 있던 아우 왕자 새상의 악행에 격분하여 본국 송환을 꾀하다 사정이 여의치 않자 답답해한 기사로 보아, 새상 또한 일본에서 의자왕의 즉위를 반대하는 행동을 취했던 듯하다. 이들은 새로 즉위한 의자왕에게 쿠데타의 가능성이 높은 위험 세력으로 간주되어 견제되었다.

《일본서기》의 다른 기사에 교기의 아들이 사망하는 사건이 기록되었다. 추방 당시 교기의 나이는 적어도 20대였던 셈이다. 그렇다면 교기의 아버지 되는 제왕자弟王子의 나이 또한 30대 후반을 넘겼을 것이고, 그 이복형인 의자왕은 40대였을 것이다. 의자왕이 사탁씨의 소생이 아니고, 사탁씨 소생 왕자의 나이가 30대 후반을 넘겼다면, 의자왕은 무왕 즉위 이전 선화공주와의 사이에서 태어난 아들이 된다. 이로 보아 선화공주는 의자왕이 아주 어렸을 때 세상을 뜬 듯하다. 무왕은 선화공주의 소생인 의자왕을 몹시 아꼈다. 의자왕 또한 이러한 기대에 부응해 어려서부터 부왕의 계비繼妃인 사탁씨와 그 소생 아우들에게 각별한 효성과 우애로 신망을 쌓아 나갔다.

지금까지의 정리로 새롭게 확인한 사실은 다음과 같다. 첫째, 의자왕은 사탁씨의 소생이 아닌 선화공주의 소생이다. 둘째, 의자왕의 생모 선화공주는 비교적 일찍 세상을 떴다. 셋째, 세자 책봉에서부터 즉위에 이르기까지 사탁씨 왕비를 정점으로 한 집요한 반대가 있었다. 넷째, 의자왕은 사탁씨 왕비의 서거 직후에 정변을 단행하여 사탁씨 일가와 이들에게 찬동한 정치 집단을 추방함으로써 집권 초기의 불안 요소를 제거해 버렸다.

이렇게 본다면 새로 나온 사리 봉안기에 나타난 사탁씨 왕비의 존재는 그간 정돈되지 않은 상태로 남아 있던 의자왕의 모계를 밝혀 주고, 사탁씨 모계 왕자와의 후계 구도를 둘러싼 갈등을 선명하게 정리해 주는 획기적인 자료가 되는 셈이다.

지룡과 과부가 교통하여 낳은 아들 서동

이제 《삼국유사》 제 2, 〈무왕〉조로 이야기를 되돌린다. 그 글은 이렇게 시작된다.

> 제 30대 무왕武王은 이름이 장璋이다. 어머니가 과부로 지내며 경사京師의 남쪽 연못가에 집을 지었는데, 못의 용과 교통하여 낳았다. 어릴 적 이름은 서동薯童이었다. 그 그릇과 국량을 헤아리기 어려웠다. 늘 마를 캐서 이를 팔아 생업으로 삼았다. 나라 사람이 인하여 이름으로 삼았다.

무왕의 어머니는 사비성 남쪽 연못가에 살던 과부였다. 그의 아버지는 지룡池龍이다. 그런데 그 아버지를 두고 《삼국사기》는 "무왕의 이름은 장이니, 법왕法王의 아들이다."라고 분명하게 적고 있다. 연못 용의 정체를 법왕으로 특정한 셈이다. 사실 그렇지 않고서야 아무리 신라 공주를 취해 왔다 한들 마를 캐던 서동이 어찌 백제의 왕으로 오를 수 있었겠는가?

법왕은 혜왕惠王의 맏아들로 이름은 선宣, 또는 효순孝順이라 했다. 법왕의 아버지 혜왕은 형님인 위덕왕威德王을 이어 즉위했다. 즉위 당시 혜왕은 70세 전후의 노령이었다. 고구려의 기습 공격으로 야기된 급박한 전시 상황에서 이루어진 비정상적인 왕위 계승이었다. 그런데 598년에 즉위한 늙은 혜왕은 이듬해인 599년에 바로 세상을 떴다. 이를 이어 법왕이 왕위에 올랐다.

법왕은 근 50대에 이르러 왕위에 올랐다. 그 또한 고작 2년을 못 채우고 서거했다. 그는 성왕聖王의 손자요, 위덕왕의 조카였던 왕실의 지친至親이었다. 위덕왕이 세상을 뜬 지 불과 3년, 1년 만에 아버지 혜왕을 이어 그가 백제의 왕이 되리라고는 누구도 짐작하지 못했을 것이다. 왕성 근처 연못에 사는 용이란 도성 연못가에 살던 왕족을 가리킨다. 하지만 그 아들이 마를 캐서 이것을 팔아 생업으로 삼았다는 기사, 그리고 이 때문에 이름마저 서동이 되었다는 이야기는 서동이 왕가의 혈통을 타고 태어났음에도, 그 결합이 공식적인 혼인으로 공인될 수 없었던 사정을 말해 준다.

그런 면에서 《삼국사기》 무왕 35년(634)의 다음 기사가 흥미롭다.

> 35년(634) 봄 2월, 왕흥사王興寺가 낙성되었다. 그 절은 물가에 임해 있는데, 채색과 장식이 장려했다. 왕은 매번 배를 타고 절로 들어가 향을 올렸다. 3월, 궁 남쪽에 못을 파서 20여 리나 물을 끌어왔다. 사방 언덕에 수양버들을 심고, 물 가운데는 섬을 쌓아 방장선산方丈仙山을 본떴다.

왕흥사는 낙화암과 고란사가 바로 건너다보이는 부여군 규암면 신리에 자리 잡은 왕실의 원찰이었다. 기록은 법왕 2년 정월에 승려 30명으로 창건한 절이라고 되어 있다. 부왕이 시작했던 왕흥사 건립이 무려 36년에 걸친 대역사 끝에 마무리되었다. 이 큰 역사를 마무리 짓자마자, 무왕은 3월에 20여 리나 물줄기를 끌어오는 대공사를 벌여 궁 남쪽에 큰 연못을 조성했다. 이것이 바로 오늘의 궁남지宮南池다. 이 연못은 결국 자신이 태어난 경사京師 남쪽의 연못을 크게 확장한 것이다.

신라와의 전쟁에서 잇따라 대승을 거두고, 사비성의 수리가 끝나며, 당나라와의 외교도 순탄했다. 두 해 전에는 치열한 경쟁 상

▲ **부여 궁남지** 무왕은 20여 리나 물줄기를 끌어오는 대공사를 벌여 궁 남쪽에 큰 연못을 만들었다.

대였던 진평왕이 죽었다. 그와 동시에 오래 골치를 앓던 후계 구도도 마무리되어 의자가 태자로 책봉되었다. 여기에 이은 왕흥사의 완공은 무왕의 치세에서 상징적인 한 매듭이 지어진 것을 뜻했다. 이 완공에 이어, 그는 바로 자신의 출생지였던 궁남지의 성역화 사업에 착수했던 셈이다. 아니 정확히 말하면 그는 왕흥사의 완공 단계에서 궁남지 확장 공사를 병행하여 진행시켰고, 차례대로 완공을 보았다.

무왕은 연못 용의 아들답게 유난히 물에 대한 집착이 강했던 것 같다. 37년(636) 3월에도 사비하의 북쪽 포구에서 신료들과 함께 잔치하며 노니는 얘기가 보인다. 기암괴석과 기화요초가 그림 같은 풍경을 만들어 보이는 아름다운 곳이었다. 술에 거나하게 취한 왕은 금琴을 뜯으며 제 흥에 겨워 노래를 불렀고, 종자들은 거기에 맞춰 춤을 추었다. 당시 사람들이 대왕포大王浦라 불렀던 이곳은 바로 왕흥사가 바라다뵈는 지점이었다. 39년(638) 3월에도 궁녀들과 큰 못에 배를 띄우고 놀았다는 기사가 있다. 큰 못이란 바로 궁남지를 가리킨다. 만년의 자신감이 이렇게 피력되었다.

《삼국유사》 〈남부여 · 전백제 · 북부여〉조의 기사에 왕흥사 이야기가 한 차례 더 나온다.

> 사비수 언덕에 또 바위가 하나 있는데 십여 명이 앉을 만하다. 백제왕이 왕흥사에 예불하러 행차할 때면 먼저 이 바위에서 바라보며 부처님께 절을 올렸다. 그 바위가 절로 따뜻해졌으므로 인하여 돌석㸃石, 즉 온돌바위라고 한다.

무왕이 왕흥사를 얼마나 각별하게 생각했는지 잘 보여 주는 기록이다. 그는 강을 건너기 위해 배를 타기 전 강가 바위에 올라가 멀리 왕흥사 부처님께 절을 올렸다. 그러면 그 뜨거운 정성이 바위에 그대로 전해져서 마치 온돌처럼 덥혀졌다고 했다.

서동과 선화,
결연에서 즉위까지

법왕이 과부와 야합하여 낳은 서동이 아버지를 이어 즉위하기 위해서는 거쳐야 할 통과의례가 있었을 것이 자명하다. 우선 그가 마를 캐어 생계를 유지했다는 사실은 아버지와 절연된 상태로 유년을 보냈다는 뜻이다. 알 수 없는 사정으로 그는 어머니와 함께 익산 지역으로 거처를 옮겨 마 캐는 아이 서동의 존재로 살았다. 어느덧 그는 결혼 적령기의 청년이 되었다. 다시 《삼국유사》의 기록을 이어 읽는다.

> 신라 진평왕의 셋째 공주인 선화善花(선화善化라고도 한다)가 아름답기 짝이 없다는 말을 듣고는 머리를 깎고 서울로 왔다. 마을의 꼬맹이들에게 마를 먹이니, 꼬맹이들이 친해져서 그를 따랐다. 이에 노래를 지어, 꼬맹이들을 꾀어 이를 부르게 했다. 노래는 이러하다. "선화 공주님은, 남몰래 시집을 가서, 서동 도련님을, 밤에 몰래 안고 간다." 아이들의 노래가 온 서울에 가득하여 궁궐에까지 이르렀다. 백관들

이 극렬히 간하여 공주를 먼 지방에 유배 보내게 했다. 장차 가려 할 때 왕후가 순금 한 말을 여비로 주었다. 공주가 유배지에 이르려 하는데 서동이 도중에 나와 절을 올리며, 곁에서 지키며 가겠다고 하였다. 공주는 비록 그가 온 곳을 알지 못했지만, 어쩌다 보니 믿고 좋아하게 되었다. 이로 인해 그를 따라 가서 남몰래 관계하였다. 그런 뒤에 서동의 이름을 알게 되자, 이에 동요의 징험을 믿게 되었다.

느닷없이 신라 진평왕의 셋째 공주가 등장한다. 머리를 깎고 경주로 간 것은 그가 승려 행세를 했다는 뜻이다. 당시 신라와 백제 사이에는 승려 복장만 하면 왕래와 소통에 아무 문제가 없었다는 사실을 알 수 있다. 아이들이 따라 부르기 쉬운 노래까지 척척 지은 것을 보면 그는 결코 마나 캐는 무지렁이 청년일 수가 없었다. 야망이 있고, 권모權謀까지 갖춘 인물이었다. 서동은 노래를 지어 아이들 입을 빌어 서라벌에 온통 공주와 자신과의 야합 소문을 퍼뜨렸다. 마를 미끼로 쓴 것도 서동답다.

걷잡을 수 없이 커진 소문으로 공주는 유배를 떠나게 되고, 왕후는 딸이 안쓰러워 순금 한 말을 준다. 길을 막고 호위를 자처하는 서동을 본 공주는 그의 알 수 없는 매력에 빠지고 만다. 왠지 마음이 이끌려 근본도 모르는 그를 따라가 몸을 허락하고 만다. 정작 그가 서동인 것을 확인한 것은 결연 다음의 일이었다. 그 다음은 운명이려니 하고 현실로 받아들이는 모습이다. 서동이 대단한 수완과 기지의 소유자임을 입증하기에 손색이 없다. 왕족인 아버지가 과부와 결연하여 자신을 낳았는데, 이번엔 마 캐던 과부의 아들이 신라의 공주와 결연해서 부부의 인연을 맺게 되었다.

이어지는 한 대목을 마저 읽고 생각을 정리해 본다.

> 함께 백제에 이르러, 모후가 준 금을 꺼내 장차 살 꾀를 도모코자 하였다. 서동이 크게 웃으며 말했다. "이것은 무슨 물건이오?" 공주가 말했다. "이것은 황금입니다. 백년의 부유함을 가져올 만합니다." 서동이 말했다. "내가 어려서부터 마를 캐던 곳에는 진흙처럼 쌓여 있소." 공주가 듣고 크게 놀라 말했다. "이는 천하의 지극한 보물입니다. 그대가 이제 황금이 있는 곳을 안다면 그 보물을 부모님의 궁전으로 보내는 것이 어떻겠습니까?" 서동이 말했다. "좋소." 이에 황금을 모아 언덕처럼 쌓아 놓고, 용화산龍華山 사자사師子寺의 지명知命 법사의 처소로 가서, 황금을 옮길 계책을 물었다. 법사가 말했다. "내가 신령의 힘으로 옮길 수 있으니 황금을 가져오십시오." 공주는 편지를 써서 황금과 함께 사자사 앞에 두었다. 법사는 신령의 힘으로 하룻밤 사이에 신라 궁중으로 옮겨 두었다. 진평왕이 그 신통한 변화를 기이하게 여겨 존경함이 더욱 심하였다. 늘 편지를 보내 안부를 물었다. 서동이 이로 말미암아 인심을 얻어 왕위에 올랐다.

황금을 보고도 무엇에 쓰는 물건인지 몰랐다는 서동의 대답이 우습다. 마를 캐던 곳에 지천으로 쌓여 있다는 말에 바로 부모님의 궁전으로 보내자는 공주의 제안도 속 보이기는 마찬가지다. 그녀로서는 어찌 되었건 자신의 혼인을 부모에게 공인받고 싶은 심정이었다고나 할까? 그리하여 언덕처럼 쌓인 황금은 사자사 지명 법

▲ **미륵산 사자사** 익산 미륵사지 뒤편 산 정상 아래 자리 잡은 절이다.

사의 신통력을 빌어 하룻밤 만에 신라 궁중으로 옮겨졌다. 이 일을 계기로 진평왕은 서동을 대단히 존경하게 되었을 뿐 아니라, 늘 편지를 보내 안부를 묻게끔 된다. 그뿐만이 아니다. 서동은 이 일을 통해 백제 사람들의 인심을 얻어 왕위에까지 오를 수 있었다.

이 대목의 해석이 사실 가장 난감하다. 도대체 있을 법한 이야기가 아닌 까닭이다. 신라 진평왕은 유언비어에 속아 자신의 가장 예쁜 딸을 쫓아낸다. 귀양 도중 공주는 근본도 모르는 사내 손에 이끌려 백제 땅까지 오고 만다. 공주가 편지와 함께 보내온 엄청난 황금에 혹해 진평왕은 딸을 훔쳐 간 적국의 마 캐던 청년을 존경하게 되었다. 어느 것 하나 사리에 닿는 것이 없다.

이것은 설화다. 사실의 언어와 혼동하면 안 된다. 설화는 상징과 은유로 구성된다. 앞서 왕실의 지친을 연못 용으로 표현한 것과 같다. 위 이야기를 단순화시키면 이렇다. 서동은 백제인들이 신라의 가장 예쁜 공주로 믿고 있는 귀한 신분의 어여쁜 아내를 얻었다. 서동은 유언비어를 이용한 권모로 어렵지 않게 목적을 달성했다. 선화는 적지 않은 황금을 지참금으로 가져왔다. 그녀는 황금의 가치를 잘 알아 금을 캐어 크게 치부하였다. 선화의 존재와 황금의 가치로 인해 서동의 위상도 전혀 달라졌다.

이 과정에서 사자사의 지명 법사가 이들의 강력한 후원자로 등장한다. 사실 서동이 익산에서 자랐다는 명시적 언급은 어디에도 없다. 다만 용화산 사자사가 익산 미륵사지 바로 위에 있던 절이고, 근처에서 캔 황금을 이곳 절 앞에 쌓아 두었다는 것에서 서동과 익산의 연고를 확인하게 된다. 서동은 어려서부터 자신의 출신에 대해 잘 알고 있었음이 분명하다. 뒤에 법왕이 되는 아버지와의 인연도 지속적인 연결고리가 있었다. 그럼에도 그가 법왕의 갑작스런 즉위와 이에 이은 급서 이후, 후계자로 낙점받을 수 있었던 사정은 전혀 알려져 있지 않다.

법왕은 서동 외에 다른 자손이 없었던 것으로 보인다. 그는 즉위한 그해 영을 내려, 살생을 금하고 민가에서 사냥용으로 기르던 매를 몰수하여 놓아주며, 어렵漁獵의 도구를 불태우게 했을 만큼 독실한 불교 신자였다. 그가 짧은 재위 기간 중에 한 일이라고는 2년(600) 봄 정월에 왕흥사를 창건하고, 여름 가뭄에 칠악사에서 기우제를 지낸 것이 전부였다. 이렇듯 불교에 온통 경도되었던 법왕에게 지명 법사란 도승의 법력을 등에 업고, 엄청난 재력과 신라 왕도 그를 존경한다는 풍문, 신라의 가장 예쁜 공주라는 아내까지 거느린 서동의 존재는 인심을 크게 움직였다. 서동은 이제 화려하게 비상한다. 그는 더 이상 마 캐던 시골청년일 수가 없었다. 마땅한 대안이 없던 상황에서 왕실은 그를 왕으로 세우기에 이르렀던 것으로 본다.

미륵사 창건 설화의 행간과 미륵 하생 신앙

멀리 돌아 다시 미륵사 창건에 관한 이야기로 들어가 보자. 사리봉안기에는 미륵사가 사탁적덕의 딸인 왕후의 희사로 조성되었다고 분명히 적고 있다. 하지만 《삼국유사》의 기록은 전혀 다르다.

> 하루는 왕이 부인과 함께 사자사로 행차하려 하였다. 용화산 아래 큰 못가에 이르자, 못 가운데서 미륵 삼존이 출현하므로, 수레를 멈추고 예를 올렸다. 부인이 왕에게 말했다. "모름지기 이곳에다 큰 가람을 세우는 것이 진실로 소원입니다." 왕이 이를 허락했다. 지명 법사의 처소에 이르러 못을 메우는 일에 대해 묻자, 신령의 힘으로 하룻밤에 산을 무너뜨려 못을 메워 평지로 만들었다. 이에 미륵 삼회彌勒三會의 형상을 본받아 전탑殿塔과 낭무廊廡를 각각 세 곳에 창건하였다. 편액에 미륵사彌勒寺(국사國史에서는 왕흥사王興寺라 하였다)라 하였다. 진평왕은 온갖 공장들을 보내 이를

도왔다. 이제껏 그 절이 남아 있다(《삼국사》에는 법왕의 아들이라고 했는데, 이 전승에서는 혼자 사는 여자의 아들이라 하였으나 상세치 않다).

왕이 사자사로 행차한 것은 즉위 이후의 일이다. 부여 사비성에서 익산 사자사까지는 결코 만만한 거리가 아니다. 왕의 행차라면 왕복에 여러 날이 걸리는 여정이다. 서동은 선화와의 결합을 통해 입신할 수 있었다. 즉위 당시 이들은 벌써 여러 해째 부부로 살아왔고, 자식도 두었을 것이다. 의자왕이 이들 사이에 난 아들이란 가정이 성립한다면, 의자왕은 무왕이 즉위 이전에 선화와의 사이에서 낳은 자식이 맞다. 선왕이 즉위 이전 과부와의 사이에서 낳은 아들이었던, 그래서 공인받지 못하고 마 캐는 백성으로 살아야 했던 젊은 날 무왕의 처지와, 즉위 이전에 신라 왕녀와의 사이에서 낳아 세자 책봉까지 33년이나 기다려야 했던 의자왕의 처지는 묘하게 겹쳐진다. 무왕의 의자왕에 대한 집착도 이 지점에서 동병상련의 심정으로 이해된다.

설화는 다시 이렇게 이어진다. 자신의 후견인이었던 사자사 지명 법사를 만나기 위해 왕이 된 무왕 부부는 용화산龍華山 자락 큰 못가에 도착한다. 여기서도 또 연못이 나온다. 무왕은 이래저래 연못과 인연이 깊다. 그때 못 가운데서 미륵 삼존이 출현한다. 부부는 수레에서 내려 미륵 삼존께 예불했다. 감격한 선화는 이곳에 큰 가람을 창건하고 싶다는 소원을 말했고, 왕은 즉시 허락한 후 사자사로 올라가 지명 법사에게 연못 메울 일을 묻는다. 지명 법사는 앞서 하룻밤에 황금을 신라로 옮겼던 신통력을 다시 발휘해, 산을 무너뜨려 못을 메웠다.

한편 무왕 부부 앞에 출현한 미륵 삼존과 가람 창건의 소망은 《삼국유사》 〈탑상〉편 〈미륵선화彌勒仙花 미시랑未尸郞 진자사眞慈師〉조와 묘하게 겹쳐진다. 신라 진평왕의 선왕인 진지왕 때 흥륜사 승려 진자眞慈가 미륵상 앞에 나아가 미륵불께서 화생化生하시어 곁에서 시중들 수 있게 되기를 소원했다. 어느 날 한 꿈에 어떤 승려가 진자에게 웅천熊川에 있는 수원사水源寺로 가면 미륵선화를 볼 수 있을 것이라고 했다. 잠을 깬 진자는 열흘을 걸어 백제의 수도 근처인 지금의 공주 땅으로 미륵선화를 찾아간다. 미륵선화를 만나고도

▲ **미륵사지 금당터** 미륵사지는 3금당 3탑파 형식이다. 바닥이 연못을 메워 만든 뻘층이어서 금당터는 주춧돌을 유난히 높게 쌓아 습기를 차단하는 구조를 지녔다.

알아보지 못했던 그는 경주로 돌아와 곡절 끝에 미시랑을 만나 그가 미륵선화임을 확인한다.

일연은 미시未尸의 '시尸' 가 쓰기에 따라 '력力' 과 혼동될 수 있으므로, 미시未尸는 미력未力이고, 미력은 곧 미륵이라는 풀이를 덧붙였다. 신라 흥륜사 승려가 백제의 중심부에 있는 수원사까지 가서 미륵선화를 모셔 간 이 사건은, 여러 모로 승려로 변장한 서동이 권모를 써서 선화공주를 배필로 맞아 온 이야기와 겹치는 구조를 보여 준다. 이 두 사건을 하나의 계기 선상에 놓고, 신라와 백제 사이에 벌어진 미륵 쟁탈전으로 보는 연구 시각도 있다.❖ 앞서 진자가 모셔 간 미륵선화를 서동이 되모셔 온 것과 같은 의미로 보고, 이를 그가 민심을 얻어 백제의 왕으로 오르게 되는 계기로 보았다.

❖ 최완수, 《한국불상의 원류를 찾아서》 2(대원사, 2007) 참조.

미시랑은 하생한 미륵이었고, 그는 신라에서 국선으로 공경받으며 7년을 지내다가 어느 날 갑자기 종적 없이 사라졌다. 그런데 신라에서 백제로 건너온 선화 공주 앞에 미륵 삼존이 출현했고, 무왕과 선화는 미륵 삼존이 머무실 가람을 창건하여 이 땅 위에 미륵의 세상을 활짝 열 소망을 품었던 것이다. 그녀의 이름 선화善花는 예쁜 꽃이라는 뜻도 되고, 미륵선화의 선화仙花와 음이 같다는 점도 음미할 만하다.

다시 위의 기록으로 돌아간다. 일연은 이 절의 이름이 미륵사라 하고 나서, 주석에서 '국사에서는 왕흥사라고 하였다' 는 언급을 남겨 많은 연구자들을 혼란에 빠뜨렸다. 왕흥사는 앞서 여러 차례 살핀 대로 익산과는 아무 관련이 없는 부여 낙화암 맞은편에 있던 절이다. 일연의 우연한 착각이라고 보기도 어려운 것이 《삼국유사》

권 3, 〈법왕금살法王禁殺〉조에서도 왕흥사를 또한 미륵사라고도 한다고 적었다. 왕흥사에 대한 설명 끝에 붙은 주석을 보면 다시 갸우뚱해진다.

> 고기古記에 실린 것과는 조금 다르다. 무왕은 가난한 어미가 못의 용과 교통하여 낳은 바다. 어릴 적 이름은 서여薯蕷였는데, 즉위 후에 무왕이라 이름하였다. 처음에 왕비와 더불어 창건하였다.

부여 왕흥사는 부왕인 법왕이 창건했고, 왕비와 더불어 창건한 절은 익산 미륵사다. 일연의 이 대목 기술은 명백하게 혼동되어 있다. 가능성은 일연이 왕흥사와 미륵사를 같은 절로 착각했거나, 아니면 실제로 당시에 두 절을 같은 이름으로 혼용했던 것일 터이다. 전자라면 더 말할 것이 없다. 익산의 미륵사는 근처에 왕이 배를 타고 들어올 강물이 아예 없는 절이다. 후자라면 법왕이 부여에 왕흥사를 세웠듯이, 자신은 익산에 자신의 왕흥사를 따로 세운다는 의미에서 미륵사와 왕흥사란 이름을 혼용했을 수는 있다. '처음에 왕비와 더불어 창건했다'는 말은 익산 미륵사를 두고 본다면 뜻밖에 의미심장하다. 완공은 왕비와 함께 하지 못했다는 문맥으로 읽을 수 있는 까닭이다.

일연은 미륵사 창건 설화의 끝에다가 진평왕이 백공百工을 보내 절의 건립을 도왔다는 한 줄을 덧붙였다. 이 말이 또 많은 혼란을 가져왔다. 무왕은 즉위 3년째 되던 8월에 신라 아막산성 공격을 계기로 신라 진평왕과의 전쟁을 시작한다. 이 첫 번째 회전은 좌평 해수解讎에게 보기步騎 4만을 주어 싸우게 했을 만큼 백제로서는 군사력을 총집결한 전투였다. 하지만 신라 귀산貴山 등의 분전으로 백제는 해수만 단기로 돌아왔을 정도로 참혹하게 패배했다. 무왕으로서는 즉위 후 처음으로 치른 신라와의 야심찬 전쟁에서 치욕적인 패배를 당해 입지가 말이 아니게 되었다. 이후로도 백제는 신라와 고구려의 잇따른 공격으로 거듭 패퇴했다. 그러다가 12년 10월 가잠성 전투를 계기로 백제는 다시 공격의 주도권을 되찾는다. 이후로는 연전연승했다.

이렇듯 무왕은 진평왕과의 밀고 밀리는 치열한 전쟁으로 치세의 대부분을 보냈던 임금이다. 백제군 4만 명이 거의 궤멸되는 패배를 당하고, 이후 잇따라 조성된 긴장과 대치 국면에서 진평왕이 미륵사 창건을 돕겠다고 신라 백공들을 보냈다는 것은 앞뒤가 맞지 않는 말이다. 더욱이 당시의 토목 기술은 이보다 훨씬 뒤인 643년 신라의 황룡사 9층탑 창건에 백제에서 아비지阿非知를 보내 돕고 있을 만큼 백제가 신라보다 한 수 위였다. 632년 정월 진평왕이 서거한다. 공교롭게 같은 달 백제 무왕이 맏아들 의자를 세자로 앉히고 있는 것도 주목할 만하다.

위 《삼국유사》 미륵사 창건 기사의 끝 대목은 많은 번역서들이 흔히 오역했다. 원문은 "乃法象彌勒三會 殿塔廊廡 各三所創之"이다. 미륵 삼회를 법상法象하여 전탑과 회랑을 각각 세 곳에 창건하였다는 뜻이다. 법상은 형상을 본떴다는 의미다. 1970년대에 이루어진 실제 미륵사지의 발굴 결과는 놀랍게도 《삼국유사》의 기록과 정확히 일치했다. 백제계 사찰의 기본적인 가람 형태인 1금당 1탑파 형식이 아닌 3금당 3탑파 형식이었다. 절터의 바닥이 뻘층이어서 연못을 메워 절을 세웠다는 언급도 사실로 판명되었다. 뿐만 아니라 금당 터는 주춧돌을 높게 쌓아 바닥과 상당한 거리를 두어,

습기를 차단하는 구조를 지녔음도 확인되었다.

미륵사의 구조는 《미륵하생경彌勒下生經》의 가르침을 재현했다. 석가모니 부처님의 제자인 미륵보살이 먼 훗날 미래불로 세상에 내려와 모든 중생을 제도한다는 믿음이 미륵 신앙이다. 이러한 미륵 사상은 흔히 미륵 삼부경으로 일컬어지는 《미륵상생경彌勒上生經》과 《미륵하생경》, 그리고 《불설미륵대성불경佛說彌勒大成佛經》으로 구성된다. 미륵 상생 신앙은 미륵보살이 도솔천에 태어난다는 믿음을, 미륵 하생 신앙은 미륵보살이 사바세계에 다시 태어나 용화수 아래에서 3차례 설법으로 상중하의 중생들을 차례로 제도한다는 믿음이다.

미륵보살은 도솔천의 칠보대에 있는 마니전의 사자좌獅子座에 홀연히 환생한다. 그곳은 염부단의 사금砂金으로 장엄된 공간이다. 그러다가 56억 7천만 년이 흐른 뒤, 도읍인 시두성翅頭城 가까운 곳에 엄청나게 큰 용화수龍華樹가 있는데, 이곳으로 하생한 미륵보살은 나무 아래서 무상도無上道를 이루어 삼천세계를 진동시킨다. 그러면 양거왕이라는 전륜성왕이 화림원 용화수 밑에 계신 미륵불을 찾아 뵙고 가르침을 청한다.

양거왕에게는 일곱 가지 진귀한 보배가 있다. 그 가운데 하나가 미인보美人寶다. 그녀의 얼굴은 비할 데 없이 아름답다. 살결은 한없이 부드러워 마치 솜과 같다. 보배 곳간을 맡은 신도 있다. 그는 입으로 보배를 내놓고, 발 아래로 보배를 비처럼 내린다. 군사를 맡은 신도 그의 일곱 가지 보배 중 하나다. 그가 움직일 때마다 네 가지 군사가 구름처럼 허공에서 쏟아져 나와 그 나라 국경과 백성을 어머니가 자식을 사랑하듯 보살핀다.

미륵의 세상은 어떤 곳인가? 칠보나무가 줄 지어 서 있고, 개울

▲ **미륵사지 전경** 미륵사지 뒤편 산은 미륵산 또는 사자산으로 불린다. 정상에서 바라본 미륵사지 전경과 좌우로 끝없이 펼쳐진 평지에서 도읍지의 웅혼한 스케일이 느껴진다.

양편에 금모래가 깔렸으며, 궁전은 연못 근처에 있다. 곳곳마다 금은과 구슬 등 온갖 보배가 산더미처럼 쌓여 있다. 온 세상은 평화로워 도둑 걱정이 없다. 도시나 시골이나 문을 잠그지 않는다. 늙고 병드는 걱정이 없고, 물과 불로 인한 재앙도 없다. 전쟁과 가난이 없고, 짐승이나 식물의 해독이 미치지 않는다. 대소변을 보려 하면 땅이 저절로 열리고, 마치면 땅은 다시 닫힌다.❖

이러한 미륵 신앙의 얼개는 위 미륵사 창건 설화 속에 그대로 상징화되었다. 무왕 부부는 사자사로 지명 법사를 찾아간다. 미륵이 처음 환생한 상계 도솔천 사자좌의 변용이다. 미륵 삼존이 출현한 연못의 뒷산은 용화산龍華山이다. 용화수 아래서 환생한 미륵보살을 나타낸다. 삼존은 세 차례의 용화법회龍華法會를 뜻한다. 이것이 미륵사의 삼소三所로 다시 구현되었다. 환생한 미륵보살을 알현한 전륜성왕은 비할 수 없이 아름다운 여인과, 산처럼 쌓인 보물, 구름 같은 군사를 거느린 제왕이다. 세상에서 가장 아름다운 선화 공주와 언덕처럼 쌓인 황금, 막강한 군사를 거느린 무왕 자신과 대응된다.

❖
미륵 신앙에 대한 설명은 《미륵상생경 · 미륵하생경 외》(불교시대사, 2000)를 참조함.
이밖에 노중국, 《백제정치사연구》(일조각, 1994)와 김주성, 〈백제 무왕의 사찰 건립과 권력강화〉, 《한국고대사연구》 제 6집(한국고대사학회, 1993), 235-282쪽을 참조할 것.

결국 미륵사를 창건하는 일은 이 세상에 미륵 부처님을 맞이할 준비였던 셈이다. 미륵 부처님을 친견한 무왕 부부는 전륜성왕 부부가 된다. 이후로 펼쳐질 세상은 전쟁과 죽음의 공포가 사라진 평화와 열락뿐인 낙원이다. 이렇게 해서 미륵사 창건 설화는 《미륵하생경》을 중심으로 한 미륵 경전의 완벽한 재현이 된다.

전륜성왕을 꿈꾼 무왕, 진평왕을 벤치마킹하다

무왕의 치세 곳곳에서 우리는 그가 진평왕을 벤치마킹한 듯한 흔적과 문득문득 만난다. 따지고 보면 신라와 백제는 비슷한 꼴로 미륵 하생 신앙을 받아들였다. 무력이 아닌 정의의 힘으로 세상을 지배하던 전륜성왕의 세상을 똑같이 꿈꾸었다.

《미륵하생경》에서는 미륵불의 성불 소식을 듣고 달려온 양거왕이 그 거룩한 법문을 듣고는 왕위를 태자에게 물려준 뒤 머리를 깎고 보물을 바친다고 했다. 신라 법흥왕도 이차돈의 순교 후 불교를 받아들여, 흥륜사를 짓고 내외가 아예 머리를 깎고 출가했다. 또 법왕이 살생을 금하는 율령을 반포한 뒤 왕흥사 창건을 선언한 것도 생각이 같다. 신라에서 법흥왕을 이어 보위에 오른 진흥왕이 흥륜사를 완공하고, 나아가 황룡사의 장륙존상을 조성하여 부처의 사리를 잇따라 모셔 오는 것과, 백제 무왕이 법왕의 유촉을 받들어 왕흥사를 완공하고, 미륵사를 세워 그 탑에 진신사리를 봉안한 것도 대응된다.

진흥왕은 아들 이름을 동륜 · 사륜 · 금륜 · 국륜 등 전륜성왕의 이름을 본떠 지었다. 동륜 태자의 아들로 즉위한 진평왕은 자신의 이름을 석가모니의 아버지 이름인 백정白淨으로 하고, 왕비의 이름을 마야 부인으로 하는 등 일가의 이름을 석가모니의 부모와 삼촌의 이름으로 지어 신라를 불국토화하려는 석종의식을 보여 주었다. 무왕은 연못에서 출현한 미륵 삼존을 알현하고 예를 올리며, 나아가 미륵불이 하생하여 세 차례의 용화법회를 베풀 도량인 미륵사를 창건함으로써 자신이야말로 진정한 전륜성왕이라고 선언했다.

진평왕은 즉위 원년에 천사가 상황의 뜻을 받들어 옥대를 하사했다는 신화를 유포시켰다. 또 궁궐 내에 있던 제석궁의 섬돌을 발로 밟아 부서뜨려 자신의 권위를 확고하게 다진다. 무왕은 본인이 미륵 삼존을 친견한 전륜성왕이면서, 미륵사 근처에 새로 조성한 왕궁 곁에 신라와 마찬가지로 제석사帝釋寺를 창건하여, 이곳에 진신사리와 금판 불경을 모셨다.

여기서 잠깐 익산 미륵사 근처, 왕궁평 옆에 있는 제석사의 존재에 대해 음미해 보기로 한다. 제석사에 관한 기록은 우리 쪽에는 없고, 엉뚱하게 일본 쪽 기록에 남아 있다.

> 백제 무광왕武廣王이 지모밀지枳慕蜜地로 천도하여 새로 정사精舍를 세웠다. 정관 13년 기해년(639) 겨울 11월에 큰 우레와 비가 내려 마침내 제석정사帝釋精舍에 화재가 났다. 불당과 칠급부도七級浮圖, 회랑 및 방에 이르기까지 일체가 다 타 버렸다. 탑 아래 초석 중에 여러 종류의 칠보가 있었는데 불사리가 보이는 수정병이 있었다. 또 구리를 종이처럼 만들어 금강파야경金剛波若經을 써서, 나무로 된 칠함에 보관하였다. 초석을 열어 살펴보니 모두 타 버렸지만, 불사리병과 파야경을 담은 칠함만은 전과 같았다. 수정병은 안팎이 훤히 보였는데, 대개 또한 손대지 않았는데도 사리가 하나도 없었다. 누가 꺼내 갔는지 알지 못했으므로 장차 병을 대왕께 돌려보냈다. 대왕께서 법사에게 청하여 즉시 참회하고는 병을 열어 살펴보니, 불사리 6개가 모두 안에 놓아

둔 병에 있었다. 밖에서 살펴보니 6개가 다 보였다. 이에 대왕과 여러 궁인들이 배나 공경하고 믿게 되었다. 즉시 공양하여 다시 절을 지어 보관하게 하였다.

百濟武廣王遷都枳慕蜜地, 新營精舍. 以貞觀十三年歲次己亥冬十一月, 天大雷雨, 遂災帝釋精舍. 佛堂七級浮圖, 乃至廊房, 一皆燒盡. 塔下礎石中有種種七寶, 亦有佛舍利睬水精瓶, 又以銅作紙, 寫金剛波若經, 貯以木漆函. 發礎石開視, 悉皆燒盡. 唯佛舍利瓶與波若經漆函如故. 水精瓶內外徹見, 盖亦不動, 而舍利悉無, 不知所出, 將瓶以歸大王. 大王請法師, 發卽懺悔, 開瓶視之, 佛舍利六箇俱在處內瓶. 自外視之, 六箇悉見. 於是, 大王及諸宮人, 倍加敬信. 發卽供養. 更造寺貯焉.

이 기록은 중국 육조 때 육고陸杲 등이 찬한 《관세음응험기觀世音應驗記》 기사의 한 대목이다.❖ 지모밀지는 익산의 옛 이름이다. 무왕의 익산 천도를 기정사실화했다. 정관 13년 기해년은 앞서 미륵사지 서탑이 완공되어 사리 봉안기를 안치했던 639년이다. 미륵사 서탑 봉안기의 안치가 1월이었는데, 같은 해 11월에 제석정사의 불당과 칠급부도 및 부속 건물이 모두 벼락에 맞아 불탔다. 그러니까 무왕의 제석사 경영은 미륵사 및 왕궁 건설과 동시에 이루어졌던 것임을 알 수 있다. 칠급부도를 탑이

❖ 제석사와 제석신앙에 관한 검토는 황수영, 〈백제제석사지의 연구〉, 《백제연구》 제 4집(충남대 백제연구소, 1973), 9-17쪽과 홍윤식, 〈백제의 제석신앙고〉, 《마한백제문화》 제 2집(원광대 마한백제문화연구소, 1977), 45-55쪽, 안지원, 〈신라 진평왕대 제석신앙과 왕권〉, 《역사교육》 제 63집(역사교육연구회, 1997. 9), 65-98쪽을 참조할 것.

라고 했으니, 제석사에 세워진 탑은 7층 목탑이었다. 탑 안에는 불사리가 든 수정병과 동판에 쓴 금강파야경이 목칠함에 담겨 주초석 안 사리공에 장치되었다. 폐허를 헤쳐 주초석을 들어내자 다 타버린 폐허에서 온전한 목칠함이 발견되었다. 그런데 아무 손댄 흔적이 없었음에도 불구하고 투명한 수정병 속에는 의당 있어야 할 6개의 사리가 하나도 보이지 않았다. 왕이 즉각 법사를 청해 참회하였다고 했으니, 이때도 지명 법사를 불렀던 것이 틀림없다. 참회 후에 수정병을 열자 사라졌던 불사리 6개가 감쪽같이 그대로 놓여 있었다. 이 같은 제석사 관련 기록은 내제석궁의 섬돌을 밟아 부서뜨리며 자신의 힘을 과시하고, 이를 입증이라도 하듯 제석천에서 신물 옥대를 하사했던 진평왕의 일과 다시 겹쳐진다.

무왕에게 치욕적인 패배를 안겨 주었던 진평왕과의 첫 전투는 거의 다 이긴 싸움이었는데, 원광 법사에게서 배운 화랑오계로 무장한 화랑 귀산貴山 등의 분전으로 전세가 역전되었다. 미륵 신앙을 배경으로 미륵선화彌勒仙花 또는 용화향도龍華香徒로도 불렸던 화랑의 잇따른 분전은 늘 열세에 놓였던 신라에게 극적인 승리를 안겨 주는 원동력이 되었다. 당시 귀족회의에 휘둘려 변변한 왕권조차 행사하지 못했던, 그나마 천신만고 끝에 왕위에 올랐던 무왕의 입장에서는 미륵 신앙의 비전이야말로 흐트러진 민심을 수습하고, 국가의 중심에 왕권을 우뚝 세워 귀족 세력을 견제하며, 신라와의 전쟁에서 우위를 점할 수 있는 유일한 길이라고 믿었을 법하다.

이 과정에서 가장 큰 라이벌이었던 진평왕의 앞서간 행보가 주목되었다. 신라에서 흥륜사와 황룡사를 잇따라 건립한 것을 본떠 백제는 왕흥사와 미륵사를 세우고, 저들의 내제석궁을 보고 새 왕궁 곁에 제석사의 창건을 이어 나갔던 것이다. 여기에 진평왕의 셋째 딸을 아내로 맞이하고, 미륵사 창건에 적국의 임금인 진평왕이 백공을 보내 공사를 도왔다는 이야기까지 보태지고 보면, 우리는 민심을 등에 업고 왕위에 올랐으나 취약한 왕권 기반 속에서 자신의 입지를 구축하려던 무왕의 눈물겨운 노력과 만나게 된다.

이제 글을 마무리할 때가 되었다. 어째서 새롭게 발견된 사리 봉안기의 주인공은 미륵사 창건의 계기를 마련한 선화가 아니라 사탁씨 왕비였을까? 우선 서탑 완공 당시 선화공주는 이미 이 세상 사람이 아니었던 것이 분명하다. 지금은 사라진 중탑과 동탑의 봉안기에도 사탁씨 왕비의 이름만 있었을 것으로는 보이지 않는다. 또한 사탁씨가 자신들의 세력 기반인 사비성에서 익산으로의 천도를 꿈꾸었던 무왕의 염원이 깃든 미륵사 창건에 적극적으로 시주하고, 그 내용을 적은 봉안기까지 안치한 것을 보면, 무왕의 왕권 강화 의도는 일정한 성공을 거두었다고 보인다. 비록 무왕의 익산 천도는 왕의 서거와 함께 사탁씨의 끊임없는 견제를 받아야 했던 의자왕에 의해 무산되고 말았지만 말이다.

선화공주는 여전히 미륵사 창건의 계기를 마련했고, 그 일을 추진했던 주체다. 다만 그녀는 완공 훨씬 전에 세상을 떴다. 마지막 완공을 지켜본 것은 사탁씨 왕비였다. 이것이 서탑 사리 봉안기에 그녀의 이름만 남게 된 연유다. 이번 봉안기의 발견이 서동과 선화의 사랑 이야기에 손상이 될 것은 하나도 없다. 오히려 이 봉안기는 그간 석연치 않던 의자왕의 너무 늦은 세자 책봉과 즉위 직후의 정변 내막, 왕권과 귀족 세력간의 보이지 않는 갈등구조 등에 대해 더 깊은 이해를 가능하게 해 주었을 뿐이다.

무왕과 선화가 꿈꾸었던 미륵 세상은 미륵사 창건 이후에도 결코 오지 않았다. 거듭된 전쟁으로 백성들의 삶은 도탄에 빠지고,

전쟁의 먼지와 연기는 끊이지 않았다. 이 땅에 진정한 평화를 염원했던 선화공주의 간절한 소망은 결국 사탁씨 왕비의 이름만 남긴 채 스러지고 말았다. 그리고 그의 아들인 의자왕 대에 이르러 백제는 외세를 끌어들인 신라와의 전쟁에서 패해 몇 백 년 사직의 문을 닫고 말았다. 미륵사와 제석사, 왕궁평은 지금도 빈터만 남아 희미한 옛 기억의 저편을 증언하고 있다. 꿈은 아름답지만 늘 슬픈 까닭이다.

불국토의 중심축, 황룡사 9층탑

백제에 미륵사가 있었다면 신라엔 황룡사가 있었다.
황룡사는 신라인들에게 어떤 의미였을까?
두 가람의 중앙에 우람하게 솟았던
9층 목탑에는 어떤 염원이 담겼나?
전불前佛 시대의 가람터란 무슨 뜻인가?
부처들이 여기저기 땅속에서 불쑥불쑥 솟아나고,
불상과 탑과 종의 규모는 상상도 할 수 없을 만큼 커졌다.
이 시기 신라와 백제는 왜 전쟁 중이었음에도
엄청난 물력을
쏟아부어 가면서
대규모 사찰 건립에 경쟁적으로 몰두했을까?
그 속사정이 궁금하다.

가섭불의 연좌석과 전불 시대 가람터

《삼국유사》 제 4, 〈탑상塔像〉편의 기사는 동경 흥륜사 금당金堂에 모신 십성十聖에 대한 설명으로 시작된다. 그리고 바로 이어지는 것이 〈가섭불의 연좌석〉 기사다.

> 《옥룡집玉龍集》과 《자장전慈藏傳》, 그리고 제가의 전기에서 모두 말했다. "신라 월성 동쪽 용궁龍宮 남쪽에 가섭불迦葉佛의 연좌석宴坐石이 있다. 그 땅은 바로 전불前佛 시대의 가람터이다. 지금 황룡사의 땅은 이 일곱 가람의 하나다." 국사를 살펴보니, 진흥왕 즉위 14년(533), 개국開國 3년 계유 2월에, 월성의 동쪽에 신궁을 세우는데, 황룡皇龍이 그 땅에 나타나므로 왕이 이를 의심하여 고쳐 황룡사皇龍寺라 하였다. 연좌석은 불전佛殿 뒷면에 있다. 일찍이 한 차례 참배한 적이 있다. 돌은 높이가 5·6척 가량 되고, 둘레는 겨우 3주肘였다. 기둥처럼 서서 윗부분은 평평했다. 진흥왕이 절을 세운 이래 두 차례나 화재를 겪어, 돌이 갈라진 곳이 있

없으므로 절의 승려가 쇠를 붙여 보호하였다.

가섭불은 범어 Kassapa Buddha의 음역이다. 과거칠불過去七佛 중 여섯 번째 부처님이다. 사람의 나이로 쳐서 2만 세 때에 출현한 부처님이니 석가모니의 전생이다. 위 기사는 그러니까 몇 만 년 전 가섭불이 연좌宴坐하던 바위가 황룡사 터에 그대로 남아 있다는 내용이다. 연좌란 결가부좌를 한 상태로 좌선에 드는 것을 말한다. 다시 말해 황룡사 터가 그 옛날 가섭불이 연좌하여 한 차례 설법으로 제자 2만 명을 제도했던 바로 그곳이라고 말한 것이다. 이 연좌석 이야기는 《옥룡집》을 비롯한 여러 전승들에서 한결같이 증언한 바다. 연좌석이 불전 뒤편에 있었으니, 결국 황룡사는 가섭불의 가호를 받는 거룩한 공간이 된다.

《삼국사기》 진흥왕 14년 봄 2월의 기사는 이러하다.

> 봄 2월, 왕이 담당 관리에게 명하여 월성의 동쪽에 신궁新宮을 짓게 했다. 황룡黃龍이 그 땅에 나타나자, 왕이 이를 의심하여 고쳐 불사佛寺로 만들고, 이름을 내려 황룡사皇龍寺라 하였다.

신궁을 세우려는데 황룡皇龍이 나타났다. 진흥왕은 갑자기 나타난 황룡을 보고 신궁을 조영하려던 계획을 멈췄다. 두 기록 모두에서 왕이 의심했다는 표현이 보인다. 황룡의 출현을 전불 시대 일곱 가람 중 하나임을 알리는 표지로 받아들였다는 뜻이다. 용은 두 기록에서 황룡皇龍과 황룡黃龍으로 달리 적고 있다. 황룡黃龍은 말 그대로 황금빛의 용이다. 황皇에도 황백색黃白色의 의미가 있기는 하다.

하지만 황룡皇龍은 용궁龍宮의 임금이 되는 용이다. 이렇게 보면 왕은 자신의 신궁을 황룡의 용궁에 양보한 셈이 된다. 불법을 왕권의 우위에 둔 것이다.

그런데 전불 시대의 일곱 가람 이야기는 《삼국유사》 권 3의 〈아도기라阿道基羅〉조에 또 나온다. 고구려 여자 고도령高道寧이 아들 아도에게 신라로 가서 불법을 전하라고 권하는 말 중에 보인다. 장황함을 덜기 위해 일곱 가람의 위치와 조성연대를 여타 기록을 참조하여 표로 보이면 다음과 같다.

번호	위치	현재 절이름	착공 및 낙성 시기
1	금교金橋:西川橋 동쪽 천경림天鏡林 (현 경주시 사정동)	흥륜사興輪寺	법흥왕 14년(527) 시작, 22년(535) 본격 착공, 진흥왕 5년(544) 완공. 천경림을 채벌하여 그곳의 목재로 세움.
2	삼천三川이 갈라지는 곳 (서천과 남천의 합류 지점)	영흥사永興寺	법흥왕 22년(535)에 흥륜사와 함께 착공. 법흥왕의 왕비가 세운 것임.
3	용궁龍宮 남쪽 (현 경주시 구황동)	황룡사皇龍寺	진흥왕 14년(553) 착공, 진흥왕 27년(566) 준공.
4	용궁 북쪽 (현 경주시 구황동)	분황사芬皇寺	선덕 여왕 3년(634) 준공.
5	사천沙川의 끝자락 (현 경주 남천 북쪽, 천경림과 남천이 만나는 지점)	영묘사靈妙寺	선덕 여왕 4년(635) 준공.
6	낭산狼山 신유림神遊林 (현 경주시 배반동)	천왕사天王寺	문무왕 19년(679) 준공.
7	서청전婿請田. 알천閼川 양산촌揚山村 남쪽, 오릉五陵 남쪽 (현 경주시 탑정동)	담엄사曇嚴寺	불명.

표를 통해 일곱 가람의 차례가 절의 건립 시기 순이라는 점이 확인된다. 일곱 가람은 반경 수 킬로미터 이내에 밀집해 있다. 담엄사를 제외한 나머지 사찰은 왕명에 의해 세워진 국찰國刹이다. 이는 신라의 수도 경주가 전불 시대 불국토의 중심이었다는 의미이고, 이곳에 세워진 사찰들은 전불 시대의 재현을 알리는 상징이 된다.

그중 황룡사는 용궁 남쪽, 분황사는 용궁 북쪽에 자리 잡았다. 두 절의 가운데가 용궁龍宮이란 말이다. 용궁의 아래쪽을 파는데 황룡이 나와, 신궁 건설을 중단하고 절을 세웠다. 용궁을 관장할 황룡의 거처를 마련한 것이다. 더욱이 이곳은 가섭불의 연좌석이 있는 곳으로 여러 기록에서 한결같이 입을 모았던 영험스런 장소가 아닌가? 분황사芬皇寺는 뜻으로 풀면 황룡사를 분화芬華, 즉 꾸며 주는 절이란 뜻이니, 황룡사의 부속적 성격을 띤다. 분황사와 황룡사 사이는 예전에는 습지였다. 황룡사는 발굴 결과에 따르면 백제의 미륵사와 마찬가지로 습지 또는 연못을 메워 조성되었다.❖ 지금 분황사에서 황룡사지 쪽으로 가는 길에 있는 큰 우물이 황룡이 나타났던 장소와 무관치 않을 것이다.

왜 하필 가람의 숫자가 7인가? 석가세존까지의 과거칠불과 호응코자 함이다. 비바시불毘婆尸佛:vipassin · 시기불尸棄佛:sikhin · 비사부불毘舍浮佛:vessabhu · 구류손불拘留孫佛:kondanna · 구나함모니불拘那含牟尼佛:konagamama · 가섭불迦葉佛:kassapa · 석가모니불이 전불 시대 일곱 부처님의 이름이다. 황룡사는 가섭불의 연좌석이 있는 곳에 자리 잡았으므로, 가섭불과 인연이 있다. 나머지 여섯 절이 어느 부처님과 각각 연결되는지는 말하지 않았다. 일곱 가람이 과거칠불과 관

❖
습지 관련 언급은 이기봉, 《고대도시 경주의 탄생》(푸른역사, 2007), 304쪽 참조. 위 칠처 가람의 위치 비정에 관한 논의도 이 책의 도움을 받았다.

련된다는 것만은 분명하다.

일연은 위 기사 끝에 이런 찬시讚詩를 한 수 남겼다.

은혜론 해 광휘 잠김 해를 기억 못하는데	惠日沈輝不記年
연좌석만 예전처럼 다만 여기 남았네.	唯餘宴坐石依然
뽕밭이 몇 번이나 푸른 바다 되었어도	桑田幾度成滄海
가석타 우뚝하게 여태도 그대롤세.	可惜巍然尙未遷

1구의 혜일惠日은 전불 시대 불법의 은혜로운 태양이다. 그 광휘

▲ **황룡사지 장륙삼존대좌와 심초석** 사진중앙부 9층목탑지 중심에 놓여 있는 큰 돌이 가섭불연좌석이라는 설이 있다.

가 잠겨 사라진 것은 햇수로는 따져서 기억할 수조차 없다. 그런데 그 겁의 세월 동안 가섭 부처님이 설법하시던 연좌석은 변함없이 남아 뽕밭이 여러 번 푸른 바다로 변하도록 그 자리에 꼼짝 않고 그대로 있다는 이야기다.

일연은 우뚝 선 연좌석을 직접 보았는데, 이어지는 글에서 "서산의 큰 군대 이후로 전각과 탑이 불에 타 버렸다. 이 돌 또한 파묻혀서 겨우 지면과 더불어 평평하다."고 적어, 1238년 몽고 침략 당시 절이 화재로 소실되면서, 연좌석이 땅에 묻혔다고 보고했다. 하지만 조선 초기 김시습金時習은 〈희연좌석戱宴坐石〉이란 시에서 "지금은 불에 타서 갈라졌다[今爲火所燒折裂]."고 적고, "어느 해에 연좌하여 《밀엄경密嚴經》을 강설했나. 한 차례 화겁火劫 만나 꼭대기가 뾰족하다. 미래에 그 자리에 걸터앉게 되신다면, 설법함에 마음이 편안치 못하시리[宴坐何年說密嚴, 一遭火劫上頭尖. 未來若踞漸漸處, 說法還應意不恬]."라고 노래했다.❖ 조선 초기에도 연좌석은 남아 있었지만, 앞서 일연 이전 절의 승려들이 갈라진 돌을 쇠로 붙여 보호했음에도 불구하고 다시 쪼개져 끝이 뾰족한 상태였던 것으로 보인다.

❖ 김시습, 〈희연좌석〉, 《매월당시집》 권 12, 〈유금오록遊金鰲錄〉에 실려 있다.

알지 못할 장륙존상 기사

황룡사와 관련된 두 번째 기사는 역시 권 4 〈탑상〉에 실린 〈황룡사장륙皇龍寺丈六〉이다. 기사는 앞서의 이야기를 되풀이하며 시작된다.

> 신라 제 24대 진흥왕 즉위 14년(553) 계유년 2월에 용궁 남쪽에 자궁紫宮을 지으려는데, 황룡黃龍이 그 땅에 나타나므로, 이에 고쳐 불사佛寺를 세우고 황룡사黃龍寺라 했다. 기축년(569)에 담장을 둘러, 17년 만에 겨우 마쳤다.

여기서는 황룡사黃龍寺로 적었다. 신궁新宮이 자궁紫宮으로 바뀐 것 외에는 앞서 본 내용과 다를 게 없다. 이어지는 기사를 보자.

> 얼마 되지 않아, 바다 남쪽에서 한 척의 큰 배가 하곡현河曲縣의 사포絲浦(지금의 울주蔚州 곡포谷浦다)로 와서 정박했다. 살펴보니 첩문牒文이 있는데, 이렇게 적혀 있었다. "서축西竺의 아육왕阿育王이 황철黃鐵 57,000근과 황금 3만 푼(별전에는 철 407,000근, 금 1,000냥이라고 하나, 잘못인 듯하다. 혹 37,000근이라고도 한다)을 모아서 장차 석가 삼존상을 주조하려 했으나 이루지 못하였다. 배에다 실어 바다로 떠내려 보내며 빌었다. '원컨대 인연 있는 나라 땅에 이르러 장륙丈六의 존용尊容을 이루소서.'" 아울러 한 분 부처님과 두 분 보살상의 모양模樣을 실었다. 고을의 관리가 보고서를 갖추어 위에 아뢰니, 칙사가 그 고을 성 동쪽의 툭 터진 높은 땅을 골라 동축사東竺寺를 창건했다. 그러고는 삼존을 맞이하여 봉안하였다. 서울로 황금과 철을 옮겨와 대건大建 6년(573) 갑오 3월에(《사중기寺中記》에는 계사년 10월 17일이라 했다) 장륙존상을 주조하여 만들었다. 한번 북을 쳐서 이루니, 무게가

35,007근으로 황금 10,198푼이 들었다. 두 보살에게는 철이 12,000근, 황금은 10,136푼이 들었다. 황룡사에 안치하였다. 이듬해 장륙존상이 눈물을 흘려 발꿈치에 이르니 땅을 한 자나 적셨다. 대왕께서 승하하실 조짐이었다. 어떤 이는 장륙존상을 조성한 것이 진평왕 때였다고 하는데 잘못이다.

별본別本에서는 이렇게 말한다. 아육왕은 서축 대향화국大香華國에 있다. 부처님이 돌아가신 뒤 1백 년 있다가 태어났다. 진신을 공양하지 못함을 안타까워했다. 황금과 철을 얼마간 거두어서 세 차례 주조하였으나 보람이 없었다. 이때 왕의 태자가 홀로 이 일에 참여하지 않았다. 왕이 사람을 보내 힐난하자, 태자가 아뢰었다. "혼자 힘으로는 이루지 못합니다. 이를 알기에 나아가지 않았습니다." 왕이 옳게 여겨 배에다 실어 바다에 띄웠다. 남염부제의 16개 큰 나라와 500개 중간 나라, 1만 개의 작은 나라와 8만 개의 마을에서 해 보려 했지만 모두 주조하지 못했다. 마지막으로 신라국에 이르러 진흥왕이 문잉림에서 이를 주조했다. 장륙존상이 완성되자 상호相好가 두루 갖추어졌다. 아육阿育은 무우無憂로 번역한다.

황룡사가 완공된 것과 때를 같이 해서, 울주 앞바다에 큰 배 하나가 닿았다. 황룡사의 완공에 따른 장륙존상 봉안을 신비화하려는 의도를 대번에 읽을 수 있다. 황금과 황철을 싣고 느닷없이 도착한 큰 배, 거기에 실려 있는 모양불模樣佛과 보살상. 보고를 받은 왕은 즉시 동축사 창건을 명하고, 견본으로 온 작은 삼존불을 그곳에 안치한다.

동축사는 서축西竺이 동쪽으로 옮겨온 것을 기념하는 절이다. 배가 싣고 온 황금과 황철로 석가 삼존상을 조성했다. 석가 삼존은 주불인 석가모니불과 좌우에 모신 문수보살과 보현보살이다. 석가모니불의 전생인 가섭불의 연좌석이 있던 곳에 아육왕의 염원이 담긴 석가모니불이 안치되었다. 결국 전불 시대 가람이 서축 땅으로 잠시 옮겨 갔다가 이제 다시 원래의 자리로 되돌아온 셈이 된다.

당시 조성된 장륙존상丈六尊像의 크기와 모양은 어떠했을까? 장륙은 1장 6척의 줄임말이다. 보통 사람의 신장이 8척인 데 반해, 부처님은 그 두 배여서 1장 6척이라 한다. 서면 1장 6척, 앉으면 8척이라고도 하니, 장륙존상은 1장 6척 높이의 입불立佛인 셈이다. 3미터가 훨씬 넘는 입상立像이다. 무게로 보면 가운데 석가모니불은 크고, 좌우의 협시불은 3분의 1 정도의 크기였을 것이다. 당시로는 이런 크기의 불상은 한 번도 만들어진 적이 없었던 어마어마한 규모였다. 황룡사의 완공이 569년이고, 장륙존상의 주조가 573년이니, 이 사이에는 다시 4년의 거리가 있다.

일연은 여기에 별본別本의 다른 전승을 다시 덧붙였다. 서축 아육왕의 불상 조성에 얽힌 사연을 소개한 것이다. 서축 대향화국의 아육왕은 인도의 아쇼카 왕이다. 당시 기준으로 1,300년 전에 살았던 기원전의 인물이다. 기원전에 인도를 출발한 배가 그 많은 크고 작은 나라와 8만 개의 촌락을 거쳐 근 1,300여 년 만에 신라 땅에 도착했다는 이야기니, 사실의 언어로 받아들일 일은 애초에 못 된다. 결국은 인도 아쇼카 왕의 염원을 이어 신라 땅에서 장륙존상을 조성해 전불 시대의 가람터에 봉안하였다는 의미만 취할 수 있다.

진흥왕이 장륙존상을 단 한 번에 조성한 곳은 문잉림이다. 문잉림은 신유림과 함께 신라의 성소聖所 중 하나다. 〈혜통항룡惠通降龍〉조에서 혜통에게 쫓겨난 독룡이 신라로 건너와 인명을 해쳤던 곳이기도 하다. 어디서도 주조하지 못한 장륙존상을 신라는 단 한 번만에 완성하였다.

▲ **동축사** 573년 창건한 사찰로 서축(인도)의 아육왕이 보낸 석가 삼존불을 봉안하기 위해 건립했다. 동축사 뒤편 관일대에서 바라보면 동해가 한눈에 들어온다.

일연은 다시 자장에 얽힌 후일담 하나를 덧붙인다.

뒤에 대덕 자장慈藏이 서쪽으로 배우러 가서 오대산에 이르렀다. 문수보살의 현신이 감응하여 비결을 주었다. 인하여 부탁했다.

"네 나라 황룡사는 석가와 가섭불이 강연하시던 땅이다. 연좌석이 그대로 남아 있다. 그런 까닭에 천축의 무우왕無憂王이 황철 몇 천 근을 모아 바다에 띄워 1,300여 년이 지난 뒤에 네 나라에 도착해서 완성하여 그 절에 안치하였다. 대개 큰 인연이 그렇게 시킨 것이다."(별기에 실린 것과 꼭 같다)

불상이 완성된 뒤 동축사의 삼존 또한 절 안으로 옮겨 와 안치했다. 《사기寺記》에는 "진평왕 6년 갑진(584)에 금당金堂이 조성되었다. 선덕왕 대에 절의 초대 주지는 진골인 환희사歡喜師였고, 제 2대 주지는 자장 국통이며, 그 다음은 국통 혜훈惠訓이었고, 그 다음은 상률사廂律師였다."고 했다. 지금은 병화兵火 이래로 큰 불상과 두 보살상은 모두 녹아 없어졌다. 하지만 작은 석가불은 그대로 남아 있다.

찬讚한다.

티끌세상 어덴들 참고향이 아니랴만　　塵方何處匪眞鄕
향화의 인연이야 우리 땅이 으뜸일세.　　香火因緣最我邦
아육왕이 손대기 어려워서가 아니니　　不是育王難下手
월성으로 옛 자취를 찾아온 것이라네.　　月城來訪舊行藏

일연은 찬시에서 무우왕 즉 아육왕이 굳이 신라 땅까지 황금과 황철을 실어 보내 1,300년 만에 완성케 한 것은 직접 만들지 못해서가 아니라, 월성에 남은 전불 시대의 옛 자취를 굳이 찾아오려 한 이유에서였다고 적었다. 자장에게 현신한 문수보살의 증언이 이러한 믿음을 더 굳건하게 해 준다.

정리해 보자. 553년(진흥 14)에 신궁을 지으려다 착공한 황룡사 공사는 17년 만인 569년(진흥 30)에 완공되었다. 완공 후 4년 뒤인 573년에는 엄청난 규모의 장륙존상을 조성하여 봉안했다. 584년(진평 6)에 다시 금당이 조성된다. 절의 규모가 더 커진 것이다. 여기에 9층 목탑이 완공되는 것은 그로부터 무려 61년 뒤인 645년(선덕 14)의 일이다. 가람이 완공되는 데 90년이 넘는 시간이 걸린 대역사였다. 특히 선덕 여왕 대의 초대 주지가 진골 출신의 환희사였다고 적은 것을 보면, 황룡사는 그저 보통의 절이 아니라 왕실을 위한 왕실에 의한 왕실의 절이었다고 보아도 무방하다.

황룡사 9층탑의 위용

신라 진흥왕은 석가 삼존을 황룡사의 주불로 모셨다. 근 70년 뒤 백제 무왕은 미륵 삼존을 미륵사의 주불로 모셨다. 진흥왕은 가섭불의 연좌석 설화와 아육왕의 황금을 실은 배 이야기까지 동원해서 신라가 전불 시대 가람터이고, 황룡사의 건립이 후불 시대의 새로운 개막을 알리는 신호탄임을 선포했다. 무왕은 미륵사를 통해 장차 올 미륵 세상의 도래를 선언했다.

특히 진평왕과 무왕의 대규모 사찰 건립은 자못 경쟁적으로 이루어졌다. 미륵사 서쪽 석탑은 몇 해 전 발굴된 사리 봉안기로 보면 639년에 세워졌다. 미륵사 중앙에 서 있던 9층 목탑은 이미 그 전에 완공되었을 것이다. 미륵사 근처 제석사帝釋寺에도 화재로 타버리긴 했으나 7층 목탑이 우람하게 서 있었다. 그러고 보면 목탑이든 석탑이든, 탑파의 조성 기술만큼은 백제가 신라를 월등히 앞지르고 있었음이 분명하다.

이제 다시 〈황룡사장륙〉조에 이은 〈황룡사구층탑〉조를 검토하겠다. 자못 긴 서사와 다양한 전승을 싣고 있어 간추려서 읽는다. 황룡사 관련 기사에서 이상한 점은 앞 항목의 내용을 반복하며 연쇄적으로 화제를 이어 간다는 점이다. 궁궐을 짓다가 황룡이 나와 절을 짓게 했다는 기사는 〈가섭불연좌석〉과 〈황룡사장륙〉에 같이 보인다. 자장이 선덕 여왕 즉위 5년(636)에 중국 오대산에서 문수보살의 현신을 만나 법을 받고, 신라의 불연佛緣에 관한 이야기를 듣는 것은 〈황룡사장륙〉과 〈황룡사구층탑〉조에 역시 반복된다.

〈황룡사구층탑〉조에서 자장에게 들려준 문수보살의 이야기를 들어 보자.

> 네 나라의 왕은 천축국 찰리종刹利種의 왕이다. 미리 불기佛記를 받았으므로 따로 인연이 있다. 동이東夷나 공공共工의 종족과는 같지 않다. 하지만 산천이 험준해서 사람들의 성품이 거칠고 패려궂다. 삿된 견해를 많이 믿어, 때로 천신이 재앙을 내리기도 한다. 하지만 해박한 비구가 나라 안에 있어서 임금과 신하가 편안하고 태평하며, 백성들이 화평

하다.

찰리종刹利種은 고대 인도의 카스트 계급 중 크샤트리아 계층, 즉 왕족 혹은 무사 계급을 가리키는 4성의 하나다. 아예 신라 국왕이 인도 천축국 찰리종의 우두머리라고 말한 것이다. 앞서 진흥왕 대부터 신라 왕실의 석종의식에 입각한 명명법과도 관련이 깊다. 이제 신라는 전불 시대의 중심지였고, 왕은 인도 왕실의 왕이기도 한 것이니, 불국토의 인연은 새삼스레 더 말할 것이 없게 된다.

자장은 다시 태화지太和池 곁에서 신인神人과 조우한다. 어지러운 나라 형편을 걱정하던 자장에게 신인은 여자가 임금으로 있어 위엄이 없으므로 이웃 나라가 침략을 도모하는 것이라고 하면서 빨리 본국으로 돌아갈 것을 말했다. 그는 자장에게 신라로 돌아가서 해야 할 일을 이렇게 일러준다.

> 황룡사의 호법룡은 내 큰아들이다. 범왕梵王의 명을 받고서 와 이 절을 지키고 있다. 본국으로 돌아가거든 절 가운데 9층탑을 만들도록 하라. 이웃 나라는 항복하고, 구한九韓은 와서 조공하리니, 왕의 복조福祚가 길이 평안하리라. 탑을 세운 뒤에는 팔관회를 베풀어 죄인을 사면하라. 그리 하면 외적이 능히 해를 끼치지 못할 것이다. 또 나를 위해 서울의 남쪽 기슭에 한 정려精廬를 세워 내 복을 함께 빌어 주면 나 또한 은덕으로 갚을 것이다.

황룡사의 호법룡은 태화지의 호법룡인 신인의 맏아들이었고, 황룡사의 지킴이가 된 것도 범왕의 명을 받아서였다. 나아가 신인은 자장에게 국태민안國泰民安의 염원을 담은 9층탑의 건립을 명했다. 자장은 마침내 신인의 분부에 따라 643년에 귀국한다. 그러고는 즉각 9층탑의 건립을 건의한다. 전후 사정을 보자.

> 선덕 여왕이 여러 신하들에게 의논하자 신하들이 말했다.
> "백제에 공장工匠을 청한 뒤라야 될 것입니다."
> 이에 보물과 비단을 가지고 백제에 요청하였다. 아비지阿非知란 이름의 장인이 명을 받고 와서 목석木石으로 세웠다. 이간伊干 용춘龍春(용수龍樹라고도 한다)이 일을 주관하였다. 소장小匠을 2백 인이나 거느렸다. 처음 찰주刹柱를 세우는 날, 공장은 본국 백제가 멸망하는 형상을 꿈꾸었다. 공장은 이에 의심이 들어 손을 멈추었다. 그러자 홀연 대지가 진동하더니만 캄캄한 중에 한 노승과 한 장사가 금전金殿의 문에서 나와 기둥을 세웠다. 승려와 장사는 모두 사라져 보이지 않았다. 공장은 이에 다시 뉘우치고 그 탑을 모두 완성했다. 〈찰주기刹柱記〉에는 "철반鐵盤 위로 높이가 42척이고, 그 아래로는 183척이다."라고 했다. 자장은 오대산에서 받은 사리 백 알을 나누어 기둥 안에 안치하고, 통도사의 계단戒壇과 대화사大和寺(대화사는 아곡현 남쪽에 있다. 지금의 울주다. 또한 자장 스님이 창건한 것이다) 탑에도 함께 넣었다. 연못 용의 요청에 따른 것이었다.

신라가 백제에 정식으로 공장工匠의 파견을 예물을 갖춰 요청한 것을 보면, 당시 신라의 탑 조성 기술이 백제만 못했음이 확인된다. 앞서 백제의 무왕도 미륵사 건립 당시 신라 진평왕에게 기술자

▲ **통도사 계단** 통도사에는 부처를 모시지 않고 부처의 진신사리를 모셨다. 우리나라 5대 적멸보궁인 금강계단이 있다.

파견을 요청했던 일이 있다. 두 나라는 당시 전쟁 중이었음에도 불사 건립에 관해서만은 서로 협조적 관계에 있었던 듯하다.

643년에 황룡사 9층탑 건립을 위해 신라로 파견된 아비지는 639년에 완공된 미륵사 서쪽 석탑과 중앙의 9층 목탑 및 근처 제석사 7층 목탑의 공사 책임자였던 것이 분명하다. 현재 미륵사 동서 석탑의 규모로 보아, 중앙 목탑의 높이를 짐작할 수 있는데, 신라는 아비지의 그 노하우가 필요했던 것이다. 9층탑의 중심 기둥인 찰주를 세울 때 생긴 이상한 꿈과 이적이 있었다. 9층탑 건립은 뒤에 태종 무열왕의 아버지가 되는 용춘이 공사 책임자였고 소장小匠

이 200명이나 동원된 대규모 국가사업이었다. 끝에 보이는 대화사탑은 태화지의 호법룡인 신인의 부탁에 따른 것이다.

일연은 〈찰주기〉의 한 대목을 인용했다. 1964년 9층탑의 찰주가 얹혀 있던 심초석 발굴 당시 사리함은 이미 도굴된 상태였다. 이 유물은 기적적으로 다시 발견되어 현재 국립중앙박물관에 보관되어 있다. 사리함 안에서 심하게 부식된 〈찰주본기〉가 나왔다. 시독우군대감侍讀右軍大監 박거물朴居勿이 찬한 글의 전반부 판독 내용은 다음과 같다.❖

❖ 황룡사 찰주본기에 관한 논의는 황수영, 〈신라 황룡사 구층목탑 찰주본기와 그 사리구〉, 《동양학》 제 3집(단국대 동양학연구소, 1973), 269-328쪽과 같은 책에 실린 〈신라황룡사구층탑지〉를 참조할 것.

▲ 황룡사지 심초석에서 나온 것으로 알려진 황룡사 찰주본기.

대저 황룡사 9층탑은 선덕 대왕께서 창건하셨다. 예전 진골 귀인인 선종랑善宗郎이란 이가 있었다. 젊어서 살생을 좋아해, 매를 놓아 꿩을 잡게 했다. 꿩이 눈물을 흘리며 울자, 여기에 감동해서 발심하여 출가를 청해 입도했다. 법호를 자장이라 한다. 대왕 즉위 7년(638), 대당 정관 12년, 우리나라 인평仁平 5년 무술년에 우리 사신 신통神通을 따라 중국에 들어갔다. 대왕 12년(643) 계묘년에 본국으로 돌아오려고, 남산의 원향선사圓香禪師에게 절하고 인사하니, 선사가 말했다. "내가 관심觀心으로 그대의 나라를 살펴보니, 황룡사에 9층의 높은 탑[堵波]을 세우면 해동의 여러 나라가 모두 네 나라에 항복할 것이다." 자장이 이 말을 받들어 돌아와 아뢰었다. 이에 명하여 감군監君은 이간 용수요, 대장大匠은 백제 아비 등이며, 소장 2백 인을 거느리고서 이 탑을 건립했다. 14년(645) 을사년에 비로소 얽어 4월 8일에 찰주를 세우고, 이듬해에 공사를 마쳤다. 철반鐵盤 이상이 높이가 7보步이고, 이하는 높이가 30보 3척이다. 과연 삼한을 통합하여 하나가 되게 하니, 군신이 안락하여 지금까지 이에 힘입는다.

자장의 입도 경위는 권 5에 실린 〈자장정률慈藏定律〉조에도 나오지 않는 새로운 내용이다. 원향 선사 부분은 〈황룡사구층탑〉조의 주석 부분에 간략하게 언급되었다. 탑의 높이에 대한 설명은 《삼국유사》와 정확히 일치한다. 철반은 9층이 끝나고, 위로 상륜부相輪部가 시작되는 지점의 구조물이다.

공사는 3년간 계속되어 최종 완공은 646년에 이루어졌다. 발굴 보고에 따르면 9층탑은 정면과 측면이 모두 7칸인 사각 평면식으로 사방 22.2미터, 면적 150평, 높이는 무려 82미터에 달했다. 30층 아파트의 높이에 해당한다.

일연은 이 설명만으로도 성에 안 찼던지 다시 안홍安弘의 《동도성립기東都成立記》를 다음과 같이 인용했다.

> 신라 제 27대에 여왕이 왕이 되자, 비록 도가 있었으나 위엄이 없었다. 구한九韓이 침범하여 수고롭게 되자, 용궁 남쪽 황룡사에 9층탑을 세운다면 이웃 나라의 재앙을 누를 수가 있다고 하였다. 제 1층은 일본이요, 제 2층은 중화中華다. 제 3층은 오월吳越이요, 제 4층은 탁라托羅다. 제 5층은 응유鷹遊요, 제 6층은 말갈이다. 제 7층은 단국丹國, 제 8층은 여적女狄, 제 9층은 예맥濊貊이다.

결국 일연은 이중 삼중으로 관련 문헌 근거를 반복 배치함으로써 황룡사 9층탑이 갖는 영험을 부각시켰다. 또한 황룡사 창건에서 9층탑 건립에 이르는 90년의 대역사大役事가 오로지 부처님의 섭리에 의해 전불 시대의 자취를 되찾고, 국태민안의 염원을 성취하는 과정이었음을 밝혔다.

장륙존상 안치를 위한 금당 건립에 이어 646년 황룡사 9층탑의 완공으로 황룡사는 명실공히 신라 최고의 가람으로 우뚝 섰다. 백고좌百高座 법회가 잇따라 열리는 등 호국불교의 구심점으로 오롯이 부각되었다. 전례 없는 여왕의 등극으로 인한 국가의 위엄 추락을 막고 국가적 역량을 하나로 결집시키는 역할을 톡톡히 해냈다.

한편 황룡사 9층탑 전승에 예외 없이 자장과 문수보살의 이야기가 등장한다. 〈탑상〉편의 〈대산오만진신臺山五萬眞身〉은 자장이 문수보살과 조우했던 중국 오대산을 우리나라 오대산으로 옮겨 오는 과정을 잘 보여 준다. 가섭불의 연좌석과 아육왕의 장륙존상에 이은, 황룡사 9층탑 건립, 그리고 문수보살이 늘 머물고 있다는 오대산의 이야기까지 묶어지면서 신라의 불국토설은 한층 탄력을 받아 신앙 중심부에 뿌리내린다. 이에 대해서는 뒷절에서 따로 살펴볼 기회가 있을 것이다.

황룡사 대종 조성과 황룡사의 의미

9층탑 건립으로부터 108년 뒤인 35대 경덕왕 13년(754)에는 황룡사 대종이 만들어진다. 〈탑상〉편 〈황룡사종皇龍寺鐘〉 관련 기사를 읽는다.

> 신라 제 35대 경덕 대왕이 천보 13년(754) 갑오년에 황룡사 종을 주조했다. 길이가 1장 3촌, 두께가 9촌, 또 무게가 497,581근이었다. 시주는 효정이왕孝貞伊王 삼모 부인三毛夫人이고, 장인은 이상택里上宅의 하전下典이었다. 숙종肅宗조에 다시 새 종을 만들었는데 길이가 6척 8촌이었다.

봉덕사 신종, 즉 에밀레종이 12만 근의 황동으로 만들었다고 했는

▲ **대종천** 토함산에서 흘러내린 물이 장항리사지를 거쳐 기림사 계곡에서 흐르는 물과 만나 큰 내를 이루어 동해로 흘러든다.

데, 황룡사 대종의 무게는 50만 근에 가깝다. 에밀레종의 4배가 넘는다. 에밀레종이 높이 3.75m, 입지름 2.27m, 두께 11-25㎝에다가 무게가 무려 18.9톤이었던 점에 비겨 볼 때, 황룡사 대종의 크기는 가늠이 잘 안 될 정도다. 당나라 숙종조(756-762)에 다시 새 종을 만들었다. 이번에는 길이가 절반 가량 줄어들었다. 숙종조라야 처음 종을 주조한 시점에서 불과 2년 뒤다. 754년 처음 만든 대종이 너무 커서 몇 년 만에 깨졌거나 쓸 수 없게 된 것이다. 두 번째로 만든 종은 처음 만든 종의 쇠를 다시 녹여 만들었을 것이다.

이 종은 1238년 몽고의 침입으로 황룡사 탑이 불타면서, 종을 탐낸 원나라 군사들에 의해 바닷길로 옮겨지다가 강물에 떨어져 사라지고 말았다. 감은사感恩寺 앞을 휘돌아 나가는 대종천大鐘川의 전설이 그것이다.

이상 살폈듯 신라에서 황룡사가 차지하는 위치는 특별하다. 신궁을 세우려던 용궁의 남쪽에 황룡사를 세우게 되는 것은 그곳이 가섭불의 연좌석이 있는 전불 시대 가람터였기 때문이었다. 황룡의 출현도 범왕의 명을 받들어서 일어난 일이다. 장륙존상의 조성은 아육왕의 1300년 간 염원의 실현이었다. 황룡사 9층탑의 건립은 문수보살과 태화지 신인의 인도로 가능했다. 신라는 백제의 장인을 초빙해오면서까지 이 일에 국가적 역량을 쏟아부었다. 자장은 문수보살로부터 범어로 된 게송을 직접 받아 오기까지 했다.

황룡사는 진흥왕 대 창건되어 선덕왕 대 9층탑이 건립되고, 종은 경덕왕 때 주조되었다. 창건에서 9층탑 건립까지 92년 걸렸고, 종 주조까지는 200년이 걸렸다. 이후 1238년에 소실될 때까지 686년 간 존속했다. 나라에 일이 있을 때마다 백고좌 법회가 열렸고, 벼락이 치고 별이 떨어지고 불이 날 때마다 국가적 사업으로 수리하고 복원했다. 장륙존상과 탑, 그리고 종의 규모는 일찍이 신라에서 보지 못했던 엄청난 규모였다. 9층탑은 경주의 중심부에 우뚝 서서 신라가 부처님의 가호를 받고 있는 불국토임을 증언했다. 삼국 통일의 에너지도 이 탑에서 얻었다.

《삼국사기》와 《고려사》, 《동사강목》에서 정리하고 있는 황룡사 관련 연대별 기사를 정리하면 다음과 같다.

년도	왕 력	기 사
553	진흥 14	신궁 짓다가 황룡이 나타나 황룡사 창건
566	진흥 27	황룡사 준공. 동륜을 태자로 삼음.
574	진흥 35	장륙존상 주조
613	진평 35	수나라 사신 왕세의王世儀가 황룡사에서 백고좌 설치하고 원광 등을 맞아 불경을 강하게 함.
622	진평 44	춘정월 왕이 황룡사에 거둥함.
636	선덕 5	왕이 병이 나자 황룡사에서 백고좌를 설치하여 호국삼경을 강설케 하고, 1백 인에게 도승度僧을 허락함.
643	선덕 12	자장이 불사리 등을 지니고 당에서 귀국. 황룡사에서 7일간 보살계를 강연함.
645	선덕 14	3월 황룡사 9층탑 조성. 김유신이 백제 격파.
673	문무 13	1월 황룡사에 별이 떨어짐.
674	문무 14	7월 큰 바람에 황룡사 불전 전각 일부가 무너짐.
698	효소 7	6월 황룡사탑에 벼락이 침.
718	성덕 17	6월 황룡사탑에 벼락이 침.
720	성덕 19	황룡사탑 보수를 명함.
754	경덕 13	황룡사 종을 주조함.
758	경덕 17	황룡사 9층탑에 벼락이 침.
768	혜공 4	6월 별똥이 황룡사 남쪽에 떨어짐. 지진이 일어나고, 범이 궁중에 들어옴.
868	경문 8	6월 황룡사 탑에 벼락이 침.
871	경문 11	1월 황룡사탑을 개조함. 높이가 22장. 전보다 더 화려해짐. 3년간 공사를 진행함. 872년에 사리함을 넣으면서 찰주본기를 작성함.
876	헌강 2	2월 왕이 황룡사에 가서 백고좌를 베풂.
886	헌강 12	황룡사에서 백고좌 베풀고 불경을 강함. 이해 왕이 죽음.
887	진성 1	황룡사에서 백고좌 베풀고 왕이 설법을 들음.
890	진성 4	상원일에 왕이 황룡사에 행행하여 관등觀燈함.
924	경애 1	경애왕이 황룡사에서 백고좌를 설치하고 친히 행향行香함.
	고려 태조 7	고려 외제석원 창건
947	정종 2	10월 황룡사 9층탑 화재.
953	광종 4	10월 황룡사 9층탑 화재.
1021	현종 12	황룡사 9층탑 수리.
1035	정종 1	황룡사 9층탑에 벼락이 침.
1064	문종 18	황룡사 9층탑 수리.
1238	고종 25	4월 몽고군이 황룡사 9층탑을 불태움.

황룡사, 시로 남은 기억

신라의 한시 속에 황룡사를 노래한 것은 보이지 않는다. 고려 당시 화재 이전에 이곳을 찾았던 시인의 기억 속에 황룡사는 어떤 모습으로 남아 있었을까? 차례로 살펴보겠다. 고려 명종 때 시인 김극기金克己(1150?-1209)는 2수의 시를 남겼다. 먼저 볼 것은 〈황룡사 제영皇龍寺題詠〉이다. 두 수 모두 《신증동국여지승람》 경주부 항목에 실려 있다.

층층 사다리 감아 돌자 허공으로 날 듯하니	層梯繚繞欲飛空
일만 물과 일천 산이 일망무제 탁 트였네.	萬水千山一望通
몸은 노오가 오르내리던 밖에서 나왔고	身出盧敖登降外
눈은 수해가 오가던 곳을 삼키네.	眼呑竪亥去來中
은하수 그림자는 처마 앞 비에 떨어지고	星槎影落簷前雨
월계 향기 난간 아래 바람에 나부낀다.	月桂香飄檻下風
동도東都의 저 많은 집들을 굽어보니	俯視東都何限戶
벌집과 개미집인 양 외려 아득하구나.	蜂窠蟻穴轉溟濛

1구는 황룡사 9층탑이 나선형으로 감아 도는 계단이 설치된 구조였음을 말한다. 올라갈수록 탁 트이어 오는 시계視界에 대뜸 전설 속 인물인 노오盧敖와 수해竪亥를 떠올렸다. 노오는 진시황이 신선술을 배우려 하자 동해로 도망쳐 숨었다는 은자다. 자신이 현재 있는 곳이 동해 너머임을 이렇게 말했다. 수해는 우禹임금의 신하로 북극에서 남극까지 걸어서 거리를 잿다는 인물이다. 5·6구에서는

탑의 높이가 주는 위압감을 서술했다. 은하수가 손에 닿을 듯, 달 속 계수나무 향기가 느껴지는 듯하다고 말했다. 하지만 개미집 같고 벌집 같은 많은 집들을 보며 아득해지는 심사를 가누지 못했다.

다음의 장시도 제목이 〈황룡사〉다.

귀족들의 저 많은 훌륭한 집은	五侯耽耽宇
여름에도 더위를 안 받는다네.	當夏不受暑
염관炎官이 위엄 잃음 부끄러워서	炎官恥失威
누옥에다 성냄을 옮기었구나.	陋屋煩遷怒
마음 태워 근심은 불과 꼭 같고	焦心愁似火
몸을 달궈 땀이 마치 비 오듯 한다.	爍體汗如雨
원컨대 섭정능葉靜能을 뒤따라가서	願隨葉靜能
날아가 청허부淸虛府로 들어가리라.	飛入淸虛府
푸른 옥 두꺼비를 몸소 타고서	身騎靑瑤蟾
백옥의 토끼와 장난을 치리.	手弄白玉兎
가석타 비린내 나는 범골이어서	可惜凡骨腥
구름 하늘 돌아갈 길 잃어버렸네.	雲霄失歸路
차라리 숨어 사는 이를 찾아가	不如叩幽人
맑은 말씀 적셔짐만 같지 못하리.	霑灑淸軟語
새벽 일어 등나무 지팡이 짚고	曉起理枯藤
서쪽 절 주지 스님 찾아왔다네.	來尋西社主
달팽이 침 섬돌 이끼 둘리어 있고	蝸涎繞砌苔
우짖는 새 구름 나무로 돌아가누나.	鳥哢歸雲樹
전각은 장려함을 한층 뽐내어	殿閣誇壯麗
허공 찾아 날아서 가려 하는 듯.	尋空欲飛去

방 안엔 만다라화 활짝 피어나 一室曼陀花
어지러이 옥주玉麈 위로 떨어지누나. 繽紛落玉麈
황금 오리 화로 앞에 앉은 지 오래 坐久黃金鴨
맑은 연기 실오리가 비끼었구나. 湛烟横篆縷
활화로 향기런 차 끓여 내오니 活火試芳茶
화자잔에 옥유가 둥둥 떠 있네. 花甆浮玉乳
향기롭고 달아서 맛 오래가니 香甛味尤永
한 번 마셔 온갖 근심 사라지누나. 一啜空百慮
저문 빛 평림에 스미어들자 暮色入平林
장랑에선 법고가 둥둥 울린다. 長廊鳴法鼓
얕은 재주 만상이 저리 뻗대니 才微萬象驕
붓 잡고 시 읊기가 더욱 괴롭다. 把筆吟尤苦

앞쪽에서는 한여름에도 시원한 귀족들의 집과 찌는 듯 더운 자신의 누옥을 비교하여 세상을 향한 불편한 심사를 드러냈다. 이럴 바에야 차라리 신선이 되어 구름 위로 훨훨 날아가고 싶지만, 범골凡骨인지라 하늘 가는 길을 잃고 말았다. 대신 그는 황룡사로 찾아가서 마음의 위로를 받을 작정을 한다.

황룡사의 전각은 여전히 화려한 아름다움을 뽐내고, 방 안에는 만다라 장식이 찬란하였다. 황금 오리 화로에선 한 오리 향이 솟는다. 스님은 활화活火를 피워 화자잔花瓷盞에 유차乳茶를 끓여서 내온다. 한 모금 머금어 내리자 앞서의 불평한 기운이 말끔히 가신다. 어느덧 하루해가 저물고, 장랑에선 두둥둥 법고가 운다.

이때까지만 해도 황룡사는 크게 퇴락하지 않은 채 그 위용을 잃지 않고 있었던 듯하다. 비슷한 시기 진각 국사 혜심慧諶(1178-1234)

이 직접 황룡사 9층탑에 올라 보고 지은 〈황룡탑에 올라[登黃龍塔]〉란 작품도 있다.

한 층을 보고 나서 한 층을 다시 보니	一層看了一層看
걸음걸음 높이 올라 전망 점점 트여지네.	步步登高望漸寬
지면은 평탄하여 깎은 듯이 평평한데	地面坦然平似削
피폐한 백성 부서진 집 차마 보지 못하겠네.	殘民破戶不堪觀

역시 한 층 한 층 올라가면서 트여 오는 전망을 말했고, 깎은 듯이 평탄한 주변의 지형을 언급한 것은 오늘날 보는 것과 다를 바 없다. 하지만 그 너머로 바라뵈는 '잔민파호殘民破戶'를 보며 가슴 아파했다. 황룡사 둘레의 폐도廢都 경주는 점차 전날의 화려함을 잃고 쓸쓸함만 더해 갔던 모양이다.

한편 최자崔滋(1188-1260)의 《보한집補閑集》에는 이런 이야기가 실려 있다.

> 황룡사 우화문雨花門은 옛 신선의 무리가 창건했다. 풍물이 황량해서 지나가는 사람들이 애상에 빠지지 않는 이가 없었다. 학사 호종단胡宗旦이 나라일을 보러 갔는데 그 문을 지나다가 기둥에 진사 최홍빈崔鴻賓이 남긴 시를 보았다. 호종단은 깜짝 놀라 "참으로 보기 드문 재주다."라고 했다. 돌아가 보고할 때 임금께서 경주에서 있었던 일을 물었다. 마침내 이 시를 아뢰자 놀랍게 생각했다.

황룡사의 문 이름이 우화문이었다는 것은 이 글에서 처음 나온다. 원나라 학사 호종단이 그 문기둥에서 보았다는 최홍빈의 시는 다음과 같다.

고목엔 삭풍이 울부짖고	古樹鳴朔吹
잔물결에 일렁이는 석양빛	微波漾殘暉
서성이며 지난 일 생각자니	徘徊想前事
나도 몰래 눈물로 젖은 옷깃	不覺淚霑衣

이 시가 《동문선東文選》에는 엉뚱하게 〈서성룡사양화문書星龍寺兩花門〉으로 잘못 적혀 있다. 황룡사가 불타 없어지기 훨씬 전에 황룡사로 놀러 왔다가 쓴 시다. 그렇다 하더라도 삭풍 부는 석양 무렵, 쓸쓸한 풍경에 막막히 눈물짓고 말았다. 우화문은 우담발화 꽃잎이 비처럼 내리는 문이라는 뜻이다.

고려 말 민사평閔思平(1295-1359)은 당시 민간에서 불리던 노래를 한시로 옮긴 〈소악부小樂府〉 연작을 남겼다. 그 가운데 황룡사와 관련된 것이 한 수 있다.

고운 님 보고픈 생각이 나면	情人相見意如存
황룡사 문 앞으로 달아오소서.	須到黃龍佛寺門
빙설 같은 얼굴이야 비록 못 봐도	氷雪容顔雖未覩
그 목소린 그대로 여태 들려요.	聲音仿佛尙能聞

이때는 황룡사 9층탑도 불타고, 전각도 재로 변해 폐허만 남았을 때다. 그래도 절집 문의 자취만은 여전했던 모양이다. 고운 님의 모습이 생각나면 딴 데로 가지 말고 황룡사 문 앞으로 달아오라고

한 가락이 애틋하다. 빙설처럼 고운 모습은 보이지 않아도 가만히 우화문 앞에 서서 눈을 감으면 고운 님의 목소리가 소곤소곤 들려 올 것만 같다.

흥미롭게 조선 초 김시습(1435-1493)의 《사유록四遊錄》에도 〈황룡사의 큰 불상을 희롱하다[戲黃龍大像]〉란 작품이 실려 있다. 제목 아래 주석에 "다만 구리 불상 하나만 홀로 언덕 위에 서 있다[唯一銅像獨立丘上]"고 적었다.

구리 부처 우뚝 서서 언덕을 향했는데　　銅人屹立向丘原
흥폐는 이제껏 말하지 않으려네.　　興廢從來欲不言
주나라 임금 만약 괴겁壞劫을 만났더면　　周主若逢遭壞劫
이타利他함이 어이 원망 안 입음만 했으랴.　　利他何似勿遭冤

김시습이 이곳을 찾았을 때는 언덕 위에 구리 부처 하나가 홀로 서 있었다고 했다. 일연은 석가 삼존상이 다 녹아 버렸고, 모양불만 남았다고 했는데, 그가 본 부처는 어찌 된 영문인지 알 수가 없다. 3구의 괴겁壞劫은 세계의 파멸을 뜻하는 불교 용어인데, 앞뒤 문맥은 분명치 않다.

《삼국유사》에서 제목에 절 이름이 세 번씩 나오는 것은 황룡사뿐이다. 뿐만 아니라 이 기록들은 연쇄적 고리로 이어져 하나의 긴 서사를 그려 낸다. 황룡사가 창건되어 장륙존상이 모셔지고, 9층탑이 솟고, 대종이 주조되는 과정은 신라불교 흥망성쇠의 자취이기도 하다.

황룡사는 이제 빈터로만 남았다. 애틋한 사랑의 기억도 잡초 속에 뒹군다. 지금도 빈터를 서성이다 눈을 감으면 난데없이 하늘에서 꽃비가 내리고, 불타 버린 9층 목탑이 땅에서 불쑥 솟고, 법고 소리가 두둥둥 울려 퍼질 것만 같다. 감았던 눈을 뜨면, 옛 나무 등걸 사이로 울며 가는 칼바람 소리. 그 바람이 던진 연못 위 잔물결에 기우는 석양빛이 파르르 떤다. 말씀이 꽃비가 되어 내리던 그날은 다 어디로 갔나. 황룡이 금빛 갈기를 세우며 무궁세에 지켜 주마 다짐하던 그 언약의 시간들은 이제 어디로 숨어 버렸나.

산속의 두 수행자

산속에 두 사람의 수행자가 있다.
그들은 서방 정토를 향한 서원誓願을 세워 구도의 길에 몰입한다.
하지만 수행상의 상이한 태도로 인해 깨달음에 선후가 있게 되고,
마침내는 함께 달빛을 타고 올라 궁극의 길로 떠난다.
문무왕 대 광덕과 엄장이 그렇고,
성덕왕 대 남백월산의 두 성인 노힐부득과 달달박박이 그러하다.
포산에도 관기와 도성이란 두 산속 수행자의 이야기가 전해진다.
왜 하필 두 사람인가? 이들의 깨달음은 어떻게 오는가?
세 이야기는 어째서 모두 미타 신앙을 배경으로 이루어지는가?
세상 무엇과도 바꿀 수 없는 구도의 열정이 신라인의 마음을
어떻게 변화시켜 나갔는지, 이들의 이야기를 통해
일연이 들려주고 싶었던 말은 무엇이었는지 살펴본다.

광덕과 엄장,
같은 꿈 다른 길

먼저 살필 글은 《삼국유사》 권 5, 〈감통〉편에 실려 있는 〈광덕엄장〉조의 이야기다.

문무왕 대에 광덕廣德과 엄장嚴莊이라는 두 승려가 있었다. 두 사람은 친한 벗이었으므로 밤낮으로 약속하며 말했다.

"먼저 안양安養, 즉 서방 정토로 귀의하는 사람이 모름지기 알려 주기로 하세."

광덕은 분황사芬皇寺 서쪽 마을에 살았다(어떤 이는 황룡사에 있는 서거방西去房이라고 하는데 어느 것이 옳은지 모르겠다). 신 삼는 것을 직업으로 삼아 처자를 데리고 살았다. 엄장은 남악南岳에 암자를 짓고 살았다. 화전을 일궈 밭을 갈았다. 하루는 해 그림자가 붉게 퍼져 솔 그늘이 가만히 저무는데, 창 밖에서 소리가 나며 알려 주었다.

"나는 이미 서방으로 가네. 그대는 잘 있다가 속히 나를 따라오게나."

엄장이 문을 밀치고 나가서 살펴보았다. 구름 밖에서 하늘의 음악 소리가 들리고, 광명이 땅으로 이어졌다. 이튿날 그 거처로 찾아가 보니, 광덕은 과연 죽어 있었다. 이에 그 부인과 함께 유해를 거두어, 무덤을 만들어 주었다. 일을 마치고 나서 부인에게 말했다.

"남편이 죽었으니, 함께 사는 것이 어떠하오?"

부인은 좋다고 하고는 마침내 머물렀다.

밤에 자려 할 때 관계하려 하니 부인이 그만두게 하며 말했다.

"스님이 정토淨土를 구함은 나무에 올라가 고기를 찾는 격이라 말할 만합니다."

엄장이 놀라서 물었다.

"광덕은 이미 그러했는데, 나는 또 어찌 안 되는가?"

부인이 말했다.

"남편과 나는 십여 년을 함께 살았지만 하룻밤도 한 침상에서 잔 적이 없습니다. 하물며 더러운 짓을 하였겠습니까? 다만 매일 밤 몸을 단정히 하고 바로 앉아 한결같은 소리로 아미타불의 이름을 외웠을 뿐입니다. 혹은 십육관十六觀을 행했는데, 십육관을 이미 체득한 뒤에는 밝은 달이 창문에 들면 이따금 그 빛에 올라가 그 위에 가부좌로 앉기도 하였습니다. 이처럼 정성을 다하였으니, 비록 서방으로 가지 않으려 한들 어찌 가지 않을 수 있겠습니까? 대저 천리 길을 가는 사람은 한 걸음으로 살필 수가 있습니다. 이제 스님의 관觀은 동쪽으로 가는 것이지, 서쪽은 알 수가 없습니다."

두 사람은 사문沙門이었다. 광덕은 신발을 만드는 갖바치였고, 아내가 있었다. 엄장은 남산에 암자를 짓고 화전을 일구며 사는 화전민이었다. 신분이 낮았음에도 이들은 밤낮으로 안양安養을 향한 꿈을 품었다. 안양은 어디인가? 아미타불이 계시는 극락, 즉 서방 정토의 다른 말이다. 안양계安養界 또는 안양정토安養淨土라고도 한다. 《무량수경無量壽經》 하권에도 "안양국에 왕생하여 오악취五惡趣를 딱 끊으리[往生安養國 橫截五惡趣]."란 구절이 있다. 이들의 신앙이 아미타 신앙과 떼려야 뗄 수 없는 관계임을 암시한다.

어느 날 석양 무렵, 방 안에 있던 엄장은 먼저 서방 정토로 떠나니 속히 따라오라는 광덕의 소리를 들었다. 먼저 가는 사람이 알려주기로 한 약속을 지킨 것이다. 깜짝 놀라 문을 열고 뛰어나간 엄장은 구름 밖에서 들려오는 하늘의 음악을 들었다. 환한 광채가 천지를 비추었다.

이튿날 엄장은 광덕이 과연 육신의 허물만 남기고 서방 정토로 떠난 것을 확인했다. 그러고 나서 친구의 의리를 지켜 그의 아내와 함께 살 작정을 한다. 태도로 보아 돌보아 주려 했던 것이지, 다른 욕심 때문은 아니었던 듯하다. 하지만 밤중에 그녀와 관계를 맺으려던 엄장은 뜻밖에 충격적인 이야기를 들었다. 엄장은 그녀의 입을 통해 비로소 광덕이 자신보다 일찍 서방으로 가게 된 연유를 알게 되었다.

그것은 다음 세 가지다. 첫째, 여색을 가까이 하지 않았다. 둘째, 매일 밤 단정히 앉아 아미타불을 염송했다. 셋째, 십육관법十六觀法을 행했다. 앞의 둘은 알겠는데, 세 번째 십육관법이 궁금하다. 십육관법만 체득하면, 창문으로 들어오는 달빛 위로 올라타 가부좌를 하고 허공에 앉을 수 있었다고 하니 더욱 그렇다. 광덕이 깊은 산속이 아닌 분황사 서쪽 마을에서 신발을 만드는 생업에 종사하면서도 이 같은 결과를 이룬 것은 실로 경이롭다.

십육관법은 아미타불이 서방 정토에 태어나기 위해 수행한 16가지 관법이다. 《관무량수경觀無量壽經》에 나온다. 관법은 마음으로 진리를 관觀하고 염念하는 명상 수행법이다. 마음의 일렁임을 가라앉혀 지혜의 눈으로 제법諸法의 실상을 관찰함으로써 깨달음을 얻는 것이다. 16관은 일상관日想觀 · 수상관水想觀 · 구상관九想觀처럼 구체적 상을 마음에 떠올려 깨닫는 초보적 단계에서, 깊은 교의나 천리, 부처와 정토를 관하는 화좌상관華座想觀 · 상상관像想觀 · 보관상관普觀想觀 등 여러 가지가 있다.

예를 들어 일상관은 노을로 지는 해를 바라보면서 극락 정토를 관상하는 것이다. 석양빛의 아름다움을 보며 몰아의 경계에 빠져 극락을 체험하는 관법이다. 화좌상관은 8만4천 개의 연잎과 백억 개의 마니보주로 꾸며진 아미타불의 대좌를 관상한다. 보관상관은 자신이 정토에 왕생하는 모습을 관상하는 것이다. 《관무량수경》은 이 하나하나의 관법을 자세히 설명한 경전인데, 관법은 또렷하기가 마치 손바닥을 들여다보는 것처럼 분명할 때까지 보는 것이다.

엄장은 광덕의 아내를 통해 광덕의 수행이 자신과는 차원이 다른 것이었음을 확연히 알았다. 다음 단락은 부끄러움에 직면한 엄장의 대응을 다룬다.

> 엄장은 부끄러워 얼굴이 붉어져서 물러났다. 그러고는 문득 원효 법사의 거처로 나아가 깨달음으로 건너가는 요체를 간절히 구하였다. 원효가 정관법淨觀法을 지어 이끌어

> 주었다. 엄장이 이에 몸을 깨끗이 하고 뉘우쳐 꾸짖으며 한 뜻으로 관觀을 닦아, 또한 서방에 오름을 얻었다. 관觀은 원효 스님의 본전本傳과 《해동고승전海東高僧傳》 가운데 실려 있다. 그 부인은 분황사의 여종이었는데, 19응신應身 가운데 하나였다.

그는 자신의 부족함을 깨끗이 인정하고 물러났다. 그도 애초에 육체의 욕망을 탐하던 속물은 아니었다. 다만 안이한 수행에 젖어 있었던 것뿐이다. 그는 발심하여 원효 법사를 찾았다. 지금까지의 방법으로는 안 되겠다는 절박함 때문이었다. 깨달음으로 가는 수행법을 간절히 묻는 그에게 원효는 정관법淨觀法 또는 삽관법鍤觀法이라고 하는 관법으로 가르쳤다. 가르침을 받은 엄장은 몸을 정결히 하고, 잘못을 뉘우쳐 꾸짖으며 한결같은 마음으로 관을 닦았다. 그 결과 그도 서방 정토로 올라갈 수 있었다.

원효의 정관법은 그 구체적 내용을 알 수 없다. 일연은 본전과 《해동고승전》에 원효의 관법이 실려 있다고 했지만 《송고승전宋高僧傳》에 실린 〈원효전〉에도, 고려 때 승려 각훈이 지은 《해동고승전》에도 관련 내용은 보이지 않는다. 다만 〈의해義解〉편의 〈원효불기元曉不羈〉조에 원효가 《화엄경》에 있는 구절에서 따온 노래를 지어 세상에 퍼뜨렸고, 이것으로 수많은 사람들을 교화해서 무지한 무리들도 모두 부처님의 이름을 알게 되고, 나무아미타불을 읊게 되었다고 한 내용이 보인다. 그의 정관법이 급속도로 널리 퍼져 나간 정황을 짐작케 한다.

광덕은 자신만 깨달아 서방 정토로 건너가는 데 그치지 않고, 친구 엄장을 이끌어 함께 건너갔다. 그 표양을 본 여러 사람도 함께 건넜다. 자리이타행自利利他行을 실천한 것이다. 널리 베푼 덕을 칭송해서 광덕廣德이란 이름을 얻었다.

엄장嚴莊도 보통 사람이 아니다. 그는 남산 골짜기에서 홀로 암자를 짓고 화전을 일궈 살았다. 속세와 멀리 떠나 고행으로 수도했던 사문이었다. 친구의 아내에 대한 연민도 있었다. 하지만 그게 아닌 것을 깨닫는 순간 그는 자신에게 가혹할 만큼 엄격하게 변했다. 그래서 마침내 처음 뜻을 이루었다. 광덕도 대단하지만 엄장은 더 대단하다. 그 장엄한 엄격함을 높이 산 것이 그의 이름으로 남았다.

대단한 사람이 하나 더 있다. 광덕의 아내다. 그녀는 분황사의 여종이었다. 일연은 그런 그녀가 사실은 19응신 중의 하나였다는 알 듯 모를 듯한 설명을 덧붙였다. 관음보살이 세상에서 교화할 때 모두 32가지 형상으로 나타났다. 그 가운데 사람의 형상으로 나타난 경우가 19번이었는데, 그녀가 그중의 하나였다는 것이다. 《법화경法華經》 제 25품, 〈보문품普門品〉에는 관세음보살이 32상으로 현현하여 중생을 제도한 내용이 실려 있다. 관음보살은 우바이優婆夷, 비구니, 장자녀長者女, 거사녀居士女 등 16가지 형상으로 나타났다. 요컨대 광덕의 아내가 관음보살의 19응신 가운데 하나였다는 말은 그녀가 바로 관음보살의 화신이었다는 말에 다름 아니다. 관음보살이 광덕의 곁에서 분황사 여종의 모습을 하고 그의 극락왕생을 도와주었고, 나아가 엄장의 왕생도 인도하였다는 뜻이다.

기사는 이렇게 끝난다.

광덕이 일찍이 노래가 있었는데 이러하다.

달아! 이제	月下伊底亦
서방까지 가십니까?	西方念丁去賜里遣
무량수불 전에	無量壽佛前乃
알려 사뢰 주소서	惱叱古音多可支白遣賜立
다짐 깊으신 존尊을 우러러	誓音深史隱尊衣希仰支
두 손 모두어 사뢰나니	兩手集刀花乎白良
원왕생, 원왕생	願往生願往生
그리는 이 있다고 사뢰 주소서.	慕人有如白遣賜立
아아, 이 몸 남겨 두고	阿邪此身遺也置遣
48대원大願을 이루겠습니까?	四十八大願成遣賜去

10구체의 향가다. 이 노래의 작가를 두고 여러 주장이 갈렸는데, 광덕의 처가 관음보살의 화신이었다면, 이 노래의 작가는 두말할 것 없이 광덕일 수밖에 없다. 둥두렷 중천에 걸린 달빛이 서방 정토를 향해 떠간다. 그 달빛을 보며 간절히 염불하고 관상觀想하는 사람이 있다. 그는 그 달빛을 인격화하여, 달님께 저 서방 정토로 가거든 무량수불 아미타 부처님께 언제나 두 손을 모두고 원왕생 원왕생 하며 기도하는 사람이 있다고 전해 줄 것을 부탁한다. 그 사람이 누구인가? 광덕 자신이다. 9 · 10구에서는 이 몸을 남겨 두고서야 어찌 48대원을 이룰 수 있겠느냐고 말했다. 48대원을 이룰 수만 있다면 육신의 허물쯤이야 아무렇지도 않게 벗어던질 수 있겠다고 말한 것이다.

48대원은 또 무언가? 무량수無量壽 무량광無量光의 아미타불의 전생이었던 법장보살法藏菩薩이 부귀와 지위를 다 내던지고 세운 48가지의 서원이다. 그것은 모두 남을 위하는 이타행利他行으로 가득하다. 극락의 모습과 아미타 부처님의 공덕, 그리고 왕생극락의 자격과 왕생한 이가 누리는 지복至福을 하나하나 열거했다.

광덕은 이러한 열망을 품고 끊임없이 염불하고 십육관법을 행하며 기도하다가, 마침내 노래에서 소원한 대로 달빛에 올라타고 육신을 버린 채 극락왕생하여 48대원을 이루었던 것이다. 아름답지 않은가?

▲ 어스름 달빛 아래 그때 그들의 염원을 담고 우뚝 솟은 옛 신라의 탑.

살아서 부처가 된 두 사람, 노힐부득과 달달박박

두 번째는 남백월산의 두 성인 노힐부득努肹夫得과 달달박박怛怛朴朴의 이야기다. 《삼국유사》 권 3, 〈탑상〉편에 실려 있다.

남백월산은 경남 창원시 북면 월촌리에 있다. 서사가 꽤 길다. 글은 〈백월산양성성도기白月山兩聖成道記〉의 인용으로 시작된다. 백월산이 신라 구사군仇史郡의 북쪽에 있으며, 산세가 수백 리에 뻗어 있는 진산鎭山이라고 했다. 그러고는 바로 고로古老들이 전하는 전설을 소개했다.

> 옛날 당나라 황제가 연못을 하나 팠다. 매달 보름 전에는 달빛이 휘황하게 밝았다. 그 가운데 산 하나가 있는데, 사자처럼 생긴 바위가 꽃 사이의 그림자로 은은히 비쳐 못 가운데 드러났다. 황제가 화공에게 그 형상을 그리게 하여 사신을 보내 천하에서 찾아보게 했다. 해동에 이르러 이 산을 보니, 큰 사자암이 있고 산의 서남쪽으로 2천 보쯤 되는 곳에 삼산三山이 있는데, 그 이름을 화산花山(그 산은 한 몸체에 머리가 셋인 까닭에 삼산이라 한다)이라 하였다. 그림과 서로 비슷했으나 진위를 몰라 사자암의 꼭대기에 신발 한 짝을 매달아 놓았다. 사신이 돌아와 아뢰니, 신발 그림자가 또한 못에 비치는지라 황제가 기이하게 여겨 백월산白月山(보름 전에 흰 달의 그림자가 비치므로 이름 지은 것이다)이라고 이름을 내렸다. 그런 뒤에야 연못 속에 그림자가 없어졌다.

《삼국유사》의 여러 설화에서 연못이나 우물은 다른 세계를 비추는 거울이자 연결 통로다. 보름을 앞둔 연못에 달빛이 어리는 것이야 하등 이상할 것이 없다. 다만 여기에 사자 바위가 있는 산이 비쳤다. 천하를 뒤져 해동에서 이 산을 찾아내, 바위 꼭대기에 신발 한 짝까지 매달아 놓고 나서야 소동이 그쳤다. 연못 속에 늘 비치던 그림자는 황제의 인정을 받자 사라졌다. 사자 바위의 비범성을 이렇게 나타냈다. 이 서사는 이제 이곳에 등장할 두 인물의 출현을 알리는 예고편 격이다.

일연은 이렇게 전제를 깔아 놓고 나서야 주인공 노힐부득과 달달박박의 집안과 출가 배경, 출가 장소 등에 대해 길게 설명한다.

> 산의 동남쪽으로 3천 보쯤 되는 곳에 선천촌仙川村이 있었다. 마을에 두 사람이 살았는데, 한 사람은 노힐부득努肹夫得(득得은 등等이라고도 한다)이니, 아비의 이름은 월장月藏이요, 어미는 미승味勝이었다. 한 사람은 달달박박怛怛朴朴으로 아비의 이름은 수범修梵, 어미의 이름은 범마梵摩였다(향전鄕傳에는 치산촌雉山村이라고 하는데 잘못이다. 두 사람의 이름은 방언이다. 두 집에서 각각 두 사람의 마음과 행실의 뛰어남과 굳센 절개, 두 가지 뜻으로 이름을 지었다). 모두 풍채와 골격이 범상치 않고, 지역을 벗어난 아득한 생각을 품어, 서로 벗으로 가까이 지냈다. 나이가 모두 약관이 되자 마을의 동북쪽 고개 너머 법적방法積房으로 가서 의탁하고는 머리를 깎고 중이 되었다. 얼마 후 서남쪽 치산촌雉山村 법종곡法宗谷 승도촌僧道村에 묵은 절이 있는데 진인眞人이 살 만하다는 말을 듣고, 같이 가서 대불전大佛田과 소불전小佛田 두 골짜기에 각자 거처하였

▲ 노힐부득과 달달박박이 숨어살며 불법을 닦았던 남백월산 전경.

다. 노힐부득은 회진암懷眞庵에서 지냈는데 양사壤寺(지금 회진동에 옛 절터가 있으니 바로 이곳이다)라고도 한다. 달달박박은 유리광사瑠璃光寺(지금 이산梨山 위에 있는 절터가 바로 여기다)에 살았다.

노힐부득과 달달박박, 이 우스꽝스러운 이름의 주인공은 백월산 동남쪽 선천촌 사람이다. 노힐부득의 부모 이름은 월장月藏과 미승味勝, 달달박박의 부모 이름은 수범修梵과 범마梵摩였다. 이름이 주는

느낌이 범상치 않다. 아미타불의 아버지는 월상전륜성왕月上轉輪聖王, 어머니는 수승묘안殊勝妙顔이라고 《아미타고음성왕다라니경阿彌陀鼓音聲王多羅尼經》에 나온다.❖ 노힐부득의 부모 이름인 월장과 미승은 월상月上 및 수승殊勝과 비슷하다. 한편 월장은 고대 인도의 보살 이름이기도 하다. 월장보살이 서방 정토에 와서 방등方等의 묘리를 설파한 경전은 《대방등대집월장경大方等大集月藏經》이다. 월장보살의 빼어난

❖ 《阿彌陀鼓音聲王多羅尼經》: "阿彌陀佛如來, 應正遍知. 父名月上轉輪聖王, 其母名日殊勝妙顔, 子名月明. 奉事弟子, 名無垢稱."

가르침을 음미하는 것이 미승味勝이다.

달달박박의 부모 이름은 《미륵하생경》에 미륵보살의 부모로 등장하는 수범마修梵摩와 범마월梵摩越의 이름에서 따왔다. 범마는 인도 사상에서 만유의 근원인 브라흐만Brahman을 신격화한 명칭이기도 하다. 아버지 수범마는 범마를 닦고, 어머니 범마월은 그 범마를 초월하여 미륵보살을 낳았다.

부모 이름대로라면 노힐부득은 아미타불이 되고 달달박박은 미륵보살이 되어야 옳다. 범상찮은 부모에게서 난 두 사람의 이름은 방언, 즉 순 우리말로 지었다. 노힐부득은 당시 음으로는 어찌 읽었을지 알 수 없다. 진평왕의 왕비인 마야 부인의 이름이 복힐구福肹口였고, 성덕왕 때 김지성金志誠의 누이 이름은 수힐매首肹買였던 것을 보면 힐은 조음소調音素 구실을 한 듯하다. '힐肹'은 '흘'로 읽은 여러 용례가 있다. 득得은 등等이라고도 한다 했는데, 등等은 '들' 또는 '돌'로 읽었다. 그렇다면 노힐부득은 노흘부돌에 가까운 발음이었을 터. 《삼국유사》는 두 사람의 이름에 담긴 의미를 각각 따로 풀이했다. 노힐부득은 '심행등등心行騰騰' 즉 마음과 행실이 우뚝하다는 뜻이고, 달달박박은 '고절苦節', 곧 매운 절개의 의미라고 했다. 굳이 오늘식으로 푼다면 고행으로 자신의 육신을 '달달' 볶고, 원리원칙에 입각하여 융통성 없이 '빡빡'한 사람이었다는 뜻은 아니었을까. 어쨌거나 한 사람은 우뚝한 행실로, 한 사람은 매운 절개로 이름을 삼은 것이다.

《삼국유사》의 이런 명명법은 참 재미나다. 그들이 머리 깎고 중이 된 곳은 법적방法積房이고, 다시 옮겨 묵은 곳은 법종곡法宗谷 승도촌僧道村이며, 따로 거처한 곳은 대불전大佛田과 소불전小佛田이다. 노힐부득은 대불전의 회진암懷眞庵에서, 달달박박은 소불전의 유리광사琉璃光寺에서 살았다. 법이 쌓이고[法積], 법을 으뜸으로 삼는[法宗] 승도僧道를 지켜, 크고 작은 불전佛田을 일궈 회진懷眞 즉 진인을 그리고, 유리광琉璃光을 염원한다는 것이다. 유리광은 십항하사十恒河沙의 세계에 있는 부처님, 즉 약사여래불을 뜻하는 말이기도 하다. 대불전을 차지한 노힐부득이 소불전에 터전을 잡은 달달박박보다 먼저 깨달음을 얻는 것도 당연해 보인다. 이렇듯 무심한 인명과 지명 속에 이미 전체의 주제는 암시되어 있다.

모두 처자를 데려와 살면서 생활을 꾸려 나갔다. 서로 왕래하면서 안양安養에 정신을 깃들이며, 방외의 뜻을 잠시도 그만두지 않았다. 신세身世의 무상함을 보고, 인하여 서로 말했다.

"좋은 밭과 풍년 든 해가 좋기는 해도, 입을 것과 먹을 것이 마음먹은 대로 이르고, 저절로 배부르고 따뜻한 것만은 못하다. 부녀와 집이 마음에 좋지만, 연지蓮池 화장華藏의 세계에서 천성千聖과 함께 노닐고, 앵무새나 공작새와 함께 즐기는 것만은 못하다. 하물며 부처를 배웠거든 마땅히 부처가 되어야 하고, 진인眞人을 닦았으면 반드시 진인 됨을 얻어야 할 것이다. 이제 우리들이 이미 화려함을 버려 승려가 되었으니, 마땅히 얽매인 것을 훌훌 벗어 버리고 무상無上의 도리를 이루어야 할 것이다. 어찌 풍진 세상에 골몰하여 속된 무리와 다름없이 지내겠는가?"

마침내 인간 세상을 침 뱉고 사절하여 장차 깊은 산골짝에 숨으려 하였다. 밤중 꿈에 백호광白毫光이 서쪽으로부터 이르렀다. 빛 속에서 황금색의 팔이 내려와 두 사람의 정수리를 어루만졌다. 깨어 꿈 이야기를 해 보니 서로 꼭 같았으므로 모두 한동안 감탄하였다. 마침내 백월산 무등곡無等谷(지금의 남수동南藪洞)으로 들어갔다.

그들은 머리를 깎고 중이 되었음에도 처자를 데려와 생활을 꾸렸다고 했다. 앞서 광덕과 같다. 재가불자在家佛者였다는 뜻이다. 두 사람이 마음 쏟은 곳 역시 광덕과 엄장이 그랬던 것처럼 안양安養이었다. 현세에 살면서도 생각은 늘 방외에 가 있었다.

그들은 풍년의 배부름과 의식의 풍족함을 무상無常으로 덧없이 여기고 천성千聖과 함께 노니는 연지화장蓮池華藏의 세계를 꿈꾸었다. 연지화장은 비로자나불이 계신 정토이자 아미타불의 정토인 연화장蓮華藏 세계다. 그들은 학불學佛하여 성불成佛하고, 수진修眞하여 득진得眞함을 인생의 목표로 삼았다. 회진암懷眞庵에서 수진修眞하던 노힐부득이 이제 득진성불得眞成佛의 서원을 세운 것이다. 무상無上의 도를 얻기 위해 그들은 먼저 인간 세상을 사절하고 깊은 산골로 숨기로 다짐한다. 가족도 생업도 버리고 본격적인 정진을 쌓기로 한 것이다.

서원을 세운 그날 밤 그들의 꿈에 백호광白毫光이 서방으로부터 이르러 왔다. 황금색 팔뚝이 그 찬란한 빛무리 속에서 나와 두 사람의 정수리를 어루만졌다. 백호광은 부처님이 지닌 32가지 신체적 특징 중의 하나다. 부처님의 두 눈썹 사이에 흰 양털 같은 한 가닥 터럭이 오른쪽으로 감겨 있다. 잡아당기면 한 길이지만 놓으면 말려서 둥근데, 여기서 찬란한 광채가 쏟아져 나온다고 한다. 황금색 팔이 정수리를 어루만진 것은 장차 부처가 되리라는 수기授記 즉 징표다. 그들은 자신의 굳은 결심을 부처님이 직접 축복해 주었으므로 용기백배해서 백월산의 무등곡無等谷으로 들어갔다. 태어난 마을 근처에서 농사짓고 살던 평범했던 그들이, 앞서 중국 황제의 연못에 그 모습을 드러냈던 남백월산 사자암 아래로 마침내 들어가게 되는 것이다.

> 박박 스님은 북쪽 고개 사자암을 차지해 판잣집으로 여덟 자 방을 지어 살았다. 그래서 판방板房이라 한다. 부득 스님은 동쪽 고개의 돌무더기 아래 물 있는 곳을 차지해, 또한 방장方丈을 이루어 살았다. 그래서 뇌방磊房이라고 한다(향전에서는 부득은 산 북쪽 유리동瑠璃洞에 살았는데 지금의 판동板房이고, 박박은 산 남쪽 법정동法精洞 뇌방磊房에 살았다고 하여 이것과 서로 반대다. 이제 살펴보니 향전이 잘못이다). 각자 암자를 지어 살면서, 부득은 부지런히 미륵彌勒을 구하였고, 박박은 예불하여 미타彌陀를 외웠다.

이들이 들어간 골짜기 이름은 무등곡無等谷이다. 무등無等은 불교적으로는 큰 깨달음을 뜻하는 무등정각無等正覺의 의미가 되지만 이 또한 방언이다. 광주 무등산을 서석산瑞石山이라 하고 무등은 '무돌'로 읽는다. 여기서 무돌과 서석瑞石의 대응이 이루어진다. 광주 무등산처럼 돌무더기 너덜겅이 있는 골짝을 무등, 무돌로 불렀던 사정이 짐작된다. 부득의 '득得'이 '등等=돌'로도 쓰였다는 사실을 잠깐 기억해 두자.

박박은 북령北嶺의 사자암을 차지해 사자후獅子吼를 토할 준비를 갖춘다. 그는 몸 하나 겨우 누울 여덟 자 판잣집을 지었다. 부득은 동령東嶺 뇌석磊石, 즉 돌 너걸겅 아래 물까지 갖춘 곳에 방장의 거처를 마련했다. 그런데 뭔가 조금 이상하다.

일연은 향전鄕傳이 부득과 박박의 거처를 반대로 혼동했다고 적었다. 향전은 박박이 산 남쪽 법정동 뇌방에 살았고, 부득은 산 북쪽 유리동에 살았다고 적었다. 앞서 유리광사에 거주했던 박박이 유리동에 사는 것은 문제가 없다. 하지만 일연의 지적처럼 두 사람 관련 기록은 여기저기 뒤섞여 착종되어 있다. 아무래도 도를 먼저 깨우친 부득이 산꼭대기 여덟 자 좁은 판잣집에 살고, 박박이 동쪽 물가의 열 자 크기 뇌방에 자리 잡는 것이 합리적이다.

뒤에 나오는 처녀도 산 아래 동쪽 뇌방을 먼저 찾고, 거기서 퇴짜 맞아 북쪽 산꼭대기로 올라갔다 해야 이치에 닿는다. 이렇게만 본다면 북령의 사자암을 부득이 차지했고, 동령 뇌방을 박박의 거처로 본 향전의 언급이 오히려 합당하다.

또 한 가지 이상한 일은 두 사람이 예불한 부처님이 달랐다는 점이다. 부득은 미륵 부처님을 구했고, 박박은 아미타 부처님을 외웠다. 두 사람은 함께 안양 정토에 지향을 두고, 같이 백호광이 비치는 가운데 황금 팔뚝이 이마를 어루만지는 꿈을 꾸었다. 그런데 막상 둘의 지향점은 달랐다. 부득의 부모 이름은 아미타불의 부모 이름을 취했고, 박박의 부모 이름은 미륵불의 부모 이름에서 따왔다. 그렇다면 이것도 거꾸로다. 부모의 이름으로만 보면 미륵불과 아미타불의 순서가 뒤바뀌었다. 부모의 이름을 바꿔도 문제다. 뒤의 기록으로 보면 부득이 미륵불이 되고, 박박이 아미타불이 된 것 또한 분명하기 때문이다.

여기서 잠깐 미륵 신앙과 아미타 신앙에 대해 짚고 넘어가겠다. 미륵 신앙은 현실의 질곡을 벗어나 미륵보살이 계시는 도솔천에 태어날 것을 염원하는 미륵 상생 신앙과, 아예 미륵이 인간 세상으로 내려와 현세를 불국토로 만들어 주기를 희망하는 미륵 하생 신앙으로 구분된다. 백제 무왕의 미륵사나 신라 황룡사는 모두 현세의 불국토를 염원한 미륵 하생 신앙의 산물이다.

하지만 그들이 그토록 갈망하고 꿈꾼 미륵 세상은 끝내 열리지 않았다. 지상에는 오로지 전쟁과 살육의 피비린내뿐이었다. 현실에 더 이상 구원은 없었다. 여기에 중국 불교에서 서서히 힘을 얻게 된 아미타불 신앙이 전파되면서, 미륵 신앙은 점차 아미타 신앙으로 바뀐다. 아미타 신앙은 무량수불無量壽佛로도 일컬어지는 아미타불이 계신 서방 정토 안양세계에 왕생함을 목표로 삼는 신앙 체계다. 그 방법도 단순해서 아미타불에게 귀의한다는 뜻을 지닌 '나무아미타불南無阿彌陀佛'만 열심히 외우면 극락왕생할 수 있다. 염불만으로 극락왕생할 수 있다는 이런 단순한 신앙체계가 민중들에게 급속도로 파고들었을 것은 군말이 필요 없다.

더욱이 아미타 신앙의 소의경전 중 하나인 《불설무량수경佛說無量壽經》과 《불설아미타경佛說阿彌陀經》에는 서방 정토에 왕생하는 방법을 석가모니 부처님이 미륵보살에게 가르치는 내용이 보인다. 선행을 행하고 악행을 짓지 않으며, 《아미타경》을 지성껏 독송하면 정토에 환생하여 아미타불을 만날 수 있다고 했다. 그리고 그 전파를 미륵보살과 아난존자에게 부탁했다. 이제 하생을 염원해 마지않던 미륵보살은 도리어 아미타 신앙을 전파하는 전파자가 된 것이다.

두 사람은 미륵불과 아미타불을 따로 예불했다. 이는 당시 재래의 미륵 신앙과 새롭게 대두된 아미타 신앙 사이에 어느 한쪽으로의 급격한 쏠림 현상이 없었다는 뜻이다. 결과만 두고 보면 여전히 미륵 신앙은 아미타 신앙보다 높은 지위를 차지하고 있다.

다시 이어지는 서사로 넘어가자. 박박이 먼저다.

세 해가 채 못 되어, 경룡景龍 3년 기유년(709) 4월 초파일, 성덕왕이 즉위한 지 8년째 되던 해였다. 날이 저물려 하는데 나이가 스무 살 가량인데 자태가 몹시 곱고 아름다운 향내를 풍기는 한 낭자가 갑자기 북암(향전에서는 남암이라 하였다)에 이르러, 묵어 자기를 청하였다. 인하여 시를 지어서 주었다.

가다가 날 저물어 천산千山이 저물었고	行逢日落千山暮
길 막히고 성은 멀어 사방이 끊겼구나.	路隔城遙絶四隣
오늘은 암자에서 묵어 자고 가려 하니	今日欲投庵下宿
자비하신 스님께선 화를 내지 마소서.	慈悲和尙莫生嗔

박박이 말했다.

"절집은 깨끗함을 지키는 데 힘써야 한다. 네가 취해 가까이할 바가 아니다. 어서 떠나 이곳에 머물지 말라."

그러고는 문을 닫고 들어가 버렸다(기記에는 "나는 백 가지 생각이 재처럼 식었으니 혈낭血囊으로 시험하지 말라."고 했다).

스무 살 가량의 절세 미녀가 고운 향내를 풍기며 한밤중에 찾아와 재워 달라는 상황이다. 세속의 눈으로는 호박이 넝쿨째로 굴러온 것이겠으되, 박박의 태도는 뜻밖에 단호하다. 〈성도기成道記〉의 언급으로 보아, 박박은 그녀의 행동을 자신을 파계시키려는 마귀의 유혹으로 판단한 것이 분명하다. 4구에서 화내지 말라고 한 것은 그녀 또한 박박이 이 상황을 못 견뎌 성낼 것을 예상했다는 의미다.

눈여겨볼 것은 그녀가 암자를 찾은 날짜가 4월 초파일이라는 사실이다. 부처님 오신 날 암자를 찾아든 어여쁜 낭자의 딱한 사정은 '난야호정蘭若護淨' 즉 절집은 청정함을 지켜야 한다는 박박의 엄정한 논리 앞에 호소력을 잃었다. 더욱이 그는 당당하게 온갖 욕념이 사라졌으니, 육체로 나를 유혹하지 말라며 스스로 굳게 문을 닫아걸었다. 자신이 옳다는 확신이 담긴 행동이다.

> 낭자는 남암南庵(전傳에는 북암이라 했다)으로 가서 또 전처럼 청했다. 부득이 말했다.
>
> "너는 어디로부터 이 밤중에 왔는가?"
>
> 낭자가 대답했다.
>
> "담연湛然하여 태허太虛와 더불어 한 몸이거늘 어찌 오고 감이 있겠습니까? 다만 어진 선비님의 뜻과 소원이 깊고 무겁고, 덕행이 높고도 굳세다길래 장차 보리菩提를 이루는 것을 도우려는 것일 뿐입니다."
>
> 인하여 게송 한 수를 읊었다.

하루해도 다 저문 천산 길에서	日暮千山路
가도가도 사방 길은 끊기었구나.	行行絕四隣
대숲 솔숲 그늘 점차 깊어만 가고	竹松陰轉邃
골짝의 냇물 소리 외려 새롭네.	溪洞響猶新
길 잃어 잠자기를 청함 아니요	乞宿非迷路
높은 스님 일깨워 주려 함일세.	尊師欲指津

원컨대 제 청을 따라 주시고	願惟從我請
무엇 하는 사람이냐 묻진 마소서.	且莫問何人

스님이 듣고 깜짝 놀라 말했다.

"이곳은 부녀자가 더럽힐 곳이 아니오. 하지만 중생을 따르는 것 또한 보살행의 하나요. 하물며 궁벽한 산골에 밤이 깊으니 어찌 소홀히 볼 수 있겠는가?"

이에 암자 안으로 맞아들여 읍하고 머물게 하였다. 밤중이 되자 맑은 마음을 굳세게 다잡아 반벽의 희미한 등불로 쉼 없이 독송하고 염불하였다.

낭자의 태도는 앞서와 사뭇 다르다. 박박에게는 덮어놓고 재워 달라며 글[詞]을 들이민 데 반해, 부득에게는 그 품은 뜻의 심중深重함과 덕행의 고견高堅함으로 추켜세운 후, 보리菩提를 이루는 것을 도우려 한다는 뜻을 명확히 밝혔다. 부득에게 준 글도 앞서처럼 사詞가 아니라 게偈였다. 두 글은 같은 운자로 된 시인데, 하나는 7언 절구이고, 하나는 5언율시다.

박박에게 준 시의 1·2구에서 '천산모千山暮'와 '절사린絕四隣'을 말한 것은 부득에게 준 게송의 1·2구에서 역시 '모천산로暮千山路'와 '절사린絕四隣'으로 되풀이된다. 하지만 박박의 시가 이제 3·4구만 남은 데 반해, 부득의 게송은 아직도 6구가 더 남았다. 3·4구에서는 송죽의 그늘이 점차 깊어짐에도 불구하고 냇물 소리는 오히려 더 새로워진다고 했다. 5·6구에서는 이제 그 소리를 따라온 것이니, 길을 잃어 잘 곳이 없어 재워 달라는 것이 아니라, 스님에게 오히려 깨우침의 바른길을 일깨워 주기 위해서라고 분명하게 밝혔다. 산이 깊어질수록 더욱 새로워지는 물소리는 부득의 청정심淸淨心을 높인 것이다.

젊고 예쁜 여자의 이 당돌한 말에 대한 부득의 첫 반응은 '경해驚駭' 즉 놀람 그 자체였다. 나를 믿고 부탁을 들어 줄 뿐 다른 것은 묻지 말라고 쐐기를 박는 언급에, 부득은 수순중생隨順衆生의 보살행으로 대꾸한다. 수순중생이란 중생의 뜻에 순종하여 따른다는 말이다. 그 자신은 밤늦도록 염송을 계속했다.

밤이 장차 다하려 할 때, 낭자가 불러 말했다.

"내가 불행히도 마침 출산의 근심이 있으니, 청하건대 스님께서 거적자리를 깔아 주십시오."

부득이 슬퍼하며 불쌍히 여겨 거역하지 못하고, 등촉을 은근하게 밝혔다. 낭자는 해산한 뒤에 또 씻겨 줄 것을 청했다. 노힐은 부끄럽고 두려운 마음이 엇갈렸다. 그러나 애처롭고 불쌍히 여기는 마음이 더해져 그만두지 못하였다. 또 목욕통을 준비하여 그 속에 낭자를 앉히고서 불을 때서 덥힌 물로 씻겨 주었다.

그러자 목욕통 속의 물에 향기가 짙어지더니 금물로 변하는 것이었다. 노힐이 크게 놀라자 낭자가 말했다.

"우리 스님도 여기서 목욕하시지요."

굳이 권하기에 이를 따랐더니, 갑자기 정신이 상쾌하고 시원해지며 피부가 황금빛이 되는 것을 느꼈다. 그 곁을 보니 홀연 하나의 연화대蓮花臺가 생겨났다. 낭자가 그에게 앉으라고 권하며 말했다.

"나는 관음보살이다. 와서 대사를 도와 대보리大菩提를 이루게 한 것이다."

말을 마치자 보이지 않았다.

염불 소리 속에 아무 일 없이 날이 새는가 싶던 암자는 낭자의 돌연한 요청에 다시 한 번 출렁한다. 젊은 여인의 해산 자리를 지키고, 목욕물을 덥혀 몸까지 씻겨 주었다. 두 차례의 유혹이 더 뒤따랐던 셈이다. 그럼에도 부득이 그녀를 불쌍히 여기고 애처롭게 여겨 한결같은 마음을 보이는 순간 목욕통의 물은 금빛으로 변하고, 함께 목욕하자 피부도 금빛으로 변했다. 홀연히 생겨난 연화대좌에 올라앉자 낭자는 자신이 관음보살의 화신임을 밝히고 사라졌다. 이로써 마침내 부득의 대보리大菩提가 이루어졌다.

이 장면은 《미륵상생경》의 다음 대목을 연상시킨다. "이때 도솔천의 칠보대 안 마니전摩尼殿 위 사자상좌獅子床坐에 홀연히 화생하여 연꽃 위에 결가부좌하시니, 몸은 염부단금閻浮檀金의 빛깔이었다." 미륵보살의 화생 장면인데, 좀 전 부득의 광경과 방불하다. 이제 남백월산은 도솔천이 되고, 그의 암자가 있던 사자암은 사자좌가 된다. 홀연 생겨난 연화대좌 위에 결가부좌한 노힐부득은 모든 면에서 미륵보살의 현신인 셈이다. 여기서 굳이 중국 황제의 이야기까지 끌어와 백월산의 사자암을 강조한 사정이 환해진다. 앞서 사자암에 판방을 짓고 수도한 것이 박박 아닌 부득이 되어야 한다고 지적한 이유도 여기에 있다.

박박이 말했다.

"노힐이 오늘 밤 반드시 계율을 더럽혔을 터이니, 장차 가서 비웃어 주리라."

이윽고 이르러 노힐이 연대蓮臺에 앉아 미륵존상이 되어 광명을 발하고, 몸은 단금檀金으로 칠해져 있는 것을 보았다. 저도 모르는 사이에 머리를 조아리고 예를 올리며 말했다.

"어찌 여기에 이름을 얻었소?"

노힐이 그 까닭을 자세히 말해 주었다. 박박이 탄식하며 말했다.

"나는 장애됨이 무거워, 요행히 큰 성인을 만나고도 도리어 알아보지 못하였구려. 대덕大德께서는 지극히 어지시어 나보다 먼저 채찍을 잡으셨으니, 원컨대 지난날 교분 나눈 일을 잊지 마시고 모름지기 함께 건져 주십시오."

노힐이 말했다. "통에 남은 물이 있으니, 어서 씻는 것이 좋겠네."

박박이 씻자 또 전처럼 무량수無量壽를 이루어, 두 존사尊師가 서로 엄연히 마주하였다.

산 아래 마을 사람이 이를 듣고 다투어 와서 우러러보며 찬탄하여 말했다.

"드문 일이다. 드문 일이야."

두 성인은 그들을 위해 불법의 요체를 설명해 주고, 온몸이 구름을 타고 가 버렸다.

한편 박박은 쫓겨난 낭자가 부득에게 갔으리라 확신했다. 틀림없이 계율을 범했으리라고 한 것은 둘 사이에 보이지 않는 경쟁이 자못 치열했음을 반증한다. 하지만 와서 보았을 때 그가 확인한 것은 연화대좌 위에 앉은 황금빛 미륵불이었다. 어느새 박박의 부득에 대한 호칭은 대덕으로 바뀌어 있다.

부득의 권유로 목욕통에 남은 물에 몸을 씻은 박박은 즉시 무량수불, 즉 아미타불로 변했다. 사람들이 모여 이 희한한 일을 찬탄했다. 두 성인은 불법의 요체를 사람들에게 일러준 뒤에 전신이 그대로 구름 위로 올라가 서방 정토로 가 버렸다.

천보天寶 14년 을미(755)에 신라 경덕왕이 즉위하였다(고기古記에는 천감天鑑 24년 을미년에 법흥왕이 즉위한 해라고 하였으니, 어찌 앞뒤가 심하게 도착된 것이 이와 같단 말인가?). 이 일을 듣고는 정유년(757)에 사신을 보내 큰 가람을 창건케 하고 이름을 백월산 남사南寺라 하였다. 광덕廣德 2년(고기에는 대력大曆 원년이라 하였는데, 또한 잘못이다) 갑진(764) 7월 15일에 절이 이루어졌다. 다시 미륵존상을 주조하여 금당에 안치하였다. 편액에는 '현신성도미륵지전現身成道彌勒之殿'이라 하였다. 또 미타상을 주조하여 강당에 봉안하였는데, 남은 금물이 부족해서 바른 것이 고르지가 않았다. 그래서 미타상 또한 얼룩덜룩한 흔적이 있다. 편액에는 '현신성도무량수전現身成道無量壽殿'이라 하였다.

이제 후일담과 논찬부가 남았다. 755년에 경덕왕이 즉위했다고 했는데, 이 해는 경덕왕 즉위 원년이 아니라 재위 14년째 되던 해이니 잘못이다. 낭자가 두 사람에게 나타난 것은 709년의 일이었고, 경덕왕이 이 사실을 전해 들은 것은 그로부터 무려 48년 뒤의 일이었다. 이 긴 시간의 간격은 잘 설명되지 않는다. 절이 완공된 것은 다시 7년 뒤인 764년 7월 15일이었다. 두 부처님의 존상을 주조하여 미륵전과 무량수전을 금당과 강당에 각각 안치했다. 차

등을 둔 것이다. 두 존상을 모신 전각의 편액 앞에 '현신성도現身成道'란 관형어를 함께 붙였다. 육신을 버리지 않고 현세의 몸 그대로의 상태에서 도를 이뤄 부처님이 되었다는 뜻이다. 미륵불과 아미타불의 현신이 서방 정토가 아닌 남백월산에 모습을 드러낸 것은 결국은 신라가 불국토요, 안양세계가 곧 신라라는 선언인 셈이다. 또 미륵불의 인도에 따라 아미타불이 함께 현신했다. 이 얼마나 감격적인 일인가? 다만 미타상의 금물이 부족해 얼룩덜룩한 흔적이 남았다고 하여, 애초에 달달박박이 보여 준, 자리自利에 머물고 이타利他에 미치지 못한 행동에 대한 차별만큼은 잊지 않았다.

이제 마지막 논찬부를 마저 읽는다.

> 의논한다. 낭자는 마땅히 부녀의 몸으로 이끌려 변화한 것이라고 말할 수 있다. 《화엄경》에서 마야 부인 선지식善知識은 십일지十一地에 부쳐 환술과도 같은 해탈문解脫門으로 부처를 낳았다. 이제 낭자가 순산한 은미한 뜻이 여기에 있다. 그 건넨 시를 보니 슬프고도 어여뻐 아낄 만한데 곡진하여 천선天仙의 운치가 있다. 아아! 만약 낭자가 '수순중생어언다라니隨順衆生語言陀羅尼'를 알지 못했다면 어찌 능히 이와 같이 하였겠는가? 그 끝 연은 마땅히 "맑은 바람 평상에서 날 꾸짖지 마옵소서[淸風一榻莫予嗔]."라고 했어야 한다. 하지만 그렇게 말하지 않은 것은 세속의 말과 같게 하려 하지 않았기 때문일 뿐이다.

《화엄경》〈입법계품入法界品〉에서 마야 부인이 선재동자에게 자신이 어찌하여 일체 보살의 어머니가 될 수 있는지 설명하는 대목에서 여환해탈문如幻解脫門, 즉 환술과도 같은 해탈문 이야기가 나온다. 마야摩耶란 말 자체가 환幻으로 번역되니, 이는 본래 신이 인간들로 하여금 환영으로 드러나는 것을 실재하는 것으로 믿게 만드는 마술적 힘이라는 의미다. 마야 부인이 일체 보살의 어머니가 되듯, 낭자의 순산도 이와 같은 의미라고 설명한 것이다. 십일지十一地는 가장 높은 보살의 단계다. '수순중생어언다라니'는 《수호국계주다라니경守護國界主陀羅尼經》 권 1에 용례가 보인다. 결국 《화엄경》과 《다라니경》의 교의敎義로 낭자의 행동에 담긴 의미를 설명한 것이다.

끝에서는 처음에 달달박박에게 건넨 사詞의 제 4구 "자비하신 스님께선 화를 내지 마소서[慈悲和尙莫生嗔]."가 제대로 된 시가 되려면 "맑은 바람 평상에서 날 꾸짖지 마옵소서[淸風一榻莫予嗔]."가 되어야 옳은데, 세속의 말과 구분을 두려고 일부러 그렇게 말한 것임을 설명했다. 맨 끝의 찬시讚詩 3수는 앞에서 한 말의 반복이어서 지면 관계상 건너뛰기로 한다.

이렇게 해서 남백월산의 두 성인 노힐부득과 달달박박의 긴 서사를 통독했다. 광덕과 엄장 곁에 관음보살의 응신應身이었던 광덕의 아내가 있었던 것처럼, 그리고 두 사람 신심의 차이가 그녀를 통해 드러나고, 마침내 이를 매개로 함께 왕생극락했던 것과 같이, 노힐부득과 달달박박 곁에는 관음보살의 화생化生인 낭자가 있었다. 두 사람의 깨달음이 차별이 있었고, 끝내 함께 정토로 건너가는 것도 같다. 말하자면 이 두 이야기는 같은 구조로 이루어졌다.

당시 신라는 미륵 하생 신앙 체계를 넘어 아미타불의 신앙으로 넘어가는 도중에 있었다. 아무나 지성스럽게 나무아미타불만 외우면 서방 극락정토로 환생할 수 있다는 지극히 민중적인 미타 신앙은 수

많은 재가불자들의 신심에 불을 당겼다. 그들은 가정을 꾸려 가면서도 오로지 서방 정토를 향한 지향만을 품었다. 《삼국유사》에서 광덕과 엄장 이야기 바로 앞에는 여종 욱면郁面이 분황사에서 염불하던 도중 그대로 솟구쳐 올라가 서방 정토로 가 버린 이야기가 실려 있다. 이를 통해서도 당시 신라에 나무아미타불을 외우는 염불 소리가 상하의 구분 없이 밤낮으로 울려 퍼졌던 사정이 짐작된다.

나무들이 고개 숙여,
관기와 도성

세 번째로 읽을 글은 《삼국유사》 권 5, 〈피은避隱〉편 〈포산이성包山二聖〉조의 이야기다. 포산 즉 경북 현풍의 비슬산에 살았던, 활동했던 시기를 알 수 없고 행적조차 분명치 않은 두 승려의 이야기다.

> 신라 때 관기觀機와 도성道成이란 두 분의 거룩한 스님이 있었다. 어느 곳 사람인지는 모른다. 함께 포산包山(우리나라에서 소슬산所瑟山이라 하는 것은 범음梵音이니 이는 '싸다[包]'란 말이다)에 숨어 살았다. 관기는 남쪽 고개에 암자를 지었고, 도성은 북쪽 동굴에 거처했다. 서로의 거리가 십여 리였다. 구름을 헤치고 달빛에 휘파람을 불면서 늘 서로 왕래하였다. 도성이 관기를 부르고 싶어하면 산중의 나무가 모두 남쪽을 향해 고개를 숙여 마치 서로 맞이하는 것처럼 하였다.

관기는 이것을 보고 그에게 갔다. 관기가 도성을 맞이하려고 하면 또한 똑같이 모두 북쪽으로 기울어졌다. 그러면 도성이 왔다. 여러 해를 이와 같이 하였다.

도성은 거처하는 곳의 뒤편 높은 바위 위에 늘 가부좌를 하고 있었다. 하루는 바위가 갈라진 사이에서 몸이 솟구쳐 나와 전신이 허공으로 올라갔는데 이르러 간 곳을 알지 못하였다. 어떤 이는 수창군壽昌郡(지금의 수성군壽城郡)에 이르러 유해를 버렸다고 한다. 관기 또한 뒤를 이어 진인眞人으로 돌아갔다. 이제 두 스님의 이름으로 그 터를 명명하였는데, 모두 남은 자취가 있다. 도성암道成嵓은 높이가 몇 길이나 된다. 후인이 동굴 아래에 절을 세웠다.

앞서의 두 이야기처럼 서사가 장황하지 않다. 일연은 관기와 도성 두 사람을 성사聖師란 최고의 극존칭으로 불렀다. 앞서 광덕과 엄장을 그저 사문沙門이라 한 것과 차이난다. 관기觀機는 하늘의 기미機微를 본다는 뜻이고, 도성道成은 도를 이루었다는 의미다. 이번에도 두 사람은 산의 남쪽 암자와 북쪽 동굴에 따로 살았다. 세 이야기가 똑같았던 점에서 당시 수행자들의 수행이 독행독수獨行獨修의 방식이었음을 짐작케 한다.

앞서 본 두 글은 산속 두 수행자의 다른 수행과 태도를 대비적으로 보여 주는 데 주력했다. 하지만 관기와 도성은 처음부터 깨달은 각자覺者의 모습으로 등장한다. 그런데 둘의 교감 방식이 참으로 감동적이다. 도성이 관기 생각을 한다. 산속 나무들은 그 마음을 감지해서 관기가 있는 곳을 향해 일제히 고개를 숙인다. 관기는 그것을 보고, "아! 도성이가 부르는구나." 하며 구름을 헤치고 달빛에

▲ **현풍 비슬산의 도성암과 관기봉** 도통바위에서 본 도성암. 멀리 젖꼭지 모양으로 봉긋하게 솟은 봉우리가 관기봉이다.

휘파람을 불면서 도성을 만나러 간다. 관기가 도성을 생각한다. 또 나무들은 반대편으로 나란히 고개를 숙인다.

비슬산 높은 봉우리에 구름이 짙게 깔리고, 그 위로 달빛이 가루처럼 부서지는 밤. 나무들이 소곤소곤 제 몸을 기울여 남쪽 암자에서 보내온 소식을 전하면, 관기는 구름 위를 허위허위 걸어 친구 도성을 찾아간다. 깨달음을 얻은 도사들이 서로가 보고 싶어 부르면, 그 마음이 메아리로 울려 퍼져 도미노가 무너지듯 나무들이 일제히 한쪽으로 쏠려 가는 광경은 생각만 해도 가슴이 벅차 온다.

그들의 행동은 일체의 구김살이 없는 무애행无碍行이요 자재행自在行이다. 도성은 늘 바위 위에 가부좌를 틀고 앉아 있었다. 어느 날 그의 몸은 그대로 허공으로 들려 올라가 마침내 간 곳을 모르게 되었다. 관기도 그의 뒤를 따라서 갔다. 두 사람은 아무런 걸림 없이 낄낄거리며 한세상을 잘 놀다가, 그냥 소풍 가듯 서방 정토로 돌아가 버렸다. 노힐부득이나 달달박박처럼 사람들을 모아 놓고 법석法席을 베풀지도 않았고, 광덕과 엄장처럼 복잡한 중간의 곡절도 없었다. 그저 처음부터 걸림 없이 살다가 매임 없이 갔다.

> 태평흥국大平興國 7년 임오(982)에 승려 성범成梵이 처음으로 와서 절에 머물렀다. 만일미타도량萬日彌陀道場을 열어 50여 년간 정성껏 애썼다. 여러 번 특별한 상서로움이 있었다. 당시 현풍玄風의 신사信士 20여 명이 결사結社하여 향나무를 주워 절에다 바쳤다. 매번 산에 들어가 향나무를 채취하여 쪼개 씻어 발[簾] 위에 놓아두었다. 그 나무가 밤만 되면 촛불처럼 빛을 발했다. 이로 말미암아 고을 사람들이 크게 보시하였다. 그 향도香徒가 빛을 얻은 해로써 하례하니,

▲ **도통바위** 경북 현풍 비슬산에 위치한 도성암 암자 뒤의 큰 바위다. 도성은 이 틈 사이로 몸이 솟구쳐 허공으로 올랐다. 바위 앞면은 절벽이다. 아랫면에 움막을 짓고 사람이 생활할 만한 공간이 있다.

> 이는 두 성인의 영감이요, 혹 악신岳神의 도움이었다. 신의 이름은 정성천왕靜聖天王이다. 일찍이 가섭불迦葉佛 때 부처님의 유촉遺囑을 받았다. 본래 한 맹서가 있으니, "산속에서 1천 명이 출가하기를 기다려서 남은 업보를 받겠나이다."라고 하였다. 지금 산중에 아홉 성인의 끼치신 일을 기록하였으나 자세하지 않다. 관기 · 도성 · 반사㮽師 · 첩사楪師 · 도의道義(백암栢岩에 터가 있다) · 자양子陽 · 성범成梵 · 금물녀今勿女 · 백우사白牛師가 그들이다.

일연은 위의 짧은 서사에 이어, 오랜 세월이 지난 뒤 982년에 승려 성범成梵이 도성암 자리에 지은 절로 와서 만일미타도량萬日彌陀道場을 연 일을 말했다. 이름으로 보아 만일미타도량을 연 목표는 성범, 즉 범천梵天을 완성하는 것이었다. 50여 년간 계속된 이 만일미타도량은 수많은 이적을 낳았던 신심 깊은 법도량이었다. 현풍의 남성 신도 20여 명의 결사에서 출발한 이 만일도량은 점차 고을 사람들에게까지 확산되었다.

흥미로운 점은 이 법도량의 성공에 관기와 도성 두 성인의 영감과 함께 악신岳神, 즉 이 산의 산신령인 정성천왕靜聖天王의 도움이 있었다고 한 점이다. 앞서 〈원광서학〉조에서 원광이 삼기산에서 만난 여우 귀신의 도움을 받았던 일을 떠올리게 한다. 더욱이 산신령은 가섭불의 시대, 즉 전불 시대에 이미 부처님의 유촉으로 1천 명의 출가자를 배출할 때까지 이 산속에 남아 업보를 받겠다고 맹서한 터였다고 했다. 이 말은 산신령조차 불법의 수호자를 자임하여, 자신의 업보를 일찍 끝내기 위해서라도 만일미타도량이 성공할 수 있도록 도와주었다는 의미다. 그 결과가 끝에서 기록한 아홉 성인의 명단이다.

당초 관기와 도성의 이야기만으로는 아미타 신앙으로 볼 특별한 근거가 없다. 하지만 뒤이어 등장한 성범의 만일미타도량으로 인해, 〈포산이성〉조의 이야기는 앞서 본 다른 이야기와 함께 아미타불 계열의 신앙 이야기로 자리매김 된다.

여산廬山 백련사에서 만일염불결사를 처음으로 행했던 중국의 혜원慧遠 스님 이래로 아미타불을 칭념하는 만일미타도량은 신라에서도 여러 차례 결성되었다. 〈욱면비郁面婢 염불서승念佛西昇〉조의 첫대목에도 "선사善士 수십 명이 서방 정토를 구하려는 뜻을 품고 고을 경계에 미타사를 창건하고, 1만 일을 기약하여 계를 만들었다."는 기록이 보인다. 이렇듯 아미타 신앙은 요원의 불길처럼 번져 나가, 신라 사람들 모두의 가슴 속에 정토를 향한 염원을 낙인찍어 놓았던 것이다.

이제 끝단락을 마저 읽는다.

> 찬讚한다.
>
> | | |
> |---|---|
> | 달빛 밟고 서로 찾아 운천雲泉을 희롱하니 | 相過踏月弄雲泉 |
> | 두 노인의 풍류가 몇 백 년이 지났구려. | 二老風流幾百年 |
> | 골짝 가득 안개 노을 고목에 남아 있어 | 滿壑煙霞餘古木 |
> | 찬 그림자 누웠다 일어났다 여태 맞이하는 듯. | 偃昻寒影尙如迎 |
>
> 반搬은 음이 반般이니 우리말로는 피나무(우목雨木)라 하고, 첩楪은 음이 첩牒인데 우리말로는 갈나무(가을목加乙木)라고 한다. 이 두 스님은 오랫동안 바위더미에 숨어 살며 인

간 세상과 사귀지 않았다. 모두 나뭇잎을 엮어 옷을 삼아 추위와 더위를 넘겼으니, 습기를 막고 부끄러운 곳을 가렸을 뿐이었다. 그래서 이름으로 삼은 것이다. 일찍이 들으니 풍악楓岳에도 이러한 이름이 있다고 한다. 옛날의 숨어 사는 인사가 대개 빼어난 운치가 이와 같았음을 알겠다. 다만 그대로 따라하기는 어렵다.

내가 일찍이 포산에 살 적에 두 스님이 남긴 아름다운 자취를 기록한 것이 있다. 이제 함께 적는다.

자모紫茅와 황정黃精으로 뱃가죽을 채우고	紫茅黃精塈皮
가린 옷은 옷감 아닌 나뭇잎이로다.	蔽衣木葉非蠶機
찬 솔은 소슬하고 바위는 삐죽삐죽	寒松颼颼石犖确
날 저문 숲 아래서 나무 해서 돌아오네.	日暮林下樵蘇歸
깊은 밤 밝은 달빛 향하여 앉노라면	夜深披向月明坐
절반쯤 나부껴서 바람 따라 날아갔지.	一半颯颯隨風飛
헤진 자리 가로누워 단잠에 빠져들면	敗蒲横臥於憨眠
꿈속 넋도 홍진 굴레 이르지 않았다오.	夢魂不到紅塵羈
구름 놀듯 가 버렸네 두 암자는 폐허되어	雲遊逝兮二庵墟
산 사슴 멋대로 놀고 사람 자취 드물다네.	山鹿恣登人迹稀

위의 찬시는 관기와 도성의 멋진 풍류를 찬탄한 내용이다. 4구에서 찬 나무의 그림자가 두 사람 마음 길의 방향에 따라 언앙偃昻, 즉 누웠다가 일어섰다 하는 되풀이를 여태도 계속하고 있는 듯하다고 한 것이 인상적이다. 지금도 현풍 비슬산의 도성암과 관기봉의 나무들은 그때처럼 한쪽을 향해 일제히 몰려갔다 몰려오는 형국을

취하고 있음은 필자가 직접 눈으로 확인한 바 있다.

이어지는 글은 포산의 아홉 성인 중 또 다른 두 수행자 반사와 첩사, 두 스님에 관한 짧은 덧붙임이다. 반사는 피나무 잎으로, 첩사는 갈나무 잎을 엮어 옷 대신 입고 살았다. 말 그대로 무소유와 자재무애의 경계를 몸소 실천한 승려가 관기와 도성 외에도 이 산에서 거듭 배출되었음을 밝혔다. 그러고는 두 스님의 자취를 기린 시 한 수를 적었다.

이상 다소 장황해진 논의를 정리하자. 미륵의 시대가 지나고 신라에는 아미타불의 시대가 활짝 열렸다. 진골 출신의 환희사歡喜師 같은 스님이 주지로 주석하던 황룡사 옆 분황사에서도 만일미타도량이 열렸다. 계집종 욱면은 그 신심 높던 귀족들을 제치고 마당에서 법당으로 불려 들어가 사람들이 지켜보는 앞에서 천정을 뚫고 서방 정토로 날아가 버렸다. 신발 만들고 화전 일구던 수행자들이 소유와 집착을 다 버리고 앞서거니 뒤서거니 달빛을 타고 올라 극락왕생하였다. 도처에서 기적이 일어났고, 감통이 이루어졌다. 원효는 아예 염불 수행의 방법을 매뉴얼화해서 백성들에게 가르쳐 주었다.

달빛에 사뿐히 올라앉아 구름 가듯 서방 정토로 떠난 사람들. 산속 나무조차 고개를 숙이던 갸륵한 마음들은 이제 그리움으로만 남았다. 암자는 폐허가 되고 사람들의 마음은 그만큼 황폐해졌다. 그 순결한 첫 마음, 지고지순至高至純의 열정들은 이제 찾을 길이 없다.

점찰 신앙, 뼈를 바수어 서원을 세우다

《삼국유사》를 읽다 보면 이미 읽은 듯한 내용과 자주 맞닥뜨린다.
손을 멈추고 기억을 더듬어 앞서 읽은 다른 글을 떠올린다.
아무 관련이 없는 듯 무심한 배치 사이로
조밀하게 짜여진 비단처럼 맥락들이 얽혀 있다.
한 줄기를 걷어 올리면 의미가
감자 넝쿨처럼 줄줄이 딸려 올라온다.
말이 없는 사복蛇福 스님 이야기로 출발해서
비구니 지혜智惠와 원광圓光 법사를 거쳐 진표眞表 율사,
영심永心과 심지心地로 이어 내려간
점찰占察 신앙의 한 가닥을 되짚어 본다.

벙어리 소년 사복, 입을 열다

매력적인 글 한 편을 읽는 것으로 첫머리를 연다. 《삼국유사》 권 5, 〈의해義解〉편에 실린 〈사복불언蛇福不言〉조의 전문이다.

> 서울 만선북리萬善北里에 과부가 있었는데, 지아비 없이 잉태하였다. 아이를 낳았으나 나이 열두 살이 되도록 말도 못하고 일어나지도 못했다. 인하여 사동蛇童(아래에는 사복蛇卜이라고 하고 파巴나 복伏이라고도 했는데, 모두 아이라는 말이다)이라 불렀다.
>
> 어느 날 그 어미가 죽었다. 당시 원효는 고선사高仙寺에 살고 있었다. 원효가 그를 보고 예로 맞이하였다. 사복은 답배答拜도 않고 말했다.
>
> "옛날 자네와 내가 불경을 실었던 암소가 이제 죽었네. 함께 장사 지내지 않겠나?"
>
> 원효가 말했다.

"좋네."

마침내 함께 집에 왔다. 원효에게 포살계布薩戒를 주게 했다. 원효가 시신 앞에서 빌며 말했다.

"나지 말 것을, 죽는 것이 괴롭나니. 죽지 말 것을, 나는 것이 괴롭거늘."

사복이 말했다.

"말이 많구나."

고쳐서 말했다.

"죽고 낢이 괴롭고녀!"

두 사람은 상여를 메고 활리산活里山 동쪽 기슭으로 갔다.

원효가 말했다.

"지혜智惠의 범이니 지혜의 숲에 장사 지냄이 또한 마땅치 않겠는가?"

사복이 이에 게偈를 지어 말했다.

그 옛날 석가모니 부처님께서는	往昔釋迦牟尼佛
사라나무 사이에서 열반에 드셨었지.	娑羅樹間入涅槃
이제 와 이 같은 이 또 다시 여기 있어	于今亦有如彼者
연화장 넓은 세계 들어가려 하는구나.	欲入蓮花藏界寬

말을 마치고 띠풀 줄기를 뽑자, 그 아래에 세계가 있는데 밝고도 청허淸虛하였다. 칠보난간과 누각의 장엄이 인간세상의 것이 아니었다. 사복이 시신을 등에 업고 함께 들어가자, 그 땅이 갑자기 합쳐졌다. 원효가 이에 돌아왔다.

뒷사람들이 그를 위해 금강산金剛山 동남쪽에 절을 세우고

도량사道場寺라 하였다. 매년 3월 14일에 점찰회占察會를 행하는 것으로 항규恒規를 삼았다. 사복이 세상에 응함은 다만 이것을 보인 것뿐이다. 세속의 말에 황당한 이야기로 가탁한 것이 많으니 가소롭다.

찬讚한다.

잠잠히 잠자던 용 어이 등한했으리　淵默龍眠豈等閑
떠나며 남긴 한 곡 번잡하지 않았네.　臨行一曲沒多般
괴로운 생사는 원래 괴롭잖아서　苦兮生死元非苦
연화장 부휴浮休 세계 드넓기 그지없다.　華藏浮休世界寬

사복은 만선북리의 과부가 남편 없이 낳은 아들이었다. 그는 어찌 된 셈인지 12세가 되도록 말도 못하고 일어나지도 못해 뱀처럼 방바닥을 기어 다녔다. 사복蛇福은 사복蛇卜, 사복蛇伏, 사파蛇巴로도 쓰고, 보통은 사동蛇童으로 불렸다. 복福·복卜·복伏·파巴는 모두 '보'로 읽고, 이것은 동童 즉 '아이'라는 뜻이다. 사동蛇童은 뱀같이 기어 다니는 아이란 말이고, 울보·뚱보·곰보처럼 '뱀보' 쯤으로 불렸음직하다.

남편 없이 낳았다는 것은 남녀 관계에 의해 낳은 아이가 아니란 뜻이다. 신이한 출생을 말하려 할 때 흔히 만나게 되는 표현이다. 자장의 어머니가 갑자기 별이 떨어져서 품 안으로 들어오는 꿈을 꾸고 임신했다든가, 원효의 어머니가 별똥별이 품속으로 들어오는 꿈을 꾸고 잉태했다는 따위도 맥락이 같다. 과연 아이는 남다른 점이 있었다. 그는 특출하기보다 오히려 늦되었다. 12세를 못 박은 것은 그 이후에 비로소 말문이 트이고 일어나 걸었다는 말이다. 그

후 그의 행적은 이렇다 알려진 것이 없다. 말 못하고 기어 다니던 아이 사복이 처음 입을 연 것은 어머니의 장례 때였다. 그는 고선사高仙寺로 대뜸 원효를 찾아갔다.

느닷없는 방문임에도 원효는 예를 갖춰 맞이했다. 전부터 익히 알고 있던 눈치다. 사복은 원효의 인사에 답례도 않고 용건부터 말한다.

"예전에 우리가 불경을 실었던 암소가 죽었으니, 함께 장사 지내세."

▲ **고선사지** 경주 박물관 뒤뜰에 거대한 삼층석탑 1기가 있는데, 고선사지 삼층석탑이라고 한다. 사진의 맞은편 산 아래 부분이 고선사지인데 덕동댐으로 인해 물에 잠겼다.

고승 원효에게 다짜고짜 너나들이하는 말투도 그렇고, 예전 함께 운운하는 대목도 종작없다. 제 어미가 불경 실은 수레를 끌던 암소라니, 이것은 또 무슨 수작인가. 가늠이 잘 안 되는 상황에서도 원효는 조금의 당황하는 기색이 없다. 예로 맞이했다는 말은 그가 사복을 자신보다 높였다는 의미다.

사복은 원효에게 포살계布薩戒를 줄 것을 청한다. 부탁이 아니라 명령이다. 포살은 범어 우포사타uposatha를 음역한 것으로, 우파바사타upavasatha가 와전된 말이다.

우파바사타는 베다의 제사 중 소나 말의 제사를 준비하는 날을 뜻한다. 이후 점차 중요한 일을 앞두고 준비하는 것을 가리키는 말로 쓰이게 되었다. 목우자牧牛子의 우포사타라 하면 다음날 소를 방목하는 방법을 준비하는 것을 의미하게 된 것 따위다. 이것이 초기 불교 교단에서는 한 달에 두 번씩 한 지역의 승려들이 모여 거행하는 반성과 참회 의식을 일컫는 의미로 썼다. 사복이 원효에게 포살계를 청한 것은 원래 뜻 그대로 소의 제사를 준비하는 계戒를 청한 것이 된다.❖

그런데 사복은 왜 자신의 어미를 타경자우馱經牸牛, 즉 예전에 불경을 실었던 암소라고 했을까?

불경 중 《불본행집경佛本行集經》 제 11, 〈습학기예품習學技藝品〉에 정반왕淨飯王이 태자인 싯다르타에게 글을 배우게 할 때 비사파밀다라毗奢婆蜜多羅가 가르친 글 중에 야나니가서耶那尼迦書와 사가파서娑迦婆書가 있는데, 수隋나라 말로는

❖ 《사경지험기四經持驗記》에는 "정주淨住란 것은 범어의 포살布薩이니, 몸과 입과 뜻을 계율대로 하여 머무는 것을 말한다[淨住者 卽梵語布薩 謂身口意 如戒而住也]."고 했고, 《저역총보著譯叢譜》 중에 《대포살강식이의운大布薩講式二義雲》·《동포살강식일의운洞布薩講式一義雲》·《수계포살화찬이현도화상授戒布薩和贊二玄道和上》·《포살략작법일관홍布薩略作法一觀弘》 등이 있다.

각각 타승서馱乘書와 자우서牸牛書라 했다는 기록이 있다.❖ 또 당唐나라 단성식段成式이 서역西域을 기록한 글에도 타승서·자우서와 같은 명칭이 나온다. 사복이 자신의 어미에게 타경馱經(馱書, 馱乘) 자우牸牛라 말한 것이 이와 무관치 않다.

한편 제 5, 〈의해〉편의 〈원효불기元曉不羈〉에서, "바다 용의 권유와 길 위에서 임금의 조서를 받은 일로 인하여 《삼매경소三昧經疏》를 지었다. 붓과 벼루를 소의 두 뿔 위에 놓아두었으므로, 이를 일러 각승角乘이라 하였는데, 또한 본각本覺과 시각始覺의 은미한 뜻을 드러낸 것이다."라고 한 대목과도 관련이 깊다. 《송고승전宋高僧傳》에 따르면 원효는 소의 두 뿔 사이에 붓과 벼루를 걸어 둔 채 처음부터 끝까지 소 수레에서 5권의 《삼매경소》를 완성하였다고 기록되어 있다.

사복의 '타경자우' 발언이 원효의 이 일을 염두에 둔 것이라면, 《삼매경소》의 완성에 원효와 사복이 함께 참여했다는 의미가 되는데, 막상 어머니가 그 각승角乘한 소의 환생이라는 설명이 맞지 않는다. 이 부분은 음미할 구석이 여전히 많다. 논지의 범위를 너무 벗어나므로 이 글에서는 이 정도만 언급하고, 이후 원효 이야기를 다룰 때 더 상세히 검토하겠다. 이밖에 자우牸牛란 표현은 〈수로 부인〉 기사에서 수로 부인에게 꽃을 꺾어 바친 노옹이 끌고 가던 소를 표현하는 말로 한 번 더 나온다.

이어지는 한 단락이 흥미롭다. 원효가 사복 어미의 시신 앞에서 던진 포살계의 축원문은 이렇다. "나지 말 것을, 죽는 것이 괴롭나니. 죽지 말 것을, 나는 것이 괴롭거늘[莫生兮其死也苦, 莫死兮其生也苦]."

❖ 이규경의 《오주연문장전산고》 석전류釋典類 중 〈석교釋敎·범서梵書·불경佛經에 대한 변증설辨證說〉에 관련 내용이 보인다. 원 경전의 표기와 다소 차이가 나므로 원 경전에 따른다.

한자로 14자다. 워낙에 말 없던 사복이 한마디 내지른다. "말이 많다." 머쓱해진 원효가 다시 고쳤다. "사생死生이 괴롭구나[死生苦矣]." 14자를 단 4글자로 줄였다. 글자는 10자나 줄었는데 뜻은 덜고 더함 없이 그대로다. 태어남이 있으면 죽을 일이 괴롭고, 죽음이 있으면 다시 몸 받아 태어날 일이 괴롭다. 이래도 괴롭고 저래도 괴로우니, 진정한 해탈은 이 윤회의 사슬을 끊는 데서 끝난다. 이 긴 말을 줄여 사생이 다 괴롭다는 한마디로 압축했다. 그 시절에 이미 언어에 대한 인식이 여기까지 미친 것에 경탄한다. 깨끗한 시론詩論 한 자락을 들은 것 같다.

포살수계를 끝낸 두 사람은 상여를 모시고 활리산活里山 동쪽 기슭으로 간다. 원효가 말한다. 지혜智惠의 범이니 지혜의 숲에 장사지냄이 마땅하다. 좀 전에는 암소라더니 갑자기 범이 되었다. 지혜의 범을 지혜의 숲에 장사지낸다는 말은 또 무슨 말인가? 지혜智慧라 하지 않고 지혜智惠라 한 것도 기억해 두자. 활리산 동쪽 기슭이 지혜의 숲인 셈인데, 《세종실록지리지世宗實錄地理志》〈경주부〉조에 역驛을 설명하면서 "사리沙里, 예전에는 활리活里라 하였다."는 기록이 있고, 《동국여지승람》에는 사리역沙里驛이 경주부의 북쪽 6리에 있다고 했으니, 활리산은 경주 북쪽 활리에 위치한 작은 산이다.

이제 사복이 직접 게송을 지어 부른다. 그 내용이 또 흥미롭다. 옛날 석가모니 부처님은 사라娑羅 쌍수雙樹 아래에서 열반하셨다. 이제 그 부처님과 같은 사람이 여기에 또 있어서 드넓은 연화장 세계로 들어가려 한다고 했다. 노래를 마친 사복은 말없이 띠풀 줄기를 뽑았다. 그랬더니 놀랍게도 그 아래에 칠보 난간으로 꾸민 장엄한 누각이 늘어선 환하고도 청허한 세계가 펼쳐졌다. 사복은 제 어미의 시신을 업은 채 그 속으로 들어갔다. 그러자 땅이 도로 합쳐져서 좀 전의 연화장 세계는 간 곳이 없어졌다.

이로써 사복은 어머니의 시신과 함께 연화장 열반 세계로 건너갔다. 그 옛날 부처님 같은 사람은 바로 사복 자신이었던 셈이다. 나고 죽는 윤회의 업보는 괴로움뿐이라고 한 원효의 계를 받고서, 현실 세계 뒤편 연화장 세계의 문을 활짝 열고 열반의 해탈을 얻었던 것이다.

이어지는 이야기는 후일담이다. 금강산金剛山은 우리가 아는 금강산이 아닌 경주시의 정북에 위치한 해발 178미터의 소금강산을 말한다. 지금 백률사가 있고, 아래 자락에 석탈해 왕릉이 있는 바로 그 산이다. 위치로 보아 활리산은 금강산의 다른 이름이었던 듯도 싶다. 사람들은 사복을 기려 금강산 동남쪽에 도량사道場寺란 절을 세우고 매년 3월 14일에 점찰회占察會를 열었다. 금강산 동남쪽은 사복이 띠풀 줄기를 뽑아 연화장 세계로 들어갔던 장소요, 3월 14일은 사복이 연화장 세계로 사라져 버린 그날이었을 것이다.

끝에 붙은 일연의 찬시讚詩를 다시 꼼꼼히 읽어 보자. 찬시 제 1구의 연묵淵默은 깊은 연못처럼 묵묵하다는 말이다. 어이 등한했겠느냐는 말은 등한하지 않았다. 즉, 아무것도 하지 않고 있었던 것은 아니라는 뜻이다. 말 없이 잠자던 용은 어려서부터 말이 없었던 사복을 가리킨다. 말이 없었다는 것은 이미 깨달음을 얻은 데서 온 소년의 과묵함이 남긴 인상일 법도 하다. 떠나기에 앞서 그가 남긴 한 편의 군더더기 없는 게송이 오히려 수다스럽게 여겨진다. 노래의 내용은 예전 석가모니처럼 나도 간다는 단순한 것이었다. 3구에서는 원효의 포살계를 다시 환기했다. '사생고혜死生苦兮'를 '고혜생사苦兮生死'로 바꾼 것은 평측을 맞추기 위해서다. 생사의 윤회를 거듭하는 것쯤은 괴롭다 할 것이 없다. 왜냐? 화장華藏의 부휴세계

浮休世界는 너무도 드넓기 때문이다.

화장華藏은 연화장蓮華藏의 줄임말이다. 부휴浮休는 부동浮動과 휴지休止이니, 떠돌아 움직이는 것과 멈추어 그치는 것을 합친 말이다. 생사生死와 의미가 같다. 연화장 세계는 비로자나불이 계신 정토를 연화蓮華에 비유하여, 연화장 장엄莊嚴 세계 또는 화장 세계라고도 한다. 비로자나불의 서원과 수행을 통해 출현한 이 세계는 가장 이상적인 깨끗한 경계를 뜻한다. 연화장 세계의 중심을 이루는 대보련화大寶蓮華는 광대무변하여 백방의 삼천대천세계와 같다. 이 연화장 세계의 바깥은 바로 인간의 현실계다. 《화엄경》의 교법은 이 현실계와 연화장 세계가 따로 있는 것이 아니라, 동전의 양면처럼 서로 맞물려 있어, 한 생각이 청정하면 현실계가 바로 연화장 세계로 된다고 가르친다. 발을 딛고 선 띠풀 줄기 바로 아래 광대무변의 연화장 세계가 활짝 열렸다가 순식간에 닫혀 버리고 마는 것과 같다.

일연은 찬시 바로 앞에 군말을 붙였다. 사복이 세상에서 보인 응험은 이 일 하나뿐인데, 세상 사람들이 이러쿵저러쿵 많은 말을 만들어 퍼뜨리고 있으니 우습다고 했다. 하지만 당시 신라 사람들에게 사복은 어머니의 장례에서 보인 한 차례 이적으로만 기억된 인물이 결코 아니다. 《삼국유사》 제 4, 〈탑상〉편의 첫머리에 실린 〈동경 흥륜사興輪寺 금당십성金堂十聖〉에 그의 이름이 당당히 올라 있다. 왕실의 중심 사찰이었던 동경 흥륜사 동벽에는 아도我道 · 염촉厭觸 · 혜숙惠宿 · 안함安含 · 의상義湘의 소상이 안치되어 있었고, 서벽에는 표훈表訓 · 사파蛇巴 · 원효元曉 · 혜공惠空 · 자장慈藏의 소상이 모셔져 있었다. 사파, 즉 사복 스님은 서벽에 모신 5성 중 서열 2위로, 서열 3위인 원효나 5위인 자장보다 앞자리를 차지하고 있다. 이 열 분 성인의 성격은 좀더 따져 봐야겠지만, 원광과 양지, 진표나 명랑 같은 고승도 그 자리에 끼지 못한 것을 보면, 사복의 당당한 위상은 대단히 인상적이다. 결코 단 한 차례의 이적만으로 오를 수 있는 자리가 아니다.

그런데 어째서 사복에 관한 기록은 이것만 남았을까? 일연은 항간에 떠도는 사복에 관한 황당한 말들이 가소롭다고 했으니, 당시까지도 사복 스님에 관한 전설은 계속 유포되고 있었던 셈이다. 이것으로 사복이 12살까지 말도 못하고 기어 다니기만 하다가, 불쑥 원효를 찾아갔던 것이 아니라, 12살 이후 출가하여 묵언 수행으로 도력을 인정받았던 고승이었음을 알 수 있다. 사복이 원효를 찾아간 고선사는 경주시 덕동德洞 부락에서 왼편으로 돌아 암곡동暗谷洞으로 향하는 계곡에 있었던 절이다. 지금은 덕동댐 아래 잠겼다. 1914년 이 폐사지에서 〈서동화상탑비誓幢和尙塔碑〉 비편이 발견되었다. 서동화상은 '서돌', 또는 '새돌'로 읽었을 것으로 추정되는 원효 스님의 어릴 적 이름이다. 이 비편 안에 달리 정체가 밝혀지지 않은 '만선화상萬善和尙'이란 이름이 나온다. 사복이 만선북리萬善北里 출신이었으니, 그와 무관치 않을 것이다.

비구니 지혜와 원광의 점찰 법회

앞서 사복의 어머니를 지혜智惠의 범이니 지혜의 숲에 묻는 것이 마땅하겠다고 한 대목을 보았다. 이번에는 이 지혜를 자신의 이름으로 쓴 비구니의 이야기를 읽겠다. 제 7, 〈감통〉편의 첫 머리를 장식하고 있는 〈선도산성모수희불사仙桃山聖母隨喜佛事〉다. 두 기록 사이에 어떤 연관이 있는지는 분명치 않으나, 암암리에 맥락이 닿아 있다.

진평왕 대에 비구니가 있었다. 이름이 지혜智惠였고, 어진 행실이 많았다. 안흥사安興寺에 살고 있었다. 불전을 새로 수리하려 했으나 힘이 달렸다. 꿈에 자태가 어여쁘고 구슬과 비취로 머리를 꾸민 한 여선女仙이 찾아와서 위로하며 말했다.

"나는 선도산仙桃山의 신모神母다. 네가 불전을 수리하려는 것을 기뻐하여, 황금 열 근을 보시하여 도우려 한다. 내 대좌 아래서 황금을 꺼내 주존불主尊佛 3상을 꾸미고, 벽 위에는 53분의 부처님과 육류성중六類聖衆 및 여러 천신天神과 오악신군五岳神君(신라 때 오악은 동쪽은 토함산, 남쪽은 지리산, 서쪽은 계룡산, 북쪽은 태백산, 중앙이 부악父岳이니, 또한 공산公山이라고도 한다)을 그리도록 해라. 매년 3월과 9월 10일에는 선남선녀들을 모두 모아, 널리 일체 함령含靈들을 위하여 점찰법회를 베푸는 것으로 항규恒規를 삼아라."(본조에서 굴불지屈弗池의 용이 꿈에 황제에게 나타나 영취산에 약사도량을 길이 열어 바닷길을 평안하게 할 것을 청했으니, 그 일이 또한 같다) 지혜가 놀라 깨어, 무리를 이끌고 신사神祠로 가서 대좌 아래를 파서 황금 160냥을 얻었다. 능히 그 공을 이룬 것은 모두 신모가 일깨워 준 것에 따라서였다. 그 일만 남았고 법사法事는 폐하여졌다.

▲ **안흥사** 팔공산 은해사에서 약 4km 정도 산길을 올라가 전망이 좋은 곳에 위치한 선방이다. 현재는 기기암이라하며 선원을 운영하고 있다.

안흥사는 경북 영천 팔공산에 있던 절이다. 신라 오악 중 중악中岳의 영험 있는 터에 자리 잡았다. 퇴락한 절집을 중수하려던 비구니 지혜는 비용을 마련하지 못해 발을 구르고 있었다. 그녀의 꿈에 찾아온 여선女仙은 천만뜻밖에도 경주 서쪽의 진산인 선도산仙桃山의 신모神母였다. 그녀는 누구인가? 중국 황실의 딸 사소娑蘇로 신선술을 닦아 지선地仙이 된 존재다. 신라에서 지내던 산천 제사의 윗자리를 차지해 온 영검스런 존재였다. 불교와는 아무 인연이 없어 보이는 그녀가 멀리 중악 안흥사의 불전 수리를 위해 황금 열 근을

▲ **황룡사지에서 바라본 선도산의 낙조** 이 산 정상부에서 북동쪽 구릉부 서형산성 내에는 성모사 유허지가 있고, 성모사라는 위패를 모신 작은 사당이 있다.

보시하겠다고 나선 것이다.

그녀는 거기서 그치지 않고, 자신의 선도산 신모상의 대좌 아래 황금으로 불전을 어떻게 꾸밀 것인지도 상세하게 지시했다. 불전 중앙에 주존 3존불을 화려하게 꾸미고, 사방 벽면에 53분 부처님과 육류성중六類聖衆 및 여러 천신天神과 오악신군五岳神君을 그려 모시게 했다. 53분 부처님은 《관약왕약상이보살경觀藥王藥上二菩薩經》에 나오는 과거의 53불이다. 《점찰경占察經》에도 나온다. 성중聖衆은 부처님의 제자나 보살들을 일컫는 표현이니 육류성중은 부처님을 수

▲ **선도산 마애삼존석불** 경주 서쪽에 위치한 선도산 정상부에는 마모가 심한 마애삼존석불이 있다. 석불 앞쪽에 성모의 위패를 모신 성모사가 있다.

호하는 여섯 분의 나한을 가리킨다. 그녀는 산신답게 여기에 여러 천신과 오악신군상까지 함께 모시게 했다. 사방 벽화의 구성은 불교와 토착 신앙이 함께 어우러진 배치를 보여준다.❖

뿐만 아니라 신모는 지혜에게 이곳에서 일체 함령含靈, 즉 중생들을 위한 점찰 법회를 열도록 했다. 법회의 일자까지 못 박아, "매춘추이계지십일每春秋二季之十日"에 열라고 했다. 대부분의 번역서가 "매년 봄가을 두 계절의 열흘 동안"으로 옮겨 놓았다. 하지만 특별한 일도 없이 매년 봄가을 열흘씩 여는 법회를 항규로 삼는 것은 무리다. 여기서 춘추이계春秋二季는 계춘季春과 계추季秋니 3월과 9월이고, 10일은 날짜를 붙박아 말한 것이다. 그러니까 안흥사의 점찰 법회는 매년 3월 10일과 9월 10일에 열린 셈이다. 앞서 사복을 기려 지은 도량사의 점찰 법회가 3월 14일이었던 것을 환기해야 한다.

❖ 〈선도산성모수희불사〉조의 무불巫佛 융합사상에 대해서는 신종원, 《신라초기불교사연구》(민족사, 2001)의 제 3장 1절에 실린 〈원광과 신평왕 대의 점찰 법회〉 211-231쪽을 참조할 것.

뜻밖의 꿈에서 놀라 깬 지혜는 아무 의심 없이 절의 무리를 이끌고 먼 길을 걸어 선도산까지 갔다. 성모상을 모신 대좌 밑을 파서 정말로 황금 160냥을 얻었다. 절의 수리를 이 돈으로 거뜬히 마쳤다.

여기서 흥미로운 것은 앞서 본 사복 이야기와 지혜 이야기의 공통점이다. 해당 글을 보이면 이렇다.

> 매년 3월 14일에 점찰회占察會를 행하는 것으로 항규恒規를 삼았다.

매년 3월과 9월 10일에는 선남선녀들을 모두 모아, 널리 일체 함령含靈들을 위하여 점찰 법회를 베푸는 것으로 항규恒規를 삼도록 해라.

두 기록 모두에서 점찰 법회를 여는 것으로 항규를 삼는다는 표현이 나온다. 이제 점찰 법회가 궁금해진다. 시기적으로 보아 점찰 법회에 관한 가장 이른 기록은 제 5, 〈의해〉의 〈원광서학圓光西學〉조 끝의 의론 부분이다.

원종原宗이 불법을 일으킨 이래로 나루와 다리는 비로소 놓였지만, 집과 안방까지 만들 겨를은 없었다. 그래서 마땅히 귀계멸참歸戒滅懺, 즉 계율로 귀의하여 번뇌를 멸하고 참회하는 법으로써 어리석고 미혹함을 열어 깨우쳤던 것이다. 그런 까닭에 원광은 머물던 가서갑嘉栖岬에 점찰보占察寶를 두어 항규로 삼았다. 당시 시주한 비구니가 있어 점찰보에 밭을 바쳤다. 지금 동평군東平郡의 밭 1백 결이 이것이다. 옛 문서가 그대로 남아 있다.

여기에도 '항규'란 표현이 어김없이 나온다. 점찰보占察寶는 점찰 법회를 여는 데 드는 비용으로 쓰려고 마련한 일종의 계와 같은 기금이다. 원종은 신라 24대 법흥왕이다. 진량津梁은 놓였지만 당오堂奧를 마련할 겨를은 없었다고 한 것은 불교의 외형만 받아들였을 뿐 삶 속에서 불교의 가르침이 체화되는 경지에 이르지는 못했다는 의미다. 귀계멸참歸戒滅懺은 계율을 지켜 계법戒法으로 귀의하여, 이를 바탕으로 번뇌를 멸하고 참회함으로써 업장業障을 제거한다는 말이다. 원광은 이 귀계멸참의 구체적 방법으로 점찰보를 설치해서 일정한 때에 점찰 법회를 열도록 했고, 점찰보는 비구니가 시주한 동평군의 밭 1백 결 등을 종잣돈으로 삼아 오래도록 유지되었다. 요컨대 점찰 법회는 사람들에게 계율에 따라 살며 업장을 소멸하고 죄업을 참회하도록 만드는 법회였던 셈이다. 그 출발은 진평왕 대(579-632) 고승 원광에게서 비롯되었고, 지혜 또한 진평왕 대의 인물이다. 이로써 진평왕 대에 신라에서 점찰법회가 비로소 열리기 시작했음을 확인하게 된다.

진표와 점찰 계법 수행

신라에서 점찰 신앙이 본격화되는 것은 진표眞表 스님에 이르러서다. 제 5, 〈의해〉에 실린 〈진표전간眞表傳簡〉과 이어지는 〈관동풍악발연수석기關東楓岳鉢淵藪石記〉에 자세한 내용이 보인다. 두 기록을 엮어 가며 읽어 보자. 먼저 〈진표전간〉의 앞부분이다.

> 승려 진표眞表는 완산주 만경현萬頃縣 사람이다. 아버지는 진내말眞乃末이고 어머니는 길보랑吉寶娘이니, 성은 정씨井氏다. 나이 12세가 되자 금산사金山寺 숭제崇濟 법사의 강단 아래 투신하여 머리를 깎고 배울 것을 청했다. 한번은 법사가 말했다.
>
> "내가 일찍이 당나라로 들어가 선도 삼장善道三藏에게서

수업을 받은 뒤에 오대산五臺山에 들어가서 문수보살의 현신에 감응하여 오계五戒를 받았다."

진표가 여쭈었다.

"부지런히 닦기를 얼마나 해야 계戒를 얻을 수 있습니까?"

숭제가 말했다.

"정성이 지극하면 1년을 넘지 않는다."

진표가 스승의 말을 듣고는 이름난 산을 두루 노닐다가 선계산仙溪山 불사의암不思議庵에서 발길을 멈추었다. 삼업三業을 꼼꼼히 단련하며 망신참亡身懺으로 계법戒法을 얻었다. 처음에는 7일 밤을 기한으로 삼아 오륜五輪, 즉 온몸을 돌로 치니 무릎과 팔뚝이 다 바스러지고, 바위 벼랑에 피가 비 오듯 흘렀는데도 거룩한 감응은 없는 듯하였다. 몸을 버리기로 뜻을 결단하여 다시 7일을 기한하였다. 이칠일二七日 곧 14일 만에 마침내 지장보살의 현신을 뵙고 정계淨戒를 받았다. 이날은 바로 개원開元 28년 경진년(740) 3월 15일 진시였다. 당시 나이가 23세였다.

위 글과 비슷한 내용이 일연이 보완 자료로 제시한 〈관동풍악발연수석기〉에 적혀 있다.

진표眞表 율사는 전주 벽골군碧骨郡 도나산촌都那山村 대정리大井里 사람이다. 나이 12살이 되자 뜻을 세워 출가를 하려 하니, 아버지가 허락하였다. 스님은 금산수金山藪의 순제順濟 법사 처소로 가서 머리를 깎았다. 순제 법사가 사미계법沙彌戒法을 주고, 《공양차제비법供養次第秘法》 1권과 《점찰선악업보경占察善惡業報經》 2권을 가르쳐 주며 말했다.

"너는 이 계법을 지니고 미륵과 지장 두 성인 앞에서 참회를 간절히 구하고 직접 계법을 받아 세상에 전하도록 하여라."

스님이 가르침을 받들고 물러 나와 명산을 두루 다녔다. 나이가 이미 27세였다. 상원上元 원년 경자년(760)에 20말의 쌀을 쪄서 말려 양식으로 만들고, 보안현保安縣에 이르러 변산 불사의방不思議房으로 들어갔다. 다섯 홉의 쌀을 하루 양식거리로 삼았는데, 한 홉의 쌀을 덜어 쥐를 길렀다.

스님이 미륵상 앞에서 부지런히 계법을 구하였으나, 3년이 되도록 수기授記를 얻지 못했다. 발분하여 바위 아래로 몸을 버리자, 홀연 푸른 옷을 입은 동자가 손으로 받아서 바위 위에 놓아두었다. 스님이 다시금 지원志願을 펴서 21일을 약속하고 밤낮 부지런히 수행하였다. 돌로 두드리며 참회하자 사흘 만에 손과 팔뚝이 부러져 떨어졌다. 7일째 밤이 되자 지장보살이 손수 쇠 석장을 흔들며 와서 붙들어 잡아 주니 손과 팔뚝이 예전처럼 되었다. 보살이 마침내 가사와 바리때를 주자, 스님이 그 신령스런 감응에 감동하여 배나 정진을 더하였다. 21일을 채우자 즉시 천안天眼을 얻어 도솔천의 무리가 와서 의식을 펼치는 형상을 보았다.

두 기록은 서로 얼마간 차이를 보인다. 합쳐서 읽어 보면 대개 이렇게 정리된다. 진표 율사는 전주 만경현 사람이다. 한쪽에서는 만경현의 대정리大井里 사람이라 하고, 다른 쪽에서는 성이 정씨井氏

라고 했다. 사복처럼 그도 12살에 출가했다. 스승은 금산사金山寺의 숭제崇濟 법사, 또는 순제順濟 법사로 불리던 승려다. 스승을 법사라 하고, 제자는 율사로 적은 것은 두 사람의 교법과 수행법이 달랐음을 암시한다. 법사는 배움을 청하는 진표에게 지극한 정성으로 수행하여 계법을 얻을 것을 권했다. 진표는 법사에게서 사미계법과 《공양차제비법供養次第秘法》 및 《점찰선악업보경占察善惡業報經》을 전수받았다. 이들 경전은 부처님 전에 공양을 올리면서 자신의 선악과 업보의 경중을 점쳐 살피는 내용을 담고 있다. 즉 계법을 얻는 방법에 대한 설명이 담긴 책이다. 법사는 진표에게 '이 방법대로 해서 미륵보살과 지장보살 앞에 간절히 참회하고 직접 계법을 얻으라고 말했다.

진표는 변산의 불사의방에 들어갈 때 쌀 20말을 쪘다. 하루 5홉씩 먹는다 하면 400일간 버틸 수 있는 양식이었다. 스승은 수행기간이 길어도 1년을 넘지 않는다 했는데, 그는 400일 양식을 짊어지고 들어갔다. 진표가 계법을 얻은 나이는 두 기록이 일치하지 않는다. 〈진표전간〉은 23세 때라 하고, 〈관동풍악발연수석기〉에서는 27세에서 다시 3년이 지난 30세 때라고 했다. 진표는 적절한 수행처를 찾아 명산을 편력하다가 27세가 되어서야 변산의 불사의방에 정착하여 정진에 들어갔다. 용맹정진에도 불구하고 진표는 3년이 되도록 계법을 받지 못했다. 그는 마지막으로 죽을 각오를 하고 망신참법亡身懺法을 행했다. 망신참법이란 제 몸을 헐어 참회하는 극단적인 수행법이다.

두 기록을 종합하여 망신참법을 설명하면 이렇다. 수행은 7일 단위로 한다. 최종 목표는 3 · 7일, 즉 21일이다. 처음 7일은 신身 · 구口 · 의意의 삼업三業을 꼼꼼히 살핀다. 그 방법은 돌멩이로 제 몸을 쳐서 무릎과 팔뚝을 바스러뜨리고, 피를 비 오듯 흘리는 고행을 통한 참회이다. 그래도 계법을 못 얻자 두 번째 7일의 단계로 넘어갔다. 14일째 되던 날 진표는 마침내 지장보살의 현신을 만나 볼 수 있었다. 지장보살은 돌로 쳐서 바수어진 진표의 팔뚝을 전처럼 회복시켜 주었다. 뿐만 아니라 그토록 바라던 정계淨戒를 직접 내려주었다. 다시 세 번째 7일을 더해 21일을 꽉 채우자, 천안天眼이 열려 도솔천의 형상이 눈앞에 나타났다. 〈진표전간〉에서 진표가 지장보살에게서 정계를 받은 날을 3월 15일이라 한 것도 흥미롭다. 사복은 3월 14일, 안홍사의 점찰 법회도 3월 10일이다. 모두 비슷한 언저리에 몰려 있다. 무슨 의미가 있는 걸까?

진표의 이러한 수행법은 《점찰선악업보경》의 수행 방법을 그대로 따른 것이다. 줄여서 《점찰경》으로 불리는 이 불경은 견정신보살堅淨信菩薩이 부처님께 던지는 질문으로 시작된다. 견정신 보살의 질문은 이렇다.

> 부처님께서 전에 말씀하신 것과 같이 '만일 내가 세상을 떠나고 바른 법이 소멸된 뒤에 상법像法이 다 가고 말법末法 세상에 들어가게 되면, 이와 같은 때에 사는 중생들은 복은 엷고 대부분 손해되는 일과 괴로움만 많을 것이다. 국토는 자주 혼란하고 재해만 빈번하게 일어나서, 갖가지 재앙과 어려운 일이 닥치고, 두려움과 소란이 닥쳐올 것이다. 나의 모든 제자들은 선한 생각을 잃게 되고, 오직 탐내고 성내고 질투하며 아만만 기승을 부리게 될 것이다(중략).' 라고 하셨나이다. 이제 어떤 방편을 써서 깨우치고 인도해야 중생들로 하여금 믿는 마음을 내게 할 수 있으며,

손해 보는 일과 괴로워하는 것을 없애 줄 수 있사옵니까?❖

❖ 《점찰선악업보경》의 역문은 송성수 번역을 김두재가 개역한 국역본에 따랐다.

이에 부처님은 지장보살을 청하여 물어 보면 방편을 세워 소원을 이루게 해 줄 것이라고 대답한다. 견정신보살이 다시 어째서 세존께서 직접 말씀하시지 않고 지장보살을 통해 말씀하게 하느냐고 되묻자, 부처님이 말씀하셨다.

그대는 높고 낮다는 생각을 내지 마라. 이 선남자는 발심한 이래 한량없고 그지없는 불가사의한 아승기겁阿僧祇劫을 지나오면서 오랫동안 이미 살바야薩婆若의 바다를 건너서 공덕이 원만해졌느니라.

《점찰경》은 이렇듯 지장보살이 중심이 되어 가르침을 베푸는 경전이다. 지장地藏이란 말에서 앞서 비구니 지혜가 선도산 신모의 사당 아래 땅속에 간직되어 있던[地藏] 황금을 파내서 점찰 법회를 연 일이나, 진표의 수행처가 굳이 불사의방이었던 이유가 드러난다. 결국 명칭 하나에도 경전과의 맥락이 이어지고 있는 셈이다.

이제 지장보살의 말씀을 들어 보자.

선남자여, 참회의 법을 닦고자 하는 사람은 마땅히 고요한 곳에 머물러 힘의 능력에 따라 방 하나를 장엄하게 꾸미고, 그 안에 부처님을 모시고 경전을 놓아두고 비단으로 만든 번기幡旗와 일산日傘을 걸어 두며, 향과 꽃을 구해 모아서 공양을 닦아야 할 것입니다. 또 몸을 깨끗하게 씻고 의복을 깨끗이 빨아 입어서 더러운 냄새가 나지 않게 해야 할 것입니다. 낮에는 이 방 안에 있으면서 하루 세 때에 명호名號를 부르되 일심으로 과거의 7불과 53불을 공경하고 예배해야 하며, 그 다음엔 사방의 방위를 따라서 낱낱이 모두 귀의하고 마음으로 생각하기를 일체 부처님의 온갖 색신色身·사리舍利·형상形象·부도浮圖·탑묘塔廟와 모든 부처님의 일에 예배해야 할 것입니다.

이 대목은 앞서 선도 신모가 지혜에게 황금 열 근을 시주하면서 꾸미라고 한 불당의 정경을 연상시킨다. 7불이 육류성중으로 바뀌었지만, 53불이 그려진 것은 같다. 다만 여기에 여러 천신과 오악신군상을 배치한 것만 다를 뿐이다. 불당의 대단히 화려한 장엄은 꾸미는 데 많은 비용이 들어, 원광 등이 점찰 법회를 열기 위해 따로 점찰보의 기금을 마련하지 않을 수 없었던 정황도 이해된다. 수행 기일을 보자.

중생들은 지은 업의 두터움과 엷음이 있고, 모든 근기가 영리하고 둔한 차별이 한량없이 많습니다. 혹은 이칠일二七日(14일)이 지난 뒤에야 청정함을 얻기도 하고, 혹은 삼칠일三七日(21일)이 지난 뒤에야 청정함을 얻기도 하며, 나아가서는 혹 칠칠일七七日(49일)이 지난 뒤에야 청정함을 얻기도 합니다. 만일 과거나 현재에 모두 왕성하게 갖가지 중한 죄를 불러 나간 사람이라면, 혹은 백 일이 지나서야 청정함을 얻기도 하고, 혹은 2백 일, 심지어는 혹 1천 일을 지나고서야 청정함을 얻는 경우도 있습니다.

결국 앞서 진표의 이칠일 또는 삼칠일 수행은 자신의 임의대로 한 것이 아니라, 소의경전인 《점찰경》의 교법에 따라 그대로 행한 것이었음이 분명해진다.

진표의 189간자 점찰법과 미륵보살

진표가 지장보살에게서 받은 정계의 내용은 어떤 것이었을까? 〈진표전간〉과 〈관동풍악발연수석기〉의 기록을 좀더 따라가며 읽어보자. 위에서 이어지는 내용이다.

> 하지만 뜻이 자씨慈氏, 즉 미륵보살에게 있었으므로 감히 중지하지 않고, 또 영산사靈山寺(일명 변산, 또는 능가산楞伽山)로 옮겨, 처음처럼 부지런하고 용감하게 하였다. 과연 미륵보살의 현신과 감응하니, 미륵보살은 《점찰경》 2권과 증과간자證果簡子 189개를 주며 말했다.
>
> "이 가운데 제 8간자는 새로 얻은 묘계妙戒를 깨닫게 해 주고, 제 9간자는 일찍이 얻었던 구계具戒를 깨우친다. 이 두 간자는 내 손가락뼈요, 나머지는 모두 침단목沈檀木으로 만들었다. 온갖 번뇌를 비유한다. 너는 이것으로 세상에 법을 전해 사람을 구제하는 나루와 뗏목을 만들도록 해라."
>
> 진표가 거룩한 기별記莂을 받고는 금산에 와서 머물며,

매년 단壇을 열어 널리 법보시를 베풀었다. 단석壇席의 정밀한 장엄이 말세에는 없던 것이었다.

여기서 갑자기 지장보살 대신 미륵보살이 등장하는 것은 조금 의아하다. 여태껏 《점찰경》의 가르침에 따라 수행해 온 결과가 나타나는 장면에서, 《점찰경》에서는 이름도 거론되지 않은 미륵보살이 《점찰경》과 189간자를 건네는 주체로 등장하고 있기 때문이다. 첫 부분에서 '하지만 뜻이 미륵보살에게 있었으므로' 라고 한 대목을 유념할 필요가 있다. 지장보살의 가르침에 따라 수행했지만, 진표의 최종 지향은 지장보살을 방편 삼아 미륵보살과 감응하는 것이었다는 뜻이다.

189개의 간자簡子는 무엇인가? 점찰, 즉 점을 치기 위해 필요한 도구다. 《점찰경》에 따르면 간자는 윤輪으로 부르는데, 길이는 한 치가 조금 못 되고, 한 가운데는 네모지고 편편하게 직사면체로 깎고, 나머지는 양끝으로 갈수록 기울어지게 깎은 패쪽이다. 윷놀이할 때 윷패와 같은 형상인데, 크기는 손가락만 하다. 이것을 바퀴처럼 굴려 상相을 얻으므로 윤輪이라고 한다.

기록은 간자의 숫자가 모두 189개라고 했다. 이 숫자에는 무슨 뜻이 담겼는가? 왜 그중 제 8과 제 9간자가 중요한가? 특히 189개의 간자 중에 이 두 개만은 미륵보살의 손가락뼈로 만들었다고 한 것으로 보아, 이 둘이 가장 핵심이 되는 것임을 알 수 있다.

진표는 미륵보살에게서 성별聖莂을 받았다. 성별은 거룩한 기별記莂이니 앞서 나온 정계淨戒나 계본戒本의 다른 표현이다. 인용문 끝을 보면 점찰 법회를 위한 장엄莊嚴이 지극히 화려하여 많은 비용이 드는 것이었음이 다시 확인된다. 〈관동풍악발연수석기〉에도 해당

대목이 있다. 내용이 조금 다르므로 엮어서 읽는다.

이에 지장보살과 자씨보살慈氏菩薩이 앞에 현신했다. 자씨가 스님의 정수리를 어루만지며 말했다.

"훌륭하도다 대장부여! 계법을 구함이 이와 같구나. 목숨을 아끼지 않고 참회를 간구하는구나."

지장보살은 계본戒本을 주었다. 자씨가 다시 두 개의 간자(생栍)를 주었다. 하나는 9라고 씌어 있고, 하나는 8이라고 적혀 있었다. 스님에게 고하며 말했다.

"이 두 간자는 내 손가락뼈다. 이는 시각始覺과 본각本覺의 두 깨달음을 비유한다. 또 9는 법法이고, 8은 신훈新熏의 성불成佛하는 종자種子니라. 이것으로 마땅히 인과응보를 알게 되리라. 너는 이 몸을 버리고 대국大國 왕의 몸을 받아 후에 도솔천에서 태어날 것이다."

이 같은 말을 마치자, 두 성인은 즉시 모습을 감추었다. 이때가 임인년(762) 4월 27일이었다.

스님이 교법을 받은 후, 금산사金山寺를 창건하려고 산을 내려왔다. 대연진大淵津에 이르자 갑자기 용왕이 나타나 옥가사玉袈裟를 바쳤다. 8만의 권속을 이끌고 스님을 모시고서 금산수金山藪로 갔다. 사방에서 사람들이 와서 며칠이 되지 않아 이루어졌다. 다시 자씨가 감응하여 도솔천에서 구름을 타고 내려오니 스님과 함께 계법을 받았다. 스님이 단연檀緣을 권하여 쇳물을 부어 미륵장륙상을 만들었다. 또 금당 남쪽 벽에는 미륵보살이 하강하여 계법을 주는 위의威儀 있는 모습을 그렸다. 불상은 갑진년(764) 6월 9일에 완성되어 병오년(766) 5월 1일에 금당에 안치되었다. 이해는 대력大曆 원년이었다.

역시 지장보살과 함께 자씨보살이 등장한다. 자씨보살은 미륵보살의 별칭이다. 칭찬은 미륵보살이 하고 《계본》은 지장보살이 주었으며, 제 8과 제 9의 간자는 다시 미륵보살이 건네주었다. 두 보살이 역할을 분담하는 모양새다. 계법을 받은 진표는 이것으로 중생을 제도하려고 금산수金山藪로 내려온다. 수藪는 절집이 들어서기 이전의 상태를 말한다. 중간에 대연진의 용왕이 나타나 옥가사를 바침으로써 앞서 대국왕의 몸을 받아 도솔천에 다시 태어나리라던 예언을 징험했다. 용왕은 자신의 8만 권속을 거느려 스님을 모시고 가서 금산사의 창건을 돕는다. 소문을 듣고 구름같이 모여든 사람들이 가세했다. 불과 며칠 만에 금산사가 장엄하게 들어섰다. 여기에 다시 미륵보살이 하강하여, 그 많은 대중들이 스님과 함께 계법을 받는 장관이 연출되었다.

이에 고무된 스님은 단연檀緣을 권했다. 단檀은 남에게 보답을 바라지 않고 베푸는 보시이고, 연緣은 멀리서 도와주는 것을 말한다. 원근을 가리지 않고 성금이 쏟아져서 미륵장륙존상을 조성하였다. 벽에도 미륵보살이 도솔천에서 하강하여 계법을 주는 장엄한 광경을 그려 놓았다.

여기서 제 8과 제 9간자에 대한 설명을 좀더 음미해 보자. 〈진표전간〉에서는 제 8간자는 '신득묘계新得妙戒'요, 제 9간자는 '증득구계增得具戒'라 했다. 또 〈관동풍악발연수석기〉에서는 제 8이 시각始覺을 나타내는 '신훈성불종자新熏成佛種子'이고, 제 9는 본각本覺을 뜻한다고 적었다. 이때 '신훈新熏'은 향기가 스미듯 새롭게

▲ **금산사** 전라북도 김제시에 있다. 대한불교 조계종 제17교구본사이다. 조선 성종 23년(1492)에 작성된 〈금산사 5층석탑 중창기〉에 따르면, 금산사는 석가모니 부처님 이전 가섭불 시대에 있었던 옛 절터를 다시 중창한 것이라고 한다.

쌓인, 다시 말해 후천적으로 얻은 것을 의미한다. 《점찰경》을 보면 상권 끝에 189간자의 의미를 하나하나 적었는데, 제 8은 '받고자 하는 것으로 묘계를 얻는다[所欲受得妙戒]' 이고, 제 9는 '일찍이 받았던 것으로 계구를 얻는다[所曾受得戒具]' 라 하였다. 그러니까 〈진표전간〉에 보이는 '증득구계' 는 《점찰경》에 의하면 '증득계구曾得戒具' 가 되어야 옳다. 정리하면 제 8간자는 새롭게 깨달은 받고 싶은 묘계妙戒이고, 제 9간자는 기존에 지녔던 이미 갖춰진 계戒이다. 이 둘이 어째서 189개의 간자 중에 가장 중요한지는 드러나 있지 않다.

그런데 아무래도 뭔가 좀 이상하다. 계본을 준 것도 지장보살이고, 《점찰경》 또한 오로지 지장보살의 가르침을 받드는 경전인데, 여기에 왜 슬그머니 미륵보살이 끼어드는가? 더욱이 금산사 금당에는 아예 지장보살은 자리도 없고, 미륵장륙상과 미륵 하강의 벽화만 그려져 있지 않은가? 실제 지장보살은 미륵보살이 성불할 때까지 무불시대無佛時代의 중생 교화를 맡고 있는 존재로 알려져 있다. 이렇게 본다면 지장보살의 현신 이후 계속해서 미륵보살을 염원한 연유가 비로소 풀린다. 당시 신라인의 인식 속에 지장보살은 단지 계법을 전달해 주는 메신저의 역할로만 각인되고, 오직 미륵보살을 통해서 받는 법만이 실다운 법으로 여기는 신앙 체계가 확고했던 듯하다. 앞서 노힐부득과 달달박박의 예에서도 보았듯 미타 신앙이 활발히 대두되어 가던 시절에도 미륵 신앙은 언제나 나란히 섬김을 받았었다.

이제 189간자의 의미와 점치는 방법에 대해 잠깐 살펴보겠다. 《점찰경》 상권에 189개 간자의 낱낱의 의미가 기록되어 있다. 이중 일부는 《삼국유사》 제 5, 〈의해〉편에 실린 〈심지계조心地繼祖〉에도 보인다. 풀어서 몇 가지만 보자.

1. 상승上乘을 구해 물러나지 않음을 얻는다[求上乘得不退].
2. 구하는 과果를 현재에 당장 증득한다[所求果現當證].
3. 중승中乘을 구해 물러나지 않음을 얻는다[求中乘得不退].
4. 하승下乘을 구해 물러나지 않음을 얻는다[求下乘得不退].
5. 신통神通을 구해 성취를 얻는다[求神通得成就].

… (중략) …

181. 몸을 버려 출가를 얻는다[舍身已得出家].
182. 몸을 버려 거룩한 스님을 만난다[舍身已値聖僧].
183. 몸을 버려 도솔천에 태어난다[舍身已生兜率天].
184. 몸을 버려 깨끗한 부처님 나라에 태어난다[舍身已生淨佛國].
185. 몸을 버려 찾아가 부처님을 뵙는다[舍身已尋見佛].
186. 몸을 버려 하승下乘에 있는다[舍身已在下乘].
187. 몸을 버려 중승中乘에 머문다[舍身已住中乘].
188. 몸을 버려 과증果證을 얻는다[舍身已獲果證].
189. 몸을 버려 상승上乘에 들어간다[舍身已入上乘].

요컨대 점찰법이란 간자를 던져 얻은 숫자로 선악 업보의 징표로 삼아 결과에 따라 참회를 행하는 것이다. 그런데 숫자가 어째서 189일까? 《점찰경》에는 이 189가지의 간자 패쪽을 얻어 점치는 방법에 대한 설명이 자세하게 나온다.

간자, 즉 윤상輪相은 모두 세 가지가 있다. 첫 번째는 전생의 선업과 악업의 차별을 보여 주는 10개의 간자다. 두 번째는 전생의 업이 오래된 것인지 아닌지, 강한지 약한지를 살펴보는 3개의 간자다. 세 번째는 3세에 걸친 과보의 차별을 살펴보는 6개의 간자다. 결국 모든 간자의 수는 19개뿐이고, 여기에 적히는 내용이나 표기 방식도 각각 다르다.❖

원래 189개의 간자 이름은 6개 간자로 점을 쳐서 3세에 걸친 과보의 차별을 살피는 데서 나왔다. 그 방법은 3면으로 깎은 6개 간자에 1부터 18까지의 숫자를 차례로 적는다. 그러고 나서 이것을 세 번 던져 그 수를 합계하여 선악의 업보를 결정한다. 6간자를 세 번 던지는 것은 눈 · 코 · 귀 · 혀 · 몸 · 뜻의 육근六根과 빛깔 · 소리 · 냄새 · 맛 · 감촉 · 법의 육진六塵과 그 결과 나타나는 육식六識을 각각 살피려는 것이다. 여섯 개의 간자를 세 번 던져 189의 숫자가 나오는 것은 《점찰경》의 설명만으로는 분명히 알기가 어렵다. 실제로 이 방법에 따라 간자를 던져 숫자를 더하는 것은 절차가 복잡하고 혼란스러웠을 것이다.

❖ 점찰법의 실제에 대해서는 김영태 저, 《한국불교사상》(경서원, 1997), 다섯째 편 제 4장의 〈점찰참회법의 사실史實과 사상〉(347-390쪽) 참조.

《점찰경》에서 단지 6개의 간자로 점을 쳐서 189가지 상을 얻어내는 방식임에 반해, 진표는 미륵보살에게 아예 독립된 189개의 간자를 받고 있다. 또 《점찰경》에서는 제 8과 제 9의 간자에 대한 특별한 언급이 없지만, 진표의 점찰법에서는 제 8간자와 제 9간자의 의미가 대단히 중시되었다. 지장보살 대신 미륵보살이 강조된 것을 포함해서 진표의 점찰법은 《점찰경》의 그것과는 상당히 달랐던 셈이다. 그런 면에서 〈진표전간〉조의 다음 내용이 주목된다.

> 법을 얻은 영수領袖는 영심永深 · 보종寶宗 · 신방信芳 · 체진體眞 · 진해珍海 · 진선眞善 · 석충釋忠 등이니, 모두 산문山門의

개산조가 된다. 영심은 진표가 전한 간자로 속리산에 머물며 법통을 이었다. 단을 만드는 법이 점찰육륜占察六輪과는 조금 다른데, 산중에 전해 오는 본규本規대로 닦는다.

여기서 말한 점찰육륜은 앞서 《점찰경》에 적혀 있는 6간자를 굴려 3세의 과업을 점찰하는 방법이다. 진표의 방식은 이와 달리 아예 따로 만들어진 189개의 간자를 심지 뽑듯 뽑아서 점치는 방식이었고, 일연은 산중에 전해 오는 본규本規가 따로 있다고 말한 것이다. 진표의 방식대로라면 결과를 얻는 절차가 신속하고 간편해지는 이점이 있다.

권 9, 〈효선孝善〉편의 〈대성효이세부모大城孝二世父母〉 항목에 "당시 덕망 있는 승려 점개漸開가 흥륜사에서 육륜회六輪會를 베풀려고" 운운한 내용이 있는 것으로 보아, 이때의 육륜회는 6개의 간자로 점찰하는 방식이었다. 원래 《점찰경》의 방식대로 이루어진 육륜회와 이를 간소화시킨 진표의 점찰법이 함께 병존했음을 알 수 있다.

점찰 신앙의 확산과 후계자들

앞서 보았듯 진표는 미륵보살의 계본을 받아 그 염력으로 금산사를 창건했다. 그 후일담을 잠깐 살펴보자. 〈관동풍악발연수석기〉의 한 대목이다.

스님이 금산을 나와 속리산을 향해 가다가 길에서 소가 멍에 멘 수레를 탄 사람과 만났다. 그 소들이 스님 앞을 향해 무릎을 꿇고 울었다. 수레에 탄 사람이 내려서 물었다.

"어인 연유로 이 소들이 스님을 보고 웁니까? 스님은 어디서 오셨습니까?"

스님이 말했다.

"나는 금산수의 진표라는 중이외다. 내가 일찍이 변산의 불사의방에 들어가 미륵보살과 지장보살 두 분 성인 앞에서 직접 계법진생戒法眞牲을 받았습니다. 절을 창건하여 길이 마음을 가라앉혀 도를 닦을 곳을 찾고자 왔습니다. 이 소들은 겉은 어리석어도 속은 현명해서 내가 계법을 받은 줄을 알아, 법을 중히 여긴 까닭에 무릎을 꿇고 우는 것입니다."

그 사람이 듣더니 말했다.

"짐승도 오히려 이 같은 신심이 있거늘, 하물며 나는 사람이 되어 어찌 무심하겠는가?"

즉시 손으로 낫을 들어 스스로 머리카락을 잘랐다. 스님이 자비심으로 다시 머리를 깎아 주고 계를 주었다.

걸음이 속리산 골짝 안에 이르렀을 때 길상초吉祥草가 난 곳을 보고 이를 표시해 두었다. 다시 명주溟州 바닷가로 향하여 천천히 가는데, 물고기와 자라 등의 부류가 바다에서 나와 스님 앞을 향하여 몸을 엮어 뭍처럼 만들었다. 스님이 밟고서 바다로 들어가 계법을 소리쳐 외워 주고 도로 나왔다. 길이 고성군에 이르러 개골산으로 들어가 발연수鉢淵藪를 처음 창건하고 점찰 법회를 열었다.

7년을 머물렀는데, 이때 명주 지방에 흉년이 들어 백성들이 굶주렸다. 스님이 그들을 위해 계법을 강설하자 사람마다 받들어 지니며 삼보三寶에 공경을 올렸다. 얼마 후 고성 바닷가에 무수한 물고기 떼가 절로 죽어서 나왔다. 사람들이 이를 팔아 양식을 마련하여 죽음을 면할 수 있었다.

앞서 사복이 자신의 어머니를 두고 불경 실은 수레를 끌던 소라고 했는데, 여기서 또 수레 끄는 소가 등장한다. 소들은 스님이 계법을 받은 사실을 한눈에 알아보고, 그 앞에 무릎을 꿇고 울었다. 이 희한한 광경에 놀란 소 주인이 스스로 낫을 들어 머리를 깎았다. 소들 덕분에 그 또한 계법을 받았다. 진표에 의해 계법이 눈부신 속도로 전파되는 현장의 증언인 셈이다.

진표의 염력은 소뿐 아니라 동해 바닷가의 물고기와 자라들에게까지 미쳤다. 구름같이 몰려든 어별魚鼈이 제 몸을 잇대 엮어 다리를 만들었다. "스님, 저희에게도 계법을 전해 주십시오." 하는 아우성 소리가 들리는 것만 같다. 그 다리를 뚜벅뚜벅 걸어, 진표는 바다 속에 들어가 해족海族들을 위해 다시 계법을 들려주었다. 앞서 불사의방에서 내려와 금산수로 갈 때도 용왕이 옥가사를 바치고 자신의 8만 권속들을 이끌고 와서 순식간에 금산사를 세워 준 일이 있었다. 이번에도 동해 바다로 이끌림을 받아 계법을 전해 주고, 다시 발연수鉢淵藪를 세워 점찰 법회를 열었다. '수藪' 란 표현을 반복적으로 쓰는 것도 독특하다.

진표는 흉년에 굶주린 백성들에게도 계법을 주었고, 사람들은 정성으로 이를 지켰다. 그러자 바닷가에 난데없는 물고기 떼가 나와 이를 팔아 양식을 마련할 수 있었다. 이 물고기 떼는 진작에 진표의 발 앞에 제 몸으로 다리를 놓아 계법을 받았던 존재들이다. 물고기들은 자신을 희생하여 굶주린 백성을 구하는 선업을 닦아 다음 생으로 넘어갈 수 있었다.

진표의 법맥은 앞서 본 것처럼 진표의 간자를 전해 받아 속리산에서 법통을 이은 영심永深을 비롯하여 보종 · 신방 · 체진 · 진해 · 진선 · 석충 등이 저마다 산문을 열어 개산조開山祖가 됨으로써 요원의 불길처럼 전국으로 퍼져 나갔다.

관련 기록을 잠깐 살펴보자.

> 이때 속리산의 대덕大德 영심永深이 대덕 융종融宗과 불타佛陀 등과 함께 율사의 처소로 찾아와 청하였다.
>
> "우리들이 천리를 멀다 않고 와서 계법을 구하오니, 원컨대 법문을 주소서."
>
> 스님이 묵묵히 대답하지 않자, 세 사람은 복숭아나무 위로 올라가 땅에 거꾸로 떨어지며 용맹하게 참회하였다. 스님이 그제야 가르침을 전하고 정수리에 물을 부어 주었다. 마침내 가사와 바릿대 및 《공양차제비법》 1권과 《점찰선악업보경》 2권, 그리고 189개의 간자를 주었다. 다시 미륵진생 9와 8을 주며, 경계하여 말했다.
>
> "9는 법이요, 8은 신훈성불종자니라. 내가 너희들에게 이미 맡겼으니, 이것을 가지고 다시 속리산으로 돌아가거라. 산에 길상초가 난 곳이 있을 테니, 이곳에 정사精舍를 창립하고, 이 교법에 따라 널리 인천人天을 제도하고 후세에 유포하라."
>
> 영심 등이 가르침을 받들고 즉시 속리산으로 가서 길상

초가 나는 곳을 찾아 절을 세우고, 이름을 길상사라 하였다. 영심은 이곳에서 처음으로 점찰 법회를 베풀었다.

영심과 융종과 불타는 속리산의 승려였다. 이 세 승려가 발연사에서 다시 금산사로 내려와 있던 진표를 찾아왔다. 속리산의 대덕들이 작반作伴하여 천리 길을 찾아올 만큼 진표의 법력은 이미 전국적인 명성을 떨치고 있었다. 이들이 진표에게 가르침을 받는 장면은, 옛날 진표가 자신의 신체를 헐어 가며 참회하던 과정과 흡사하다. 진표는 자신이 지장보살과 미륵보살에게 받았던 물건들을 모두 이들에게 전해 주었다. 그런데 이 글에서 보면 189개 간자와 미륵진생 제 8, 제 9간자는 별도의 물건인 것처럼 기술되어 있다.

한편 앞서 우리는 진표가 소가 끄는 수레를 만나는 대목에서 스쳐 지나듯 속리산 골짜기의 길상초 나는 곳에 표시를 해 두었다는 기록을 읽었다. 길상초는 범어로는 Kusa이니 한자로는 고사姑奢, 또는 구시矩尸로도 쓴다. 띠풀이나 박하와 비슷한데, 석가모니 부처님이 이 풀을 깔고 보리수 아래서 득도했다고 한다. 앞서 사복도 띠풀 줄기를 뽑아 그 아래 연화장 세계로 들어갔었다.

이제 〈관동풍악발연수석기〉조에서 기록하고 있는 진표의 입적 장면을 살펴보자.

율사가 아버지와 함께 다시 발연수로 가서 함께 도업道業을 닦으며 끝까지 효도하였다. 스님이 세상을 뜰 때 절 동편에 있는 큰 바위 위에 올라가서 입적하였다. 제자들은 진표의 육신을 옮기지 않고서 공양하였다. 해골이 흩어져 떨

> 어지자, 그제야 흙으로 덮어 묻어 이것으로 무덤을 삼았는데, 푸른 솔이 바로 솟아났다. 세월이 오래되어 말라 죽자, 다시 한 그루가 생겨나고 뒤에 다시 한 그루가 생겨났는데, 뿌리는 하나였다. 이제까지 쌍수雙樹가 남아 있다. 무릇 공경을 올리는 자가 소나무 아래서 뼈를 찾으면 어떤 이는 얻고 어떤 이는 얻지 못했다. 내가 거룩한 뼈가 다 없어질까 염려하여, 정사년(1197) 9월에 홀로 소나무 아래로 가서 뼈를 수습하여 통에 담으니, 세 홉 남짓이었다. 큰 바위 위 쌍수 아래에 빗돌을 세우고 뼈를 봉안하였다.

앞서 〈사복불언〉조에서 사복이 어머니의 장례 때 읊은 게송에서 석가모니불이 사라쌍수 사이에서 열반에 들었던 일을 말했었다. 사라쌍수는 한 뿌리에서 나온 두 그루의 사라나무를 일컫는 표현이다. 부처님의 무덤 네 모서리에 사라쌍수가 솟아났던 것처럼, 진표의 무덤 곁에서 한 뿌리에서 나온 두 그루의 소나무가 돋았다. 결국 이 한 뿌리의 두 그루 소나무는 이 무덤의 주인이 석가모니 부처님처럼 열반에 들었다는 말을 웅변하고 있는 셈이다.

이후 진표에게서 영심으로 전해진 189간자와 미륵진생은 다시 승려 심지心地에게로 전해졌다. 제 5, 〈의해〉에 실린 〈심지계조心地繼祖〉에서 이 사실을 확인할 수 있다.

> 승려 심지는 진한 제 41대 임금 헌덕 대왕 김씨의 아들이다. 나면서부터 효성과 우애가 있었고, 천성이 맑고도 밝았다. 15세에 머리를 깎고 스승을 따라 불도를 부지런히 닦으며 중악中岳에 머물렀다. 마침 속리산의 영심 공이 진표 율

사의 불골간자佛骨簡子를 전해 받아 과증果證 법회를 베푼다는 말을 듣고, 결심하고 찾아갔다. 도착해 보니 기일이 늦어 참예가 허락되지 않았다. 이에 땅에 자리를 펴고 마당을 두드리며 무리를 따라 예배하며 참회하였다.

7일이 지나자 하늘에서 크게 눈비가 내렸는데, 서 있던 곳 사방 열자 남짓에는 눈보라가 휘날리며 떨어지지 않았다. 대중들이 그 신이함을 보고서 이끌어 불당으로 들어가게 하였으나, 병을 핑계대고 겸손하게 자신을 낮춰 물러나, 방 안에 있으면서 불당을 향해 몰래 예배하였다. 팔꿈치와 이마에 모두 피가 흘러 진표가 선계산에서 그랬던 것과 비슷하였다. 지장보살이 날마다 와서 위문하였다.

법회를 파하여 산으로 돌아오는데, 도중에 간자 2개가 옷주름 사이에 붙어 있는 것을 보았다. 가지고 돌아가 영심에게 고하니, 영심이 말했다.

"간자는 상자 안에 두었거늘, 어찌 여기에 있는가?"

점검해 보니 봉한 종이는 전과 같은데, 열어 보자 간자가 없었다. 영심이 몹시 기이하게 여기고 다시 싸서 간직해 두었다. 또 가는데 먼저와 같은지라 다시 돌아와 고하였다. 영심이 말했다.

"부처님의 뜻이 그대에게 있구려. 그대가 봉행하라."

그러고는 간자를 주었다.

심지가 머리에 이고서 산으로 돌아왔다. 악신岳神이 두 선자仙子를 이끌고 산꼭대기에서 맞이하였다. 심지를 끌어 바위 위에 앉히고는 바위 아래로 돌아가 엎드려 삼가 정계正戒를 받았다.

심지가 말했다.

"이제 장차 땅을 가려 거룩한 간자를 봉안하려는데, 우리가 능히 정할 바가 아니오. 청컨대 세 분과 함께 높은 데서 간자를 던져 터를 잡읍시다."

이에 악신 등과 함께 산꼭대기로 올라가 서쪽을 향하여 이를 던졌다. 간자는 바람에 날려 날아갔다. 이때 악신이 노래를 지어 말했다.

막힌 바위 물러나 숫돌처럼 평평한데　凝嵓遠退砥平兮
낙엽은 흩날리며 밝은 빛을 내는도다.　落葉飛散生明兮
부처님 뼈로 만든 간자를 찾았으니　覓得佛骨簡子兮
정결한 곳 맞아 모셔 경계함 깃들이리.　邀於淨處投誠兮

노래를 마치고 임천林泉 가운데서 간자를 찾아, 바로 그 자리에 불당을 지어 봉안하였다. 지금 동화사桐華寺 첨당籤堂 북쪽에 있는 작은 우물이 바로 이곳이다.

심지가 헌덕 대왕의 아들이라 했으니, 그는 왕자의 신분이었다. 15세에 머리를 깎고 머문 곳은 중악, 공교롭게도 이곳은 예전 비구니 지혜가 선도성모의 인도를 받아 160냥의 황금으로 점찰 도량을 세운 장소다. 이로 보아 지혜 이후로도 이곳에서 점찰 법회는 지속적으로 열렸을 뿐 아니라 신라 왕자까지 머리 깎고 찾아들 만큼 대단한 성황을 이루었음을 알 수 있다. 그는 지리산 길상사에서 영심이 베푸는 과증 법회 소식을 듣고 그곳으로 찾아갔다. 기일이 늦어 참예하지 못한 것에서, 과증 법회가 불당 문을 걸어 잠그고 끝날 때까지 예전 진표가 그랬던 것처럼 돌로 제 몸을 치고 머리를 짓찧으며 참회하는 의식임을 짐작할 수 있다. 당에 오르지 못한 대중들은 마당에서 똑같은 방법으로 참회하였다.

심지는 그가 선 자리에만 눈보라가 치지 않고, 제 8, 제 9의 불골간자가 두 번이나 제 몸에 묻어 오는 이적을 통해 진표에서 영심으로 전해진 불골간자를 전해 받았다. 세 번째 의발이 심지에게 건네

▲ 길상초가 나는 곳에 세운 길상사터에 자리잡은 법주사 팔상전.

진 것이다.

신기한 일은 여기서 그치지 않았다. 중악의 악신岳神이 두 선자仙子와 함께 심지에게서 정계 받기를 자청한 것이다. 심지는 악신과 선자에게 간자를 봉안할 사찰의 터 잡는 일에 함께해 줄 것을 요청했고, 이들은 기꺼이 자신의 산에 그 터를 잡아 주며 그 감격을 노래하기까지 했다. 이렇게 해서 금산사에서 속리산 길상사로 건네졌던 불골간자는 팔공산 동화사 첨당籤堂 북쪽 작은 우물 자리로 모셔졌다. 동화사 첨당 역시 189간자로 제비(첨籤)를 뽑아 선악의 업보를 점찰하던 공간이니, 지혜의 안흥사 점찰 법회 이후 중악 일원에 점찰 신앙이 널리 퍼져 간 정황이 포착된다. 특히나 토착 신앙 체계 속에 속한 악신과 선자가 예전 선도산 성모가 그랬던 것처럼 점찰 신앙의 확산에 적극적 역할을 자청하고 나선 것에서 우리는 신라 사회에서 점찰 신앙이 갖는 위상과 의미를 새롭게 음미할 수가 있다.

이상 《삼국유사》 〈의해〉와 〈감통〉 등의 여러 항목을 엮어 읽어, 점찰 신앙의 출발과 확산, 그리고 그 구체적 절차와 내용에 대해 살펴보았다. 초창기 진평왕 대 원광 법사와 비구니 지혜로부터 비롯된 점찰 신앙은 진표가 지장보살과 미륵보살에게서 189간자를 직접 받게 되는 것을 계기로 더욱 확산되어, 나름의 독자적인 계통과 체계를 갖추게 되었다. 이들은 참회의 방법으로 자신의 몸을 돌로 짓찧어 뼈를 바수고 살을 허무는 극단적인 고행을 마다하지 않았다. 그 결과 지장보살과 미륵보살에게서 189개의 간자와 계법을 전수받아, 법당을 성대하게 치장하고 가없는 신심으로 점찰 법회를 열었다.

하지만 뼈를 바수는 자해自害의 고통은 너무 섬뜩하다. 189개의 패쪽을 던져 선악의 업보를 따지는 점찰법은 일견 황당하다. 그럼에도 이 신앙은 수많은 이적과 함께 민간에 들불 같은 속도로 퍼져 나갔다. 신라가 불법을 전폭적으로 받아들였음에도 실다운 신심 없이 그저 세속의 복과 일신의 안위만을 빌며 부처님의 뜻에서 점차 멀어져 가던 당대 신라 불교의 폐단을 귀계멸참歸戒滅懺의 법으로써 일깨우려던 승려들의 안타까운 정성이 이 점찰 신앙을 통해 큰 호응을 얻어 나갔던 것이다.

거리로 뛰쳐나온 승려들

장엄의 한 시대가 지나자, 난장의 시대가 열린다.
귀족들의 전유물이었던 불교는 하층의 민중에까지 뿌리를 내렸다.
욱면의 경우처럼 절 마당에서 기도하던 여종이 주인보다 먼저
불림을 받아 서방 정토로 건너가는 일이 비일비재하였다.
외래의 수입 종교였던 불교는
초창기 왕실의 안녕을 목적으로 했던 불국토 사상이
어느새 토착 종교로 정착되면서 성격에 큰 변모를 가져왔다.
깊은 산속에서 염불서승念佛西昇을 꿈꾸며 정진하거나,
살을 헐고 뼈를 허무는 고행을 마다 않던 승려들은 이제
거리로 뛰쳐나와 민중들과 더불어 호흡하는 존재로 변모했다.
그 중심에 혜공과 대안, 그리고 원효가 있다.
원효의 자취를 따라가서 원효를 만나 보자.

원효는 밥이다

《삼국유사》의 여러 기사 속에서 원효는 늘 약자로 등장한다. 그는 늘 밥이다. 설화 속의 그는 늘 허둥대고 덤벙대다 실수한다. 늘 당하기만 한다. 왜 그랬을까? 그가 가장 강자였기 때문이다.

혜공과 사복, 대안과 의상 등은 그 자체로 우뚝하지만, 원효와 함께 어우러지면서 그의 아우라를 만들어 주는 존재들이다. 먼저 살펴볼 이는 혜공惠空이다. 《삼국유사》 권 5, 〈의해〉의 〈이혜동진二惠同塵〉조 기사를 보면, 그는 천진공天眞公의 집에 품 파는 노파의 아들이었다. 어릴 적 이름은 우조憂助. 우리말 이름이 분명한 우조는 종기를 낫게 하고, 마음을 앞서 읽어 내는 예지력으로 나중에는 오히려 주인에게 섬김을 받았다. 《삼국유사》는 그가 자신의 신이함을 드러낸 후의 행적을 이렇게 적고 있다.

> 신령스럽고 기이함이 이미 드러나자 마침내 출가하여 승려가 되었다. 이름도 혜공惠空으로 바꿨다. 늘 한 작은 절에 머물렀다. 언제나 미친 사람처럼 크게 취해 삼태기를 등에 지고 저잣거리에서 노래하며 춤을 추었으므로 이름

을 부궤화상負簣和尙이라 했다. 거처하던 절도 이로 인해 부개사夫蓋寺라 하였는데, 부개는 삼태기의 신라 말이다. 매번 절의 우물 속에 들어가 몇 달씩 나오지 않았다. 인하여 스님의 이름을 그 우물의 이름으로 삼았다. 나올 때마다 푸른 옷을 입은 신령스런 동자가 먼저 솟아나왔다. 절의 승려가 이것을 보고 징조로 여겼다. 나와서 보면 옷이 젖어 있지 않았다.

품팔이 노파의 아들이 주인의 공경을 받아 자신의 영이靈異한 자태를 드러내자, 그는 마침내 머리를 깎고 혜공이란 법명을 지닌 승려가 되었다. 그런데 하는 짓이 참 이상했다. 그전까지 그는 매우 조용하고 충직한 사람이었는데, 갑자기 사람이 돌변했다. 허구한 날 술에 취해 미친 행동을 일삼았다. 등에 늘 삼태기를 지고 거리를 쏘다니며 큰 소리로 노래하고 덩실덩실 춤추었다. 사람들은 그를 삼태기 스님이라고 불렀다. 그가 머물던 작은 절도 덩달아 삼태기 절(부개사夫蓋寺)로 불렸다. 게다가 한 번씩 우물 속으로 쑥 들어가서는 몇 달이고 보이지도 않았다. 그래서 그 우물은 삼태기 우물(부개정夫蓋井)이 되었다. 그의 미친 짓에도 불구하고 그의 인기는 하늘을 찔렀다. 그 와중에 무언가 사람들을 일깨우는 가르침이 있었다는 얘기다. 몇 달 만에 우물 밖으로 되나올 때는 벽의신동碧衣神童이 먼저 나와 그를 맞이할 준비를 차렸다. 사람들은 그 몇 달 동안 그를 손꼽아 기다렸던 모양이다. 그는 우물 속에서 몇 달을 살다 나왔지만 옷이 젖지 않았다. 벽의신동은 청의동자靑衣童子다. 진신보살이 나투실 때 곁에서 시봉하는 존재다. 혜공이 진신보살이란 말을 이렇게 했다. 기사는 다시 이어진다.

늘그막에는 항사사恒沙寺로 옮겨 머물렀다(지금의 영일현 오어사吾魚寺다. 세간에서는 항사恒沙 사람이 세상에 나왔으므로 항사동恒沙洞이라고 한다고 했다). 이때 원효는 여러 불경의 소疏를 짓고 있었다. 매번 혜공에게 나아가 의심나는 것을 물었다. 간혹 서로 장난을 치기도 했다. 하루는 두 사람이 냇가에서 물고기와 새우를 잡아먹고, 바위 위에다 대변을 보았다. 혜공이 그것을 가리키며 장난으로 말했다. "너는 똥이고 나는 물고기다." 이로 인해 이름을 오어사吾魚寺라 했다. 어떤 이는 이것이 원효 스님의 말이라고 생각하는데 잘못이다. 향속鄕俗에서는 그 시내를 잘못 불러 모의천芼矣川이라고 한다.

부개사의 삼태기 스님은 만년에는 항사사로 거처를 옮긴다. 항사恒沙는 인도 갠지스 강의 한자 이름이다. 항사 사람이 여기 머물고 있어서 항사동이라고 한다는 풀이가 붙었다. 항사 사람이란 말할 것도 없이 혜공을 가리킨다. 혜공이 그리로 옮겨 가자 사람들이 그 절을 항사사라고 했다는 것인데, 신라 사람들이 혜공을 항사, 즉 인도에서 온 사람으로 생각했다는 점이 흥미롭다. 앞 단락과 겹쳐 읽으면, 그가 우물에 들어가 몇 달씩 나오지 않는 것을 보고, 사람들이 우물로 통해 있는 길을 따라 그가 그 사이에 인도까지 다녀온다고 생각했다는 뜻도 된다. 그는 당대 진신보살의 현신으로 받들릴 만큼 영향력이 있는 존재였다.

그 대단한 원효 스님조차도 불경의 소를 쓰다가 생각이 막히면 혜공을 찾아와 해결했을 정도이니, 술에 전 미치광이 삼태기 스님이 그의 본색은 아니었던 셈이다. 두 사람은 천진하게 시시덕거리며 시내의 물고기를 잡아먹는다. 배불리 먹고 나서 냇가 바위에서

▲ **항사사** 드물게 사찰 바로 앞이 댐이다. 지금은 오어사라 부르며 뒤편 산봉우리에 자장암이 보인다.

두 사람은 함께 똥을 눈다. 그러더니 혜공은 서로 눈 똥을 보며 낄낄거린다. “자 봐라! 너는 물고기를 잡아먹고 똥을 누었구나. 내가 눈 것은 물고기 그대로다.” 함께 살생을 범했는데, 원효는 진짜 물고기를 먹었고, 혜공은 입으로 들어간 물고기를 항문으로 그대로 뱉어 산 채로 물로 돌려보냈다는 얘기다. 그래서 항사사, 즉 갠지스 절은 졸지에 오어사, 곧 물고기를 똥 눈 절로 이름이 바뀌었다. 일연은 세속에서 이 이야기를 원효의 말로 여긴다는 전문을 적고, 절대 아니라고 토를 달았다. 냇물의 이름을 모의천芼矣川이라고 잘못 부른다고 했다. ‘모의’는 분명치 않으나 ‘모이’의 뜻으로 보인다. 이것이 원효의 1차 굴욕 사건이다.

이번에는 《삼국유사》 권 3의 〈낙산이대성관음정취조신洛山二大聖觀音正趣調信〉조를 읽어 보자. 의상과 원효의 이야기다.

> 옛날 의상 법사가 처음 당나라로부터 돌아와 대비大悲 진신이 이 바닷가의 굴속에 살고 있어 이름을 낙산洛山이라 한다는 말을 들었다. 대개 서역의 보타낙가산寶陀洛伽山이다. 이곳을 소백화小白華라 하니, 백의대사白衣大士가 계시는 곳이어서 이를 빌어 이름하였다. 7일간 재계하고 앉았던 자리를 새벽 물 위에 띄웠다. 용천팔부龍天八部가 곁에서 모시고 이끌어 굴 안으로 들어갔다. 허공을 향해 예를 올리자 수정염주 한 꿰미를 꺼내 주는지라 의상이 이를 받고서 물러나왔다. 동해 용 또한 여의보주 한 개를 바쳤다. 스님이 받들어 나와 다시 7일간 재계하였다. 그제야 진용眞容이 보였다. 진신이 말했다. “자리 위 산꼭대기에 한 쌍의 대나무가 솟아날 것이다. 마땅히 그 땅에 불전을 짓도록 하라.” 스님이

이를 듣고 굴을 나서니, 과연 대나무가 땅에서 솟아나 있었다. 그래서 금당을 짓고 소상을 안치하였다. 둥근 얼굴과 고운 모습이 엄연하여 하늘이 낸 것 같았다. 그 대나무는 도로 없어졌다. 그제야 정말로 이곳이 진신보살이 머무는 곳임을 알았다. 인하여 그 절을 낙산사라 하였다. 스님은 받은 두 개의 구슬을 성전에 눌러 안치해 두고 떠났다.

그 뒤 원효 법사가 자취를 이어 와서 우러러 예를 올리려 하였다. 이에 앞서 남쪽 교외의 논 가운데 이르니, 흰 옷을

▲ 낙산사 칠층석탑과 원통보전.

> 입은 한 여인이 벼를 베고 있었다. 스님이 장난으로 그 벼를 청하자, 여인은 벼농사가 흉년이라고 장난으로 대답했다. 또 가다가 다리 아래에 이르렀다. 한 여인이 월경 개짐을 씻고 있었다. 스님이 물을 청하자, 여인은 그 더러운 물을 떠서 바쳤다. 스님이 엎어 버리고 다시 시냇물을 떠서 마셨다. 이때 들 가운데 소나무 위에 파랑새 한 마리가 있다가 '휴제호화상休醍醐和尙'이라고 부르더니만 홀연 숨어 나타나지 않았다. 그 소나무 아래에는 벗은 신발 한 짝이 놓여 있었다. 스님이 절에 이르니, 관음보살의 자리 아래 또 앞서 보았던 벗은 신발 한 짝이 놓여 있었다. 그제야 앞서 만났던 성녀聖女가 진신이었음을 알았다. 그래서 당시 사람들이 이를 일러 관음송觀音松이라고 하였다. 스님이 성굴聖崛로 들어가 다시 진용을 뵈려 하였으나, 풍랑이 크게 일어 들어가 보지 못하고 떠났다.

의상은 7일간의 재계 끝에 용천팔부의 안내를 받으며 백의관음이 머무는 굴속으로 들어갔다. 관음의 진신은 그에게 수정염주를 주고, 동해용은 여의주를 바쳤다. 다시 7일을 더 재계하자 마침내 관음보살이 모습을 드러냈다. 그러고는 한 쌍의 대나무를 징표로 그곳에 절을 세우라는 가르침을 내렸다.

원효는 뒤늦게 이 소식을 듣는다. 추수하는 여인에게 벼를 달라고 농담하자, 흰 옷 입은 여인은 흉년이라 줄 게 없다며 반죽 좋게 그 수작을 받았다. 원효는 월경 개짐을 빨던 여인이 떠 준 물을 더럽다며 버렸다. 두 번씩이나 현현한 백의보살의 진신을 원효는 끝내 알아보지 못했다. 파랑새의 놀림을 받고도 눈치 채지 못했다.

제호醍醐는 우유를 정제해서 만든 버터를 한 번 더 가공한 치즈 같은 것이다. 순정純正한 불성佛性의 비유로 쓴다. 그러니까 파랑새가 '휴제호화상'이라 한 것은 '쯧쯧, 똑똑하고 잘난 스님!'이라고 야유한 것이다. 뒤늦게 소나무 아래 신발 한 짝을 보고서야 사태를 짐작하지만, 결국 그는 관음보살의 진신을 만나보기는커녕 굴에조차 들어가 보지 못한 채 물러났다. 이것이 원효의 2차 굴욕사건이다.

다음은 권 5, 〈의해〉편에 실린 〈사복불언〉조의 내용이다. 이 부분은 앞장에서 살핀 바 있으나 다시 잠깐 인용한다.

> 어느 날 그 어미가 죽었다. 당시 원효는 고선사高仙寺에 살고 있었다. 원효가 그를 보고 예로 맞이하였다. 사복은 답배答拜도 않고 말했다. "옛날 자네와 내가 불경을 실었던 암소가 이제 죽었네. 함께 장사 지내지 않겠나?" 원효가 말했다. "좋네." 마침내 함께 집에 왔다. 원효에게 포살계布薩戒를 주게 했다. 원효가 시신 앞에서 빌며 말했다. "나지 말 것을, 죽는 것이 괴롭나니. 죽지 말 것을, 나는 것이 괴롭거늘." 사복이 말했다. "말이 많구나." 고쳐서 말했다. "죽고 낢이 괴롭고녀!"

12살이 되도록 말도 못하고 일어서지도 못해 엉금엉금 기어 다니던 사복은 원효의 인사에 답례도 않고, 포살계를 듣고도 말이 많다며 야단부터 친다. 이것이 이른바 원효의 3차 굴욕 사건이다. 이렇게 원효는 혜공과 의상, 사복에게 삼전삼패, 연전연패했다.

원효와 대안

네 번째 원효의 상대역은 대안大安이다. 중국 《송고승전宋高僧傳》 권 4에 실린 〈원효전〉에 그의 전기가 함께 실려 있다. 우리 쪽 기록에 딱히 그의 존재가 잡히지 않는 점은 조금 이상하다. 글이 길지만 중요하므로 함께 읽어 본다.

> 승려 원효는 성이 설씨다. 동해 상주湘州 사람이다. 젊은 나이에 기꺼이 법문에 들어 스승을 따라 학업을 익혔으되, 노니는 곳이 일정치 않았다. 의리의 둘레를 용맹하게 쳐서 글월이 웅장하였다. 우뚝하고도 굳세어 나아감에 앞을 가로막는 것이 없었다. 대개 삼학三學에 두루 통하여, 신라에서는 만인을 대적할 수 있다고 하니, 정밀한 의리가 신묘한 지경에 든 것이 이와 같았다. 일찍이 의상 법사와 더불어 당나라로 들어와 삼장三藏의 자은문慈恩門에 들기를 바랐으나, 그 인연이 어긋나자 마음을 거두어 가는 대로 노닐었다. 얼마 안 있어 입만 열면 광패狂悖하였고, 자취 또한 어그러지고 성글었다. 거사와 한 가지로 술집과 창가娼家에 드나드니 마치 지공誌公이 금도金刀와 철석鐵錫을 잡은 듯하였다. 혹 소疏를 지어 잡화雜華, 즉 《화엄경華嚴經》을 강하고, 혹 금琴을 어루만지며 사우祠宇에서 즐겼다. 혹 여염에 묵어 자기도 하고, 혹 산수에서 좌선하기도 했다. 마음대로 기미에 따르니 어느 것 하나 일정하게 검속함이 없었다.

관채丱鬖의 나이에 출가했다고 했으니, 그의 출가는 총각머리를 할 나이, 즉 십대의 일이다. 스승을 따라 학업을 익혔어도 일정한 스승은 없었다고 했다. 그는 의상과 함께 당나라 유학을 실행하기 전에 이미 만인과 대적할 만한 법기法器로 인가받고 있었다. 그런 그가 당나라로 가서 삼장三藏의 자은문慈恩門에 들고자 하였으나 뜻대로 되지 않자 '식심유왕息心遊往' 하였다. 마음을 가라앉혀 발길 닿는 대로 유력遊歷하였다는 뜻이다. 그러고 나서 그는 문득 변했다. 입만 열면 미친 사람처럼 말을 함부로 했다. 자취도 이전의 그답지 않게 법도에 어그러진 이상한 행동만 했다. 속인처럼 색주가를 제집처럼 드나들었다. 마치 출가 후의 혜공의 변모를 보는 듯하다. 본문 중의 지공誌公은 양梁나라 때 승려 보지선사寶誌禪師를 가리킨다. 《지월록地月錄》에 따르면 그는 머리를 풀어 헤치고 맨발로 비단 도포를 입고 다녔는데, 한 자 길이의 먼지털이를 지팡이 끝에 매달고서 이를 등에 지고 다녔다는 괴팍한 인물이다. 소疏를 지어 잡

▲ 일본 고산사高山寺에 소장된 원효 대사 초상화
– 사진 협조 국립경주박물관.

화雜華를 강했다고도 했다. 잡화는 《화엄경》의 다른 이름이다. 때로는 금琴을 타며 즐겼다. 원효는 마음 내키는 대로 행동하며 모든 규제에 얽매이지 않는 자유인이었다. 다시 이어지는 대목이다.

> 이때 국왕이 백좌 인왕경 대회를 열고, 석덕碩德을 두루 찾았다. 신라에서 명망으로 그를 천거하였으나, 여러 승려들이 그 사람됨을 미워하여 왕에게 참소하였기 때문에 받아들여지지 않았다. 얼마 되지 않아, 왕의 부인이 머리에 종기가 생겼다. 의원들이 애를 써도 효험이 없었다. 왕과 왕자 및 신하들이 산천에서 신령한 제사를 올려 빌기를 청하니, 가지 않은 곳이 없었다. 어떤 박수무당이 말했다. "진실로 사람을 다른 나라로 보내 약을 구해 와야만 이 병이 낫겠습니다." 왕이 사신을 보내 바다에 배를 띄워 당나라로 들어가 의원을 찾으려 하였다. 큰 바다 가운데서 홀연 한 늙은이가 파도를 타고 와서 배 위로 뛰어올랐다. 사신을 맞이하여 바다로 들어가 궁전의 장엄하고 화려한 것을 보여 주고, 용왕을 뵈었다. 용왕의 이름은 검해鈐海인데, 사신에게 이렇게 말했다. "너희 나라의 왕비는 청제靑帝의 셋째 따님이다. 우리 궁중에 예전부터 《금강삼매경金剛三昧經》이 있는데, 이각二覺을 원통圓通하여 보살행을 보이신 것이다. 이제 부인의 병을 핑계하여 상승의 인연을 더하려고 이 경전을 함께 보내 너희 나라에 널리 퍼뜨리고자 한다." 이에 30여 장의 종이를 가져오게 하여 흩어진 경전을 한데 합쳐 사신에게 주며 말했다. "이 경전이 바다를 건너는 도중에 마귀의 일에 걸려들까 염려된다." 왕은 칼을

가져오게 하여 사신의 장딴지를 갈라 그 안에 넣고, 밀랍 종이를 써서 칭칭 동여매고 약을 발라 주었더니, 장딴지가 예전같이 되었다. 용왕이 말했다. "대안大安 성자를 시켜 차례 매겨 엮게 하고, 원효 법사에게 청하여 풀이를 지어 강석講釋하게 한다면, 부인의 병이 틀림없이 나을 것이다. 설령 히말라야 아가타阿伽陀의 약효라 하더라도 이보다 더 하지는 않으리라." 용왕이 바다 위로 내보내니, 마침내 배에 올라 귀국하였다.

원효는 여러 사람의 천거에도 불구하고, 다른 승려들의 미움을 받아 백좌 인왕경 대회에 참석하지 못했다. 그의 파격적인 잇따른 행보가 승려 집단에서 눈엣가시처럼 질시와 혐오의 대상이 되었던 사정을 말해 준다. 그 후 왕비가 머리에 종기가 생겨 낫지 않자, 당나라로 사람을 보내 약을 구해 오게 했다. 사신은 도중에 한 늙은이의 안내로 용왕 검해鈐海의 용궁으로 인도받아 가고, 검해는 사신에게 《금강삼매경》의 내용이 이각二覺을 원통圓通하여 보살행을 보인 것이라며, 뒤죽박죽 섞인 30여 장의 종이를 한데 뭉쳐서 사신의 장딴지 속에 넣고 밀랍 종이로 동여매 마귀의 방해를 받지 않게 했다. 용왕은 이어 대안大安 성자가 흩어진 경전의 차례를 복원하면, 원효 법사가 해설을 지어 강석하게 하라고 했다. 이것이 《화엄경》에 나오는 히말라야의 아가타agada, 즉 무병의 불사약보다 효과가 있어 왕비의 병이 즉시 나을 것이라고 하였다. 이때 경전의 차례를 뒤섞은 것은 마귀의 방해를 뿌리치기 위한 고육책이었다. 또 경전의 의미를 풀려면 대안과 원효 두 사람의 협동 작업이 필요하다고 말한 점이 주목된다.

이때 왕이 듣고 기뻐하여, 먼저 대안 성자를 불러와 차례를 맞추게 하였다. 대안은 예측할 수가 없는 사람이었다. 형상과 복장이 특이하였고, 언제나 저잣거리에 있으면서 구리 바리때[銅鉢]를 두드리며 큰 소리로 '대안大安, 대안!' 하고 외쳤으므로 이렇게 불렀다. 왕이 대안에게 명령하자, 대안이 말했다. "다만 경전을 가져오너라. 왕의 궁궐에는 들어가고 싶지가 않다." 대안이 경전을 얻고는 배열하여 팔품八品을 이루니, 모두 부처님의 뜻에 합당하였다. 대안이 말했다. "속히 원효에게 가져다주어서 강講하게 하여라. 다른 사람은 안 된다." 원효가 이 경전을 받았는데, 그때 마침 그는 고향인 상주에 있었다. 사신에게 말했다. "이 경전은 본시本始 이각二覺을 종지로 삼는다. 나를 위해 각승角乘을 준비하라." 책상을 소의 두 뿔 사이에 두고 붓과 벼루를 놓았다. 시종 소 수레에서 소疏를 지어 5권을 이루었다. 왕이 황룡사에서 날을 정해 부연할 것을 청하였다. 이때 경박한 무리들이 신소新疏를 훔쳐가 버렸다. 이 일을 왕에게 아뢰어 사흘을 연장해서 다시 기록하여 3권을 만드니, 이름하여 약소略疏라 하였다. 왕과 신하, 승려와 속인에 이르기까지 구름처럼 법당을 에워쌌다. 원효가 이에 토를 달아 체계를 갖추니 어지럽던 것이 간추려져서 법도로 삼을 만했다. 칭양하여 기뻐하는 소리가 허공에 가득하였다. 원효가 다시 큰 소리로 외쳤다. "옛날 일백 기둥을 고를 때는 비록 참예하지 못했지만, 오늘 들보 하나를 얹는 곳에는 오직 나만 홀로 능하구나." 이때 여러 이름난 승려들이 고개를 숙이고 부끄러운 기색으로 엎드려 참회하였다.

▲ 대안이 왕궁으로 들라는 왕의 청을 거절하는 모습과 대안이 거닐던 시장의 모습.

▲ 대안성자의 거처로 경을 보내는 장면.

▲ 원효가 금강삼매경을 강설하는 장면 전각의 중앙에는 원효가 《금강삼매경소》 두루마리를 펼쳐 놓고 강설하고 있다. 늙은 스님이나 젊은 스님은 물론 왕도 경청한다.

– 일본 고산사高山寺 소장, 사진 협조 국립경주박물관.

이 단락은 대안과 원효의 이야기다. 먼저 대안에게 경전의 순서를 맞추게 하자, 그는 대궐로 들어가는 것조차 거부하고 경전을 가져오게 했다. 그 또한 삼태기를 지고 노래하고 춤추며 거리를 쏘다니던 혜공이나, 색주가를 제집 드나들듯 하며 제멋대로 행동한 원효와 마찬가지로 거리의 승려였다. 특이한 외모와 복장을 하고 저잣거리를 다니면서 구리 바리때를 두드리며 큰 소리로 '대안'이란 말만 외치며 다녔다. 그의 트레이드 마크가 된 대안은 곧 그의 별명이 되었다. 그는 한마디로 실성한 사람처럼 행동했다. 대안이라니 도대체 무엇을 크게 편안하게 여기라는 말인가? 막상 경전을 가져오자 대안 스님은 누구도 맞추지 못한 그 복잡한 퍼즐을 대뜸 맞추어 팔품八品의 체계를 갖춘 본래 경전의 상태로 회복시켜 놓았다. 대안은 자신이 맞춘 경전을 바로 원효에게 가져다주라고 하고, 다른 사람에게 맡겨서는 절대로 안 된다며 토를 박았다.

이제 경전은 다시 고향인 상주에 머물고 있던 원효에게로 넘겨졌다. 경전을 받은 원효는 앞서 용왕이 했던 말 그대로 이 경전이 본각本覺과 시각始覺 등 이각二覺을 종지로 삼음을 간파해 냈다. 그러고는 각승角乘 즉 뿔 수레를 요청했다. 그래서 소가 끄는 수레가 마련되고, 소의 두 뿔 사이에 붓과 벼루가 얹힌 채 경전을 해설하는 작업이 진행되었다. 소의 두 뿔, 즉 양각兩角을 본각과 시각 이각二覺에 견준 것이니, 각角과 각覺의 유사음을 취해 이각의 이치를 깨닫는 방편으로 삼은 것이다. 하지만 경박한 무리들의 방해 책동이 있어, 각승 5권의 풀이는 절취되고 만다. 원효는 다시 며칠의 말미를 얻어 3권의 새 풀이를 펴냈다. 마침내 경전에 상세한 토가 달리고 의례를 갖추게 되었다. 난해하던 내용이 가지런히 간추려져 명료한 체계를 드러냈다. 원효는 백좌 인왕경 법회에 자신을 배제했던 고승 대덕들 앞에서 만장의 사자후를 토했다. 기둥을 세울 때는 참여하지도 못했는데, 대들보를 얹은 것은 결국 나였노라! 그의 새 풀이를 훔쳐 그를 골탕 먹이려 했던 승려들이 납작 엎드려 그 앞에 참회했다. 그런데 여기 나오는 본각과 시각 등 이각二覺 운운한 것은 앞선 글에서 진표 율사의 8번과 9번 간자簡子를 설명할 때도 그대로 나왔던 내용이어서 놀랍다. 《삼국유사》 텍스트의 심오한 중층성이 대개 이러하다.

> 이에 앞서 원효는 자취를 드러냄이 항상됨이 없고, 사람을 교화시킴이 일정치가 않았다. 혹 소반을 내던져서 무리를 구하고, 혹 물을 뿜어서 불타는 것을 막았다. 혹 여러 곳에 자취를 드러내고, 혹 천지 사방에 죽음을 고하기도 했다. 또한 배도杯渡와 지공誌公의 무리란 말인가? 그가 성性을 풀이한 것은 살펴보면 분명치 않은 것이 없었다. 소疏는 광소廣疏와 약소略疏 2본이 있었는데, 모두 본토에서 행해졌다. 약본은 중국으로 흘러들어, 후에 경전을 번역하던 삼장三藏이 있어, 이를 고쳐 논論이라 하였다.

〈원효전〉의 마지막 단락이다. 원효는 자취가 들쭉날쭉하고, 사람을 교화시키는 데도 일정한 틀 없이 상황에 따라 능소능대하였다. 소반을 던져 무리를 구하고, 물을 뿜어 먼 곳의 불을 끈 것은 설화가 따로 전한다. 배도선사杯渡禪師가 등장하는데, 그는 진晉나라 승려로 술잔을 타고 바다를 건너왔다는 기승奇僧이다. 불성佛性에 대한 원효의 해설은 너무도 명백해서 의문의 여지가 없었다. 처음 지은 5권의 광소廣疏와 나중에 지은 3권의 약소略疏가 본토에서 모두 행해졌다고 한 것으로 보아, 경박한 무리들이 훔쳐 갔던 처음 5권의 저술도 나중에는 원효 손에 되돌아왔던 모양이다. 3권의 축약본은 중국으로 들어가 그곳의 번경삼장翻經三藏이 《금강삼매경론》이란 이름을 붙여 주었다고 적었다.

이렇게 해서 《송고승전》의 〈원효전〉을 다 읽어 보았다. 여기서 잠깐 짚고 넘어갈 일이 있다. 앞서 읽은 〈사복불언〉조에서, 사복이 자신의 어머니가 죽자 원효에게 "그대와 내가 옛날에 경전을 실었던 암소가 이제 이미 죽었다."고 말한 대목이다. 도대체 무슨 말인가? 이 암소는 좀 전 원효가 《금강삼매경론》을 작성했던 소가 끄는 수레 각승角乘과 무관할 수가 없다. 우거牛車와 각승은 같은 말이다. 굳이 심우도尋牛圖를 거론하지 않더라도, 불교에서 소는 깨달음의 비유다. 그러니까 사복의 이 말은 《금강삼매경론》의 작성이 자신과 원효의 공동 작업에 의한 것임을 강하게 암시한다. 이렇게 본다면 《송고승전》에만 그 이름이 나오는 대안이란 별명으로 불렸던 스님은 혹 사복의 다른 이름이 아니었을까? 하나의 가능성으로 열어 둔다.

불지의 '새털' 도령

이제 다시 《삼국유사》로 돌아와 〈원효불기〉조의 내용을 꼼꼼히 읽어 보기로 하자. 글은 원효의 가계, 출생담, 출가 후 행적 등으로 나뉜다. 앞서 본 《송고승전》의 기사와 겹치지 않는다. 먼저 가계와 출생담을 살펴보자.

성사聖師 원효는 속성이 설씨였다. 조부는 잉피공仍皮公이고 적대공赤大公이라고도 한다. 지금 적대연赤大淵 곁에 잉피공의 사당이 있다. 아버지는 담날내말談㮈乃末이다. 처음에 압량군 남쪽(지금의 장산군章山郡) 불지촌佛地村 북쪽 밤골의 사라나무 아래서 태어났다. 마을 이름이 불지佛地인데, 혹 발지촌發智村이라고도 한다(우리말로는 불등을촌弗等乙村이다). 사라나무라는 것은 세속에서 이렇게 말한다. 스님의 집은 본래 이 골짜기의 서남쪽에 있었다. 어머니가 임신하여 달이 찼는데, 마침 이곳 골짜기를 지나다가 밤나무 아래서 갑자기 산기를 느꼈다. 너무 급해 집으로 돌아갈 수가 없었다. 그래서 남편의 옷을 나무에 걸고 그 속에 누울 곳을 마련했다. 인하여 나무 이름을 사라裟羅나무라고 하였다. 예전부터 전해 오는 얘기에, 옛날 절의 주지가 절의 노비 한 사람에게 하루 저녁 끼니로 밤 두 개를 준 일이 있었다. 노비가 관에 소송하였다. 관리가 괴이하게 여겨 밤을 가져다가 살펴보았다. 밤 한 개가 바릿대 하나에 가득 찼다. 그래서 돌아와 한 개만 주라고 판결했다. 이 때문에 이름을 밤골이라 하였다.

스님이 출가하고 나서 그 집을 희사하여 절을 만들고 초개사初開寺라 이름 지었다. 밤나무 곁에도 절을 세우고 사라사裟羅寺라 하였다. 스님의 행장에는 서울 사람이라고 했는데, 조부를 따른 것이다. 당승전唐僧傳에는 본래 하상주下湘州 사람이라고 했다. 살펴보니, 인덕麟德 2년(665) 사이에 문무왕이 상주上州와 하주下州 땅을 갈라 삽량주歃良州를 두었다. 하주는 지금의 창녕군昌寧郡이다. 압량군押梁郡은 본래 하주의 속현이었다. 상주上州는 지금의 상주尙州이니, 또한 상주湘州라고도 한다. 불지촌은 지금의 자인현慈仁縣에 속한다. 압량군에서 나누어 연 것이다. 스님의 아이 적 이름은 서당誓幢이요, 집 이름은 신당新幢이다(당幢이란 것은 세속에서는 털[毛]이라 한다). 처음에 어머니가 유성이 품으로 들어오는 꿈을 꾸고, 인하여 임신하였다. 장차 해산함에 미쳐, 오색구름이 땅을 덮었다. 진평왕 39년(617), 대업大業 13년 정축년의 일이었다.

속성이 설씨薛氏였고, 아버지 담날내말은 신라의 제 11품계에 해당하는 나마奈麻 벼슬을 하고 있었다. 진표眞表의 아버지 진내말眞乃末의 품계와 같다. 원효의 탄생지는 압량군 남쪽, 불지촌 북쪽에 위치한 밤골[栗谷]의 사라수娑羅樹 아래다. 골짜기를 지나던 도중 밤나무 아래서 급작스런 산통을 느껴, 다급한 나머지 밤나무에 옷을 걸어 가린 후 그곳에 자리를 마련해 원효를 낳았다.

이 탄생담은 대뜸 석가의 탄생담과 겹쳐 읽힌다. 마야 왕비도 해산을 위해 친정이 있는 코올리 성으로 가던 도중 룸비니 동산의 무우수無憂樹, 즉 아쇼카 나무 아래서 휘장을 치고 석가모니를 낳았기 때문이다. 원효는 무우수 아닌 밤나무 아래서 태어났다. 이 평범한 밤나무는 원효의 탄생을 계기로 사라수라는 이름을 갖게 되었다. '사라裟羅' 에 무슨 뜻이 있는가? 사라는 석가모니의 열반 때 등장하는 사라쌍수娑羅雙樹와 다시 겹쳐진다. 한자는 '사裟' 와 '사娑' 로 다르지만, 〈사복불언〉조에 나오는 사복이 지은 게송에 "그 옛날 석가모니 부처님께서, 사라수 사이에서 열반 드셨지[往昔釋迦牟尼佛, 娑羅樹間入涅槃]."라고 한 데서도 보듯 일연은 부처님의 열반수인 사라수娑

羅樹를 사라수娑羅樹로 표기하고 있다. 앞서 진표의 해골로 무덤을 만들자 두 그루 푸른 소나무가 한 뿌리에서 자라난 일을 지적했었다. 여기서도 성사聖師의 탄생과 죽음을 석가모니의 그것과 겹쳐 읽으려는 당시 신라인의 의식을 엿보게 된다.

정상적이라면 무우율無憂栗이라 했을 것을 사라율娑羅栗로 부르게 된 것은 어떤 연유일까? 사라娑羅가 갖는 모종의 다른 의미 때문이었을 것이다. 여기서 스님의 아명 서당誓幢과 제명第名 신당新幢을 주목한다. 당幢은 세속에서 털[毛]이라고 한다고 했으니, 서당 또는 신당은 대개 '새털'로 읽힌다. 그렇다면 서당, 즉 새털과 사라娑羅와는 무슨 연관이 있나? 새털은 새의 깃털이다. 흔히 새털구름은 견운絹雲, 즉 비단구름이라고도 한다. 비단실이 풀어져 있는 것 같다고 해서 붙은 이름이다. 새털이 비단과 대응된다면 사라娑羅는 다름 아닌 새털옷, 즉 비단옷이 될 수 있다. 아버지 담날이 황급히 밤나무에 걸었던 옷이 사라, 즉 비단옷이었고, 비단옷을 건 나무 아래서 태어난 아이라서 '새털'이란 이름을 얻은 것으로 이해한다.

석가모니 부처님과 같은 방식으로 아기가 태어난 곳은 지명이 불지촌佛地村이다. 발지發智나 불등을佛等乙 등은 지혜를 처음 폈다는 의미를 취했거나, 향찰식으로 옮겨 적은 표기이다. 원효는 출가 직후 자기 집을 희사해서 초개사初開寺를, 사라 밤나무 옆에는 사라사娑羅寺를 각각 세웠다. 초개사는 '처음 연 절'이다. 무엇을 처음 열었는가? 부처님 땅[佛地]에 부처님의 가르침을 처음 열었다. 이 대목은 〈원효불기〉조의 뒷부분에 부연된다.

원효의 광태

다시 이어지는 대목이다. 특별한 출생 이후, 승려가 된 원효의 행적에 해당한다.

> 나면서 자질이 뛰어나 배움에 스승을 좇지 않았다. 지방을 노닌 시말과 널리 통한 무성한 자취는 모두 당전唐傳과 행장에 자세히 실려 있어 갖추어 싣지 않는다. 다만 향전鄕傳에 기록된 한두 단락의 기이한 일이 있다.
>
> 스님이 하루는 미친 듯이 거리에서 이렇게 외쳤다.
>
> 누가 자루 빠진 도끼를 줄까? 誰許沒柯斧
> 하늘 버틸 기둥을 내 찍으리라. 我斫支天柱
>
> 사람들이 모두 무슨 말인지 깨닫지 못했다. 이때 태종太宗이 듣고 말했다. "이 스님이 귀한 지어미를 얻어 어진 아들을 낳고 싶다고 말하는 게로군. 나라에 큰 어진 이가 있다면 그 이로움이 더 없이 크리라."
>
> 이때 요석궁瑤石宮(지금의 학원學院이 이곳이다)에 과부가 된 공주가 있었다. 궁궐의 관리에게 명하여 원효를 찾아 이끌고 들어가게 하였다. 궁리가 명을 받들어 장차 그를 찾으려 하니, 이미 남산으로부터 와서 문천교蚊川橋(사천沙川인데 세속에서는 연천年川 또는 문천蚊川이라 한다. 또 다리의 이름은 유교楡橋

이다)에서 그를 만났다. 일부러 물속에 빠져서 옷을 젖게 하니, 관리가 요석궁으로 스님을 인도하였다. 옷을 벗겨 말리느라 머물러 자게 되었다. 공주가 과연 임신하여 설총을 낳았다. 설총은 나면서부터 지혜롭고 명민하여 경사經史에 널리 통하니, 신라의 십현十賢 가운데 하나였다. 우리나라 음으로 중화와 오랑캐의 사물 이름을 두루 통하여, 육경문학에 훈을 달고 풀이하였다. 이제껏 우리나라에서 명경明經을 업으로 하는 자들이 전하여 받음이 끊이지 않는다. 원효가 계율을 잃고 설총을 낳자, 이후로는 세속의 복장으로 바꿔 입고 스스로 호를 소성거사小姓居士라 하였다.

우연히 광대들이 춤추며 놀이하는 큰 박을 얻었는데, 그 모습이 크고도 기이했다. 그 형상을 따라 도구를 만들어서, 《화엄경》에서 "일체의 무애인은 한 길로 생사를 벗어난다네[一切无导人 一道出生死]."라고 한 구절로 이름을 붙여 무애無导라 하였다. 인하여 노래를 지어 세상에 퍼뜨렸다.

일찍이 이것을 가지고 천촌만락千村萬落에서 노래하고 또 춤추면서 교화하고 읊으며 돌아오곤 했다. 가난한 백성과 어리석은 무리들이 모두 부처님의 이름을 알아, 다들 나무아미타불의 호칭을 외우게 하였으니, 원효의 교화가 크다 하겠다.

일연은 앞서 본 《송고승전》의 기록을 되풀이하는 대신, 두 가지 기이한 사적을 추가했다. 하나는 요석궁의 공주에게서 설총을 낳은 일이고, 다른 하나는 큰 박을 가지고 춤추며 노래하는 무애가无导歌에 관한 것이다.

원효가 어느 날 미친 행동을 하며 부른 노래는 "누가 자루 빠진 도끼를 줄까? 하늘 버틸 기둥을 내 찍으리라."였다. 자루 빠진 도끼로는 장작을 팰 수 없다. 자루와 한데 결합되어야 도끼는 힘을 발휘한다. 자루 빠진 도끼를 내게 준다면 내가 자루가 되어 하늘 버틸 기둥을 찍겠다고 했다. 자루 빠진 도끼는 남편 잃은 여자다. 내게 과부를 준다면 내가 도끼자루가 되어 나라를 위해 크게 쓰일 동량재棟樑才를 낳겠다고 말한 것이다. 말귀를 알아들은 태종太宗 무열왕이 그를 요석궁으로 보내 과부로 지내던 공주와 결합하게 해 설총薛聰을 낳았다. 원효의 속성이 설씨였고, 아이가 워낙 총명聰明했으므로 이름이 총聰이다.

원효는 요석 공주와의 결혼 이후 환속했던 것으로 보인다. 스스로 소성거사小姓居士라 한 것은 자신을 나무라는 견책의 의미가 있다. 《삼국사기》는 소성거사小性居士라 했으니, 이 표기가 더 맞을 것 같다. 이렇게 보면 불성佛性이 작은, 불성이 부족한 거사가 된다. 거사居士는 재가불자在家佛者의 범칭이다. 원효는 이때 승복을 벗고 속인의 신분으로 살았던 것이다. 그렇다고 원효가 세속의 삶을 살았던 것은 아니다.

두 번째 그의 기행은, 광대들이 춤출 때 쓰는 큰 바가지를 본떠 만든 도구로 무애가를 부른 일이다. 원효는 《화엄경》의 두 구절에서 무애란 이름을 끌어왔다고 했는데, 이는 《화엄경》 제 5, 〈사체품四諦品〉 제 4에 현수보살賢首菩薩의 게답偈答 중에 보인다. 바가지로 만든 도구를 가지고 원효 아닌 소성거사는 천촌만락을 돌아다니며 노래하고 춤추며, 중생을 교화하고 읊조리며 돌아왔다. 도구를 활용한 춤과 노래로 교화한 효과는 가난한 무지렁이 백성과 어리석은 무리까지 나무아미타불을 외우며 불교로 귀화하는 대단한 결과를 가져왔다. 이 무애가와 무애무의 형상에 대해서는 잠시 후에 다시 살펴보겠다.

초지보살 새벽 스님

〈원효불기〉조의 마지막 단락을 마저 읽어 보자. 여기서는 앞서 말한 불지촌과 초개사 등의 지명이 지닌 의미를 부연했다.

> 그가 태어난 인연이 있는 마을은 불지촌이었고, 절 이름은 초개사初開寺였다. 자칭 원효라 한 것은 대개 부처님의 해를 처음 빛나게 했다는 뜻이다. 원효는 또한 우리말이니, 당시 사람들은 모두 향언鄕言으로 시단始旦이라 일컬었다. 일찍이 분황사에 머물며 《화엄경소》를 지었다. 제 4의 〈십회향품十廻向品〉에 이르러 마침내 붓을 꺾었다. 또 일찍이 송사로 인해 1백 그루의 소나무에 몸을 나누었으므로, 모두들 위계位階가 초지初地라고 말했다. 또한 바다 용의 권유와 길 위에서 조서를 받은 일로 인하여 《금강삼매경소》를 지었다. 소의 두 뿔 위에 붓과 벼루를 놓아두어, 이로 인해 각승角乘이라 하였다. 또한 본각本覺과 시각始覺 등 이각二覺의 미묘한 뜻을 표시한 것이다. 대안 법사가 배열해서 종이를 붙였으니, 또한 지음知音으로 창화한 것이었다.
>
> 입적하자 설총이 유해를 바수어 진용으로 빚어 분황사에

모셔 두고, 죽을 때까지 공경하여 사모하는 뜻을 표하였다. 설총이 이따금 곁에서 예배하면 소상이 갑자기 돌아보았다. 이제까지도 돌아본 상태 그대로다. 원효가 일찍이 거처하던 혈사穴寺 곁에 설총의 집터가 있다고 한다.

찬讚한다.

각승으로 삼매경을 맨 처음 여시었고	角乘初開三昧軸
춤추는 박 온 거리의 바람에 걸렸구나.	舞壺終掛萬街風
달 밝은 요석궁의 봄잠은 지나가고	月明瑤石春眠去
문 닫아 건 분황사에서 보는 모습 허망타.	門掩芬皇顧影空

▲ 눈오는 날 분황사 모전석탑.

불지촌 초개사에서 자신의 이름을 원효元曉라 한 것은 부처님의 해를 처음 빛나게 했다는 뜻이라고 일연은 설명했다. 원효가 방언이고, 신라 말로는 시단始旦이라고 불렀다고 했는데, 원효나 시단이나 모두 '첫새벽', '새아침'의 뜻이다. 일본에서 1659년에 간행된 《기신론별기起信論別記》 끝에 찬자의 이름으로 적혀 있는 '새부塞部'가 바로 당시 신라 말 '새벽'의 표기임은 진작에 김영태 선생의 명쾌한 풀이가 있다.❖ 당시 원효는 신라 사람들에게 '새벽' 스님으로 불렸던 것이다.

❖ 김영태, 〈원효의 신라 말 이름 새부에 대하여〉, 《신라문화》 제 8집(동국대 신라문화연구소, 1991) 참조.

이어 일연은 원효가 분황사에 머물며 《화엄경소》를 짓다가 제 4, 〈십회향품十廻向品〉에 이르러 그만둔 일을 적었다. 그런데 함께 언급한, 송사로 인해 1백 그루의 소나무에 몸을 나누었으므로 모두들 위계位階의 초지初地라 했다는 언급이 시선을 끈다.

《화엄경》에서 말하는 보살 수행의 단계는 모두 52위계가 있다. 제 1은 십신十信, 제 2는 십주十住, 제 3이 십행十行, 제 4가 십회향十廻向, 제 5가 십지十地, 그리고 등각等覺과 묘각妙覺이 그것이다. 여기서 초지初地란 41위에서 50위까지의 십지十地 중 첫 번째로 환희지歡喜地를 뜻한다. 환희지는 지금까지 인식하지 못했던 것을 비로소 인식하게 되어 대단히 기뻐하는 단계다. 제 1위에서 40위까지는 범부凡夫이고, 초지부터는 성자聖者의 위位로 들게 된다. 초지로 접어들며 새로운 차원이 열리는 것이다.

앞서 원효는 〈십회향품〉에 이르러 붓을 꺾었다고 했다. 범부를 제도하는 일 외에는 마음을 쓰지 않겠다는 결의를 보인 것이다. 십회향은 52위 중에서 제 31위에서 제 40위의 단계다. 십행十行을 닦은 후, 지금까지 자리自利·이타利他의 여러 행을 일체 중생을 위하여 돌려 주는 동시에, 이 공덕으로 오경悟境에 도달하려는 지위가 바로 십회향이다. 구호일체중생이중생상회향救護一切衆生離衆生相廻向·불괴회향不壞廻向·등일체제불회향等一切諸佛廻向·지일체처회향至一切處廻向·무진공덕장회향無盡功德藏廻向·입일체평등선근회향入一切平等善根廻向·등수순일체중생회향等隨順一切衆生廻向·진여상회향眞如相廻向·무박무착해탈회향無縛無着害脫廻向·입법계무량회향入法界無量廻向 등이 바로 그것이다.

그럼에도 사람들은 원효가 1백 그루 소나무에 몸을 나눠 나툰 것을 보고 초지初地에 오른 성자로 보았다. 《화엄경》의 십지품十地品 중 환희지에 대한 설명에 이런 말이 있다. "이 보살이 출가하여 불법 가운데서 부지런히 행하여 정진하고자 하여, 문득 능히 집과 처자와 오욕을 버리고 출가하여 부지런히 행하여 정진한다면 잠깐 사이에 103매昧를 얻어 1백 부처를 볼 수 있다. 1백 법문에 잘 들어가서 능히 몸을 1백 개로 변화할 수가 있다." 요컨대 원효를 이미 자신의 몸을 1백 개로 변화시킬 수 있는 초지보살의 단계에 접어든 성자로 보았다. 1백 개의 소나무로 변신한 전후 사정은 기록이 남지 않아 자세한 정황을 알 수 없다.❖ 다만 초지初地는 불지촌佛地村의 초개사初開寺에서 한 글자씩 따온 것이기도 해서 또 다른 생각을 낳는다.

이렇듯 허투루 쓴 듯한 한 구절 구절이 모두 철두철미 《화엄경》의 교학에 바탕을 둔 논거로 씌어졌다. 이후 《금강삼매경소》에 관한 대목과 대안 화상 운운한 대목은 앞서 본 《송고승전》을 요약했다.

끝 대목은 원효 사후 설총이 그 뼈를 바수어 진용眞容의 소상으로

❖ 김영태, 〈전기와 설화를 통한 원효 연구〉, 《불교학보》 제17집(불교학회, 1981), 70쪽 참조.

빚어 분황사에 모신 일을 적었다. 설총이 예배할 때 원효의 소상이 갑자기 돌아보았는데, 지금까지 그 모습 그대로라고 했다. 고선사지에서 발견된 〈서당화상비〉에 따르면, 원효는 70세 때인 686년 3월 30일 혈사穴寺에서 세상을 떴다. 마지막 삽화는 성자 원효도 끝내 자식의 아버지를 향한 뜨거운 정성에는 마음이 움직였다는 매우 인간적인 의미를 담았다.

▲ 경복궁 회랑에 놓여진 서당화상비 - 사진 협조 국립경주박물관.

새벽 스님의 각설이 춤

원효가 바가지로 만든 도구로 천촌만락을 돌아다니며 불렀다는 무애가无导歌와 무애무无导舞에 대해 후대의 기록을 통해 좀더 알아보기로 한다. 다음은 고려 때 이인로李仁老의 《파한집破閑集》에 보이는 내용이다.

> 옛날 원효 대성은 백정과 술장수 사이에 자취를 섞었다. 일찍이 목이 굽은 호로병박을 어루만져 놀며 저자에서 노래하고 춤을 추니, 이를 무애無导라 하였다. 그 뒤로 일 좋아하는 자가 위에는 쇠방울을 매달고, 아래에는 채색 비단을 드리워 장식하고는, 두드리며 나아가고 물러나니 모두 가락에 맞았다. 이에 불경을 논한 게송에서 따 와 이름하여 무애가라 하였다. 밭 가는 늙은이조차도 또한 이를 본떠 놀이로 삼았다. 무애無导 지국智國이 일찍이 시를 지었다. "이 물건 오래도록 무용無用으로 용用을 삼고, 옛 사람은 도리어 불명不名으로 이름났네[此物久將無用用, 昔人還以不名名]." 근래 산인 관휴貫休가 게송을 지었다. "두 소매 휘두름은 이장二障을 끊음이요, 세 번 발을 드는 것은 삼계三界 초월함일러라[揮雙袖所以斷二障, 三擧足所以越三界]." 모두 진리에다 이를 견주었다. 나 또한 그 춤을 보고서 찬을 지었다. "배는 가을 매미 같고, 목은 여름 자라 같다. 굽었으니 남을 따를 수 있고, 텅 비어 사물을 받아들이네. 밀석密石에 막힘을 당하잖으니, 규호葵壺에 비웃음 보지 않으리. 한상韓湘은 여기에다

세계 감추고, 장수莊叟는 이것으로 강호를 떠다녔지. 그 이름 누구인가 소성거사요, 찬한 이는 누굴런가 농서隴西 타리駝李일세."

원효의 무애무에 대한 설명으로 가장 자세한 기록이다. 처음 원효의 무애무는 목 굽은 호로병박을 희롱하며 노래하고 춤추는 것이었다. 이 춤이 크게 유행하면서 호로병박의 윗부분 굽은 목에 쇠방울을 매달아 소리를 내고, 아래쪽에는 채색 비단을 드리우는 장식이 보태졌다. 일종의 양식화 작업이 진행된 셈이다. 무애무는 그 호로병박을 두드리며 가락에 맞춰 진퇴를 반복하는 춤이었다.

무애 지국은 "이 물건 오래도록 무용으로 용用을 삼고, 옛 사람 도리어 불명不名으로 이름났네."라고 노래하여 장자와 노자에 빗대었다.

무용으로 용을 삼는다는 것은 《장자》의 〈소요유逍遙遊〉에서 혜시가 큰 바가지를 얻어 쓸모없어 버렸다고 하자, 장자가 그 쓸모없음으로 쓸모를 삼아 큰 통을 만들어 바다 위에 띄워 노니는 것이 어떻겠느냐고 한 대목을 이른다.

불명不名으로 이름났다고 한 것은 《도덕경》 제 1장을 두고 한 말이다. 산인 관휴의 게송도 무애무의 동작을 설명한다. 두 소매를 휘둘러 이장二障을 끊겠다는 결의를 보이고, 세 번 발을 들어 삼계三界를 초월하겠다는 다짐을 둔다고 했다.

이인로李仁老(1152-1220)도 무애무를 보고 찬讚을 지었다. 배가 가을 매미 같고, 목은 여름 자라 같다고 했다. 가을 매미는 배가 홀쭉하고, 여름 자라는 목을 길게 뺀다. 춤사위의 동작이 배를 쑥 밀어 넣고 목은 길게 빼어 두 소매를 휘두르고 발을 거푸 드는 과장된 몸짓으로 구성되었음을 보여 준다. 호로병박의 꼭지는 밀석密石으로 마개를 달지는 않았다. 옛 선인 한상자韓湘子는 어고간자漁鼓簡子라는 대나무 악기의 양 끝에 저포猪胞를 붙여 대나무 조각으로 몸통을 쳐서 이를 연주한 일이 있다.

이인로의 기록을 종합하면 다음과 같다. 목이 굽은 호로병박 위쪽에 쇠방울을 달고, 아래쪽에는 비단을 드리워 가락에 맞춰 진퇴를 거듭한다. 두 소매를 내치듯이 휘둘러 이장二障을 끊어 버리겠다는 의지를 표현하고, 세 번 발을 드는 동작으로 삼계를 초월하려는 투지를 보인다. 그러니까 모두 진리의 깨달음을 쉬운 동작 속에 담아 풀이한 춤사위였던 셈이다.

《고려사》〈악지〉의 설명은 이러하다.

"무애희無㝵戱는 서역에서 나왔다. 그 가사는 불가의 말을 많이 쓰는 데다 방언이 뒤섞여 있어 엮어 기록하기가 어렵다. 잠시 절주만 남겨 두어 당시에 쓰던 음악으로 갖추어 둔다."

원효가 만든 무애희가 서역에서 나왔다고 한 것이 특이하다. 가사에 불가의 말이 많고, 방언이 뒤섞였다고 한 데서, 무애가의 가사가 향찰 표기로 되었으며, 불교의 가르침을 쉽게 풀이한 것임이 다시 확인된다. 이를 〈악지〉에 수록하는 데 어려움이 있어 가락만 남겨 둔다고 했으니, 애석하다. 그런데 1434년 《조선왕조실록》 세종 16년 8월조 기사에는 "예조에서 무애정재는 그 가사가 오로지 불가어를 써서 탄망誕妄하므로 금후로는 모든 사악賜樂에서 무애정재를 없애라고 한 데 대하여 임금이 허락하였다."는 기록이 있는 것으로 보아, 이때까지도 불가어로 이루어진 무애가의 가사가 전해졌음을 알 수 있다.

후대의 시 속에 남은 원효

글을 마무리하기 전에 옛 시인들이 남긴 원효에 대한 몇 편 글을 읽어 본다. 김부식金富軾(1075-1151)의 〈화쟁국사영찬和諍國師影贊〉은 《동문선》 권 50에 실렸다. 당시 분황사에 모셔진 원효의 진영을 보고 쓴 찬贊으로 보인다.

드넓은 한길에 그 소리 낙락하다.	恢恢一道落落音
듣고 봄이 절로 달라 크고 작고 깊고 얕네.	機聞自異大小淺深
삼주三舟의 달빛인 듯 만 구멍의 바람 같네.	如三舟月如萬竅風
지인至人의 큰 감식은 다른 듯이 한가지라.	至人大鑒卽異而同
유가瑜伽의 이름과 상 방원方圓이 광융廣融쿠나.	瑜伽名相方廣圓融
나로부터 본다 하면 어디 간들 안 통할까.	自我觀之無往不通
일백 시내 바다 되고 만상이 한 하늘일세.	百川共海萬像一天
넓고도 너무 커서 이름 지을 수가 없네.	廣矣大矣莫得名焉

《동국여지승람》 〈경주부〉조에 "고려 평장사平章事 한문준韓文俊이 찬술한 화쟁국사비和諍國師碑가 있는데, 오금석烏金石이다."라고 한 내용이 보인다. 현재 비는 없고 좌대만 남았다. 좌대에는 추사 김정희의 글씨로 '차화쟁국사지비부此和諍國師之碑趺'라는 각자가 보인다. 비석과 함께 진영이 모셔져 있었던 듯하다.

제 2구는 한 글자의 누락이 있다. 도를 일깨우는 가르침은 우렁우렁 또렷한데, 들을 귀와 보는 눈이 달라 깨달음에도 대소와 심천이 나뉜다. 원효를 지인至人으로 우러르고, 많은 종파를 화쟁和諍의 가르침으로 아우른 광대한 공덕을 기린 내용이다. 고려 후기 하천단河千旦(?-1259)이 《동문선》에 수록된 〈관고官誥〉에서 "바른 법이 서쪽에서 오니, 남은 물결이 동쪽을 적시었다. 연원이 드넓어 끝을 알 수 없으매, 모순으로 서로 다툰 것이 여러 해였다. 원효가 신라시대에 우뚝이 나타나 백가를 화쟁하여, 이문二門이 합해져서 귀추를 함께했다."고 한 것과 담긴 뜻이 같다. 원효는 다양하게 분화하여 서로 다툼을 일삼던 신라 불교를 화쟁의 사상으로 통합한 큰 산이었다.

이규보는 〈소성거사찬小性居士贊 병서并序〉를 남겼다. 영수좌聆壽座의 족암足庵에서 소성거사의 진영을 보고 지었다는 글이다.

머리 깎아 맨머릴 땐 원효 대사요	剃而髡則元曉大師
터럭 길러 건을 쓰면 소성거사라.	髮而巾則少性居士

▲ 추사 김정희가 쓴 분황사 화쟁국사지비부 글씨.

몸이 비록 천백 가지로 나타난대도	雖現身千百
손바닥 보는 것과 다름없다네.	如指掌耳
이 두 가지로 형상 지음은	此兩段作形
다만 한바탕 장난이었네.	但一場戲

진영은 환속한 후 터럭을 기르고 건을 쓴 모습이었다. 하지만 원효 대사와 소성거사는 결국 둘이면서 하나요, 하나면서 둘이니 겉으로 드러난 외형의 차이는 한바탕 장난에 불과하다는 것이다.

마지막으로 읽을 시는 매월당 김시습의 〈무쟁비無諍碑〉란 작품이다. 《매월당시집》 권 12에 수록되어 있다.

그대 보지 못했나	君不見
신라의 기이한 중 원욱元旭씨가	新羅異僧元旭氏
신라의 저자에서 머리 깎고 도 행함을.	剔髮行道新羅市
당唐에 가서 불법 배워 이 땅에 돌아와	入唐學法返桑梓
백성과 뒤섞여서 마을에서 살았다네.	混同緇白行閭里
거리 아이 골목 아낙 누구든 쉬 만나니	街童巷婦得容易
뉘집 누구 자식인지 가리키며 말했다네.	指云誰家誰氏子
하지만 비밀스레 대무상大無常을 행하여서	然而密行大無常
소 타고서 법 부연해 종지宗旨를 풀었다지.	騎牛演法解宗旨
여러 불경 풀이한 글 상자에 가득 차서	諸經疏抄盈巾箱
뒷사람이 이를 보고 다투어 우러르네.	後人見之爭仰企
국사로 추봉하여 무쟁이라 이름하니	追封國師名無諍
저 재주 빼어난 이 아름답다 일컫누나.	勤彼貞珉頗稱美
비석 위 금가루에 광채가 번쩍번쩍	碣上金屑光燐燐

법화와 훌륭한 글 또한 기뻐할 만하다.	法畫好辭亦可喜
우리들 역시 환幻을 잘하는 무리여서	我曹亦是善幻徒
환어幻語에 대해서는 대략 알아듣는다네.	其於幻語商略矣
다만 나는 옛것 좋아 뒷짐 지고 읽었나니	但我好古負手讀
아아! 서쪽에서 온 스님 만나 보지 못했구려.	吁嗟不見西來士

원효를 원욱元旭이라 한 것은 '새벽'으로 불린 것을 알아 뜻으로 취한 것이다. 화쟁 국사로 일컬은 것을 무쟁無諍 국사라 말한 것은 잘못이다. 이 시 또한 분황사의 화쟁국사비를 보고 쓴 시다. 다툼을 화해시키면 화쟁和諍이요, 다툼을 없게 하면 무쟁無諍이니, 큰 뜻으로는 다 통한다. 이 시는 원효의 전 생애를 압축해서 잘 요약했다.

원효 당시 신라의 불교는 시뻘건 마그마처럼 들끓었다. 명랑은 문두루 비법을 베풀어 당나라 수십만 대군을 물리쳤고, 의상은 화엄의 드넓은 가르침을 펼쳤다. 깊은 산속 토굴에서는 몸을 헐고 뼈를 바수는 고행이 행해졌다. 하층의 민중들도 광덕 엄장이나 노힐부득 달달박박처럼 깊은 산속으로 들어가 경건한 수행에 몰입했다. 한편으로 혜공과 대안, 원효와 같은 일군의 승려들은 그들만의 성소聖所에서 뛰쳐나와 거리에서 민중들과 뒤엉켜 생생한 불교의 포교에 앞장섰다. 뭐라 한 가지로 말할 수 없는 부처님을 향한 격정과 열망들이 활화산처럼 용솟음쳐서 온 신라에 편만해 있었다. 원효는 이를 도가니에 부어 무애의 화쟁으로 녹여 냈다. 갈등을 씻고 화해의 춤과 노래로 필부필부가 부처님의 깨달음을 찬양하는 대화엄의 세계를 그려 보였다.

▲ 분황사 원효 대사 진영.

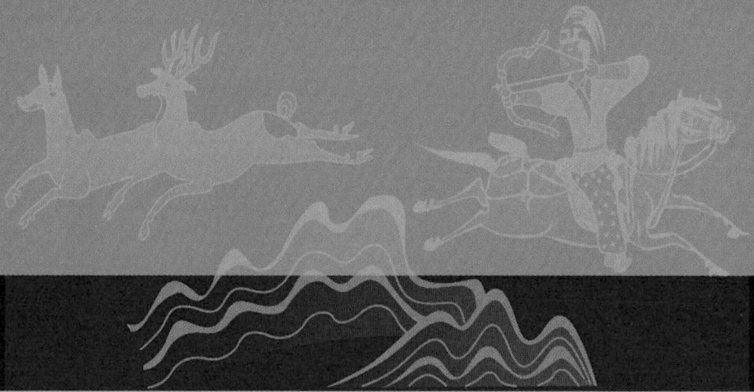

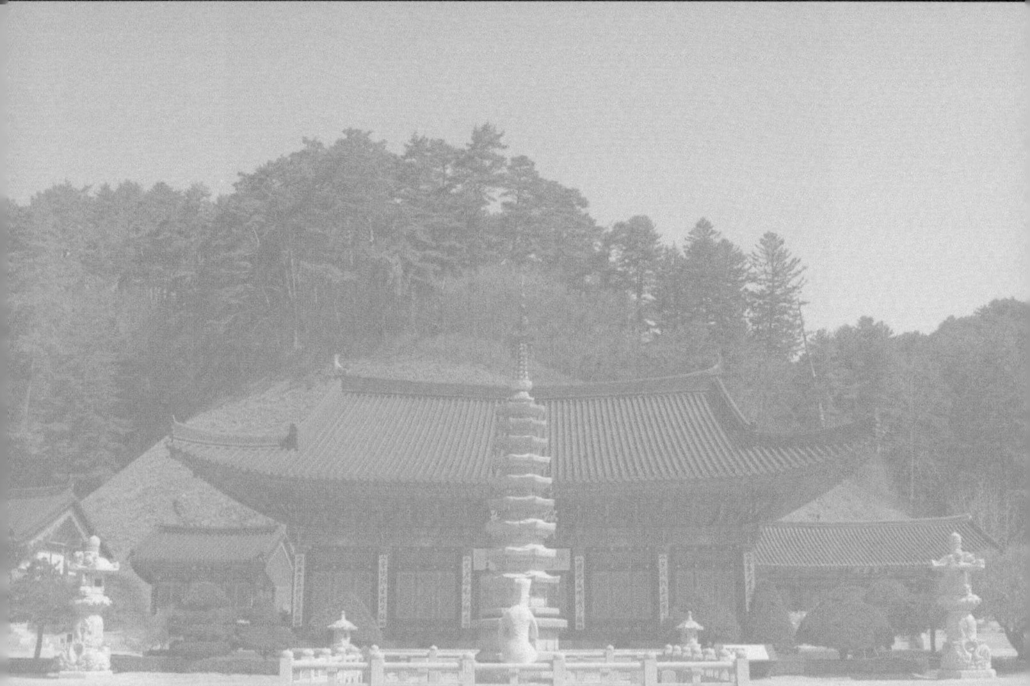

오대산의 오만진신

오대산은 자장 법사와 인연이 깊은 곳이다.
〈탑상〉편의 〈대산오만진신臺山五萬眞身〉과
〈명주오대산보질도태자전기溟州五臺山寶叱徒太子傳記〉,
〈대산월정사오류성중臺山月精寺五類聖衆〉,
그리고 〈자장정률慈藏定律〉의 여러 기사는
긴밀하게 서로 얽혀 하나의 꽉 짜인 서사를 그려 보인다.
자장 법사에 이어 정신왕의 태자 보천과
효명 이후 오대산에는 문수보살과 오만진신이 나투어
화엄 만다라의 장엄한 세계를 펼쳐 보인다.
눈부시고 아름답다.
이 글에서는 자장 법사와 문수보살을 중심에 두고,
보천과 효명으로 이어지는 이야기를 살펴보겠다.

문수보살이 내린 범게

먼저 〈자장정률慈藏定律〉의 기사에 따라 자장 법사의 생애를 살펴보는 것으로 글머리를 연다.

> 대덕 자장慈藏은 김씨다. 본래 진한 진골 소판蘇判(3급의 벼슬 이름) 무림茂林의 아들이다. 그 아버지는 청요직淸要職을 두루 거쳤지만 뒤를 이을 후사가 전혀 없었다. 이에 삼보三寶에 귀의하여 천부관음千部觀音에게 나아가 자식 하나 낳기를 바라 이렇게 빌었다. "만약 사내아이를 낳는다면 바쳐서 법해法海의 진량津梁으로 삼겠나이다." 어머니가 홀연 별이 떨어져 품으로 드는 꿈을 꾸고 인하여 임신하였다. 태어나니 석존釋尊과 같은 날인지라 이름을 선종랑善宗郎이라고 했다. 정신과 뜻이 맑고 지혜로웠으며, 문사文思가 날로 풍부해졌다. 하지만 세속의 취미에 물들지 않았다. 일찍 양친을

잃고, 티끌세상의 시끄러움을 싫어하여 처자를 버리고 전원을 희사하여 원녕사元寧寺를 세웠다.

홀로 깊고 험한 곳에 거처하며 이리와 범도 피하지 않았다. 고골관枯骨觀을 닦으며 조금만 피곤하거나 지치면 바로 작은 방을 만들어 둘레를 가시나무로 두르고 그 속에 벌거벗고 앉으니, 움직이기만 하면 가시가 찔렀다. 머리는 들보에 매달아서 정신이 어두워지는 것을 막았다. 그때 마침 재상 자리가 비었다. 문벌이 의논에 합당한지라 여러 번 불렀지만 나아가지 않았다. 왕이 이에 칙명으로 말했다. "안 오면 목을 베겠다." 자장이 이를 듣고 말했다. "내 차라리 단 하루를 계율을 지키다 죽을망정 백년토록 파계하며 살기는 원치 않습니다." 이 일이 알려지자 왕이 그로 하여금 출가하는 것을 허락하였다. 이에 바위 무더기 속에 깊이 숨으니 양식도 대지 못했다. 이따금 신이한 새가 과일을 물고 와서 바치매, 손을 내밀어서 먹었다. 마침내 꿈에 천인天人이 와서 오계五戒를 주므로, 그제야 골짜기에서 나왔다. 마을의 사녀士女들이 다투어 와서 계를 받았다.

자장 법사의 탄생과 초년의 계행을 적은 내용이다. 그는 진골眞骨의 귀족이었고, 소판蘇判 벼슬에 있던 무림이 서원을 세워 낳은 만득자晩得子였다. 부처님과 같은 날 태어났다. 이름이 선종랑善宗郎이니 젊어 화랑이었음을 알겠고, 처자를 버린 데서 결혼까지 했음이 드러난다.

하지만 황룡사 9층탑 심초석에서 나온 〈찰주본기刹柱本記〉에 보면 "예전 진골 귀인인 선종랑이란 이가 있었다. 젊어서 살생을 좋아해, 매를 놓아 꿩을 잡게 했다. 꿩이 눈물을 흘리며 울자, 여기에 감동해서 발심하여 출가를 청해 입도했다."는 기록이 따로 있다.❖ 그는 처음부터 불심이 돈독한 수행자는 아니었고, 사냥을 즐기고 무예를 숭상하던 화랑이었다. 그의 회심은 자신의 든든한 후원자였던 부모의 죽음이 계기가 되었을 법하다. 회심 이후 그는 고골관枯骨觀의 고행을 닦으며 출가한 수행자보다 더 혹독하게 불법 수행에 몰입했다. 수행자의 삶을 재상 벼슬과도 바꾸려 들지 않았다. 마침내 천인의 오계를 받아 산을 내려왔다. 하지만 그의 서원은 여기서 끝나지 않았다.

❖ 황룡사 찰주본기는 황수영, 〈신라 황룡사 구층 목탑 찰주본기와 그 사리구〉, 《동양학》 제 3집(단국대 동양학연구소, 1973), 269-328쪽 참조.

> 자장은 변방에서 태어난 것을 자탄했다. 서쪽으로 가서 큰 교화 입기를 희구했다. 인평 3년(636) 병신에 왕명으로 문인門人인 승려 실實 등 10여 명과 함께 서쪽으로 당나라에 들어갔다. 청량산을 찾아가니 산에는 만수대성曼殊大聖의 소상이 있었다. 그 나라에서 서로 전하기를 제석천帝釋天이 공인을 데려와 조각한 것이라고 했다. 자장이 불상 앞에서 감응을 빌었다. 꿈에 불상이 정수리를 어루만지며 범게梵偈를 주었다. 꿈을 깨고서도 풀이하지 못했는데, 아침이 되자 기이한 승려가 와서 풀이해 주고 또 말했다. "비록 1만 가지 가르침을 배운다 한들 이보다 나은 것은 없다." 또 가사와 사리 등을 맡기고서 사라져 버렸다(자장공이 처음에 이를 숨겼기 때문에 《당승전》에는 실리지 않았다).
>
> 자장이 이미 성별聖莂을 받았음을 알고 북대北臺에서 내려

와 태화지太和池에 이르렀다. 서울로 들어가니 당 태종이 칙사를 보내 위로하고 승광별원勝光別院에 편히 거처하게 했다. 은총으로 하사함이 빈번하고 두터웠다. 자장이 그 번다

▲ 중국 산서 오대산 수상사의 문수보살상.

함을 싫어하여 표를 올려 종남산 운제사雲際寺 동쪽 낭떠러지로 들어가, 바위에 시렁을 걸쳐 방을 만들어 3년을 지냈다. 사람과 신이 계를 받아 신령스런 감응이 날마다 일어났으나 말이 번다해 싣지 않는다. 그 뒤 다시 서울로 들어가 또 황제의 위문을 받으니, 황제가 비단 2백 필을 내려 의복의 비용으로 쓰게 했다.

신라에서 고골관의 수행을 닦을 때와 중국 청량산과 종남산에 들어가 고행을 할 때의 기록은 그대로 되풀이된다. 지성으로 빌어 감응을 입고 그 결과 계와 게를 받으며, 황제와 국왕의 인가를 받고, 사람들의 기림을 받았다는 반복 구조다. 왕의 허락을 받아 출가했던 그는 역시 왕명으로 당나라에 들어갔다.

청량산은 오대산五臺山의 다른 이름이다. 아미산 보타산과 함께 중국 불교 3대 성지의 하나다. 아미산은 보현보살의 성지요, 보타산은 관음보살의 성지다. 이에 반해 오대산은 문수보살의 성지니, 《화엄경》에 나오는 청량산이 바로 이곳이다. 그는 왜 하필 오대산으로 가서 문수보살을 만나려 했을까? 문수보살은 부처님의 지혜를 대신해서 나타나는 보살이다. 한역어로는 묘덕妙德, 묘길상妙吉祥, 법왕자法王子 등으로 불린다.

이곳에서 만수대성曼殊大聖, 즉 문수보살과 감응하여 범게梵偈를 받은 일과 범게의 구체적인 내용은 〈탑상〉편의 〈대산오만진신〉조에 더 자세하다.

산속에 예로부터 전해 오는 얘기를 살펴보니, 이 산이 참 성인이 머무는 곳으로 이름난 것은 자장 법사로부터 시작되었다. 처음에 법사가 중국 오대산의 문수보살의 진신을 뵈려고 선덕왕 대인 정관 10년 병신(636)에 당나라로 들어갔다. 처음 중국 태화지太和池 가의 돌로 만든 문수상이 있는 곳에 이르러 7일간 기도했다. 홀연 대성大聖께서 현몽하여 네 구절의 게偈를 주었다. 깨어나서도 기억이 났지만 모두 범어여서 아득히 이해하지 못했다. 이튿날 아침 홀연 한 승려가 붉은 비단에 금빛 점이 찍힌 가사 한 벌과 부처님의 바릿대 한 벌, 부처님의 머리뼈 한 조각을 가지고 스님의 곁으로 오더니, 어째서 멍하니 있느냐고 물었다. 스님이 꿈에서 4구의 게를 받았는데 범어라 말뜻을 이해하지 못한다고 대답했다. 승려가 풀이하여 주었다. "'가라파좌낭呵囉婆佐曩'은 일체의 법을 깨달아 안다는 말이고, '달예치구야達㘑哆佉野'는 자성自性은 소유가 없다는 뜻이며, '낭가희가낭曩伽呬伽曩'은 이처럼 법성法性을 이해한다는 뜻이고, '달예노사나達㘑盧舍那'는 즉시 비로자나불을 보리라는 뜻이오."

이어 가져온 가사 등을 주며 부탁했다. "이것은 본사本師이신 석가세존의 도구이다. 너는 잘 지켜 간수하라." 또 말했다. "네 본국의 동북방 명주溟州 지경에 오대산이 있다. 1만의 문수보살이 늘 그곳에 머물러 계시다. 네가 가서 뵙도록 해라." 말을 마치자 보이지 않았다.

신령스런 자취를 두루 찾아보고 동쪽으로 돌아오려 하자, 태화지의 용이 현신하여 재齋를 청했다. 7일간 공양하자 알려 주었다. "예전 게를 전해 준 노승이 진짜 문수보살입니다." 용 또한 절을 창건하고 탑을 세우는 일로 부탁하였는데, 모두 별전에 실려 있다.

〈대산오만진신〉조의 기사는 강원도 오대산에 1만의 문수보살이 진신을 드러낸 사건의 경과를 적은 기록이다. 위 내용은 그 전단계로, 이는 구법을 위해 중국 오대산으로 건너간 자장 법사가 그곳 태화지에 현신한 문수보살에게서 4구의 게를 받는 일에서 비롯되었다. 정체 모를 승려가 풀이해 준 범어 게의 뜻은 다음과 같다.

일체의 모든 법을 깨달아 아니	了知一切法
자성自性이란 소유함이 없는 것일세.	自性無所有
이처럼 법성法性을 이해한다면	如是解法性
그 즉시 로사나불 뵙게 되리라.	卽見盧舍那

부처님의 일체 법, 즉 모든 가르침은 자성自性은 무소유라는 한마디로 요약된다. 집착을 던져라. 분별이 없다. 다 공空이요 무無일 뿐이다. 이 성성한 이치를 깨달으면 법성法性이 환히 열려 그 자리에서 비로자나불을 만나 뵙게 되리라는 축복의 말씀이었다. 3구의 법성 운운한 대목은 문수보살의 별칭이 법왕자法王子인 것과 관련이 깊다. 법왕자란 문수보살이 법성으로부터 화생化生하여 불법왕佛法王의 종성을 이어 끊어지지 않게 한다는 뜻에서 붙여진 이름이다. 태화지의 용은 자장에게 게송을 풀이해 준 그 스님이 바로 진신 문수보살임을 알려 준다.

〈탑상〉 편의 〈황룡사구층탑〉에도 자장 법사가 중국 오대산에서 문수보살과 감응하는 내용이 보인다.

> 신라 제 27대 선덕왕이 즉위한 지 5년째 되는 정관 10년 병신(636)에 자장 법사가 서쪽으로 유학하여 오대산에서 문

수보살에게 감응하여 계법을 받았다. 문수보살이 또 말했다. "네 나라 국왕은 천축국 찰리종刹利種의 왕이다. 미리 불기佛記를 받았기에 특별한 인연이 있어 동이東夷나 공공共工의 족속과는 같지가 않다. 그러나 산천이 험한지라 사람들의 성품이 거칠고 패려궂으며 사특한 견해를 많이 믿어 이따금 천신이 재앙을 내리곤 한다. 하지만 지혜가 많은 승려가 나라 안에 있기에 임금과 신하가 편안하고 만백성이 평화롭다." 말을 마치자 보이지 않았다. 자장은 이것이 대성大聖께서 변화한 것임을 알아 피눈물로 울며 물러났다.

▲ 문수보살이 피부병을 앓는 세조의 등을 밀어 주는 광경을 그린 강원도 오대산 상원사의 벽화.

문수보살은 꿈에서 자장에게 범게를 주었을 뿐 아니라, 신라 왕계가 고대 인도의 찰리종, 즉 크샤트리아 계층의 왕족임을 알려 주었고, 미신을 버리고 불법에 귀의하는 것만이 나라를 평화롭게 하는 길임을 설파했던 것이다. 이어지는 기록에서는 역시 태화지를 지날 때 신인神人이 나와 서로 문답을 주고받는 내용이 나온다. 이 문답에 따라 자장은 신라로 돌아와 황룡사 9층탑을 건립하게 된다. 이는 앞서 황룡사 9층탑을 논하는 자리에서 이미 상세하게 살펴본 바 있다. 자장이 중국 오대산에 가서 문수보살과 감응한 기록은 《삼국유사》 안에서만 세 번 네 번 반복되어 나온다. 그만큼 이 일은 의미 깊고 대단한 사건이었다.

갈반지의 미친 거사

중국으로 떠난 지 7년 만인 643년, 자장 법사는 선덕 여왕의 요청에 따라 중국 황제의 융숭한 예물과 각종 불상 및 불경을 싣고 신라로 돌아온다. 거국적인 환영을 받았고, 왕명으로 그는 분황사에 머물렀다. 황룡사에서 7일 밤낮으로 《보살계본菩薩戒本》을 강연하자 하늘에서 단비가 내렸다. 구름 안개가 자옥이 피어올랐다. 자장은 왕명을 받아 대국통大國統이 되어 승려의 일체 계율을 정하고 이를 관리하고 유지하는 시스템을 만들어 나갔다. 다음 〈자장정률〉조의 기사는 이러한 계율 정비의 결과를 다음과 같이 설명한다.

이때를 당하여 나라 사람으로 계를 받아 부처를 받드는 집이 열에 여덟 아홉이었다. 머리를 깎고 승려 되기를 청하는 일도 해마다 달마다 늘어났다. 이에 통도사를 창건하여 계단戒壇을 만들어 사방에서 오는 이들을 제도하였다. 또 출생의 인연이 있는 마을의 집을 원녕사元寧寺로 고쳐 세워 낙성회를 베풀었다. 잡화만게雜花萬偈를 강하자 52명의 여인이 감응하여 몸을 나타내서 들었음을 증명하였다. 제자를 시켜 그 숫자대로 나무를 심게 하여 그 이적을 표시하고, 인하여 지식수知識樹라 하였다.

▲ 통도사 자장 법사 진영 – 사진 협조 성보문화재연구원.

실로 놀라운 변화였다. 부처님을 향한 신라인의 열정이 국가의 공식적 지원을 업고 요원의 불길처럼 번져갔다. 황룡사 9층탑이 경주의 중심에 우뚝 솟고, 자장의 계율 정비 작업을 통해 불교가 국교의 지위를 한층 공고히 하면서 제도적으로도 완정한 체제를 갖추게 되었던 것이다. 자장이 통도사에 세운 계단戒壇은 황룡사 9층탑과 함께 매우 상징적인 건축물이었다. 〈황

▲ 자장 법사가 부처님의 진신사리를 봉안한 통도사 계단.

룡사구층탑〉 조목에도 "자장이 오대산에서 받아 온 사리 1백 과를 나눠 찰주 안에 안치하고, 아울러 통도사 계단과 태화사탑에 안치하여 연못 용의 요청에 부응하였다."는 언급이 보인다. 통도사의 계단은 부처님의 진신 사리를 안치한 계율 집행과 관리의 상징적 중심부였던 셈이다. 또 자장은 자신이 살던 집을 고쳐 원녕사란 절을 세웠다. 이곳에서 잡화만게雜花萬偈를 강했다 하였는데, 잡화雜花는 《화엄경》의 다른 이름이다. 그러자 52명의 여인이 현신하여 감응을 증명했고, 원녕사에는 이를 기념한 52그루의 지식수가 심어졌다. 자장은 여기에 그치지 않고, 조정에 건의하여 신라의 복식제도를 중국의 것으로 바꾸는 한편 달력과 연호도 중국을 따르는 개혁을 단행케 했다.

자장은 귀국 후 이렇듯 신라 불교의 교단 제의를 정립하고 계율을 상례화하는 작업을 진두지휘했다. 하지만 범게를 풀이해 주고 부처님의 가사와 바릿대와 정골 사리 등을 건네주었던 이승異僧의 명에 따라, 신라 명주 땅 오대산으로 가서 그곳에 상주하고 있다는 1만의 문수보살을 친견하는 일만큼은 쉬 이뤄지지 않았다. 〈대산오만진신〉조의 기록을 좀 더 읽어 보자.

> 법사가 정관 17년(643)에 이 산에 와서 진신眞身을 뵙고자 했다. 사흘 내내 어두워 흐려 뵙지 못하고 돌아갔다. 다시 원녕사에 머무니, 그제서야 문수보살을 뵈었다고 한다. 갈반葛蟠의 장소에 이르니, 지금의 정암사淨嵓寺가 이곳이다. 뒤에 범일梵日의 문인인 두타 신의信義가 자장 법사가 휴식하던 땅으로 찾아와 암자를 짓고 살았다. 신의가 죽자 암자도 오래도록 폐하여졌는데, 수다사水多寺 장로 유연有緣이 중창하여 살았다. 지금의 월정사가 이곳이다.

귀국해서 오대산을 찾은 자장은 사흘간의 정성에도 불구하고 문수보살의 진신을 뵙지 못했다. 낙담한 그는 앞서 본 원녕사로 내려갔다. 거기서 겨우 문수보살의 현신을 뵙고, 다시 갈반지葛蟠地로 옮겨 그곳에 정암사를 창건한다. 이 대목은 워낙에 간략하여 맥락이 분명치 않다. 상세한 사정은 오히려 〈자장정률〉조에 보인다.

> 만년에는 서울을 떠나 강릉군(지금의 명주다)에 수다사水多寺를 창건하고 거기서 지냈다. 다시 꿈에 이승異僧을 만났다. 중국 오대산 북대에서 보았던 모습 그대로였다. 그가

와서 고하였다. "내일 대송정大松汀에서 보겠다." 깜짝 놀라 일어나 아침 일찍 가서 송정에 이르렀다. 과연 문수보살이 감응하여 와 계셨으므로 불법의 요지를 물어 보았다. 그러자 "태백산 갈반지葛蟠地에서 다시 기약하자." 하고는 마침내 숨어 나타나지 않았다(송정에는 이제껏 가시나무가 나지 않

▲ 정암사의 수마노탑.

고, 매 같은 종류의 새가 살지 않는다고 한다).

자장이 태백산으로 가서 이를 찾았다. 큰 구렁이가 나무 아래 서려 있는 것을 보고는 시자에게 말했다. "여기가 이른바 갈반지로구나." 그리고는 석남원石南院(지금의 정암사다)을 창건하고 성인이 내려오시기를 기다렸다. 이윽고 한 늙은 거사가 남루한 도포를 입고 칡 삼태기를 멨는데, 죽은 강아지를 담고 있었다. 와서 시자에게 말했다. "자장을 만나 보려고 왔다." 시자가 말했다. "스승님을 모시고부터 내 스승님의 이름을 함부로 범하는 자를 본 적이 없다. 너는 어떤 사람이길래 미친 말을 하는가?" 거사가 말했다. "그저 네 스승께 고하기나 해라." 마침내 들어가 고하니, 자장이 깨닫지 못하고 말했다. "미친 사람인 게지." 문인이 나와서 욕을 하고 쫓아내자, 거사가 말했다. "돌아가자, 돌아가자! 아상我相이 있는 자가 어찌 나를 알아보리." 그러고 나서 삼태기를 뒤집어 털자 개가 변해 사자보좌獅子寶座가 되더니, 올라 앉아 빛을 발하며 떠나갔다. 자장이 이를 듣고 위의를 갖추어 빛을 따라 남쪽 고개로 달려 올라갔지만 이미 묘연하여 미치지 못하고 마침내 몸이 쓰러져 죽었다. 다비하여 돌구멍 속에 유골을 안치했다.

두 기록은 서로 맞지 않는 데가 있다. 〈대산오만진신〉의 기록은 자장이 오대산 갈반지를 찾은 시점을 귀국 직후인 듯이 적었는데, 〈자장정률〉에서는 만년의 일로 기록했다. 하지만 두 기록 모두에서 자장은 명주 오대산에서 문수보살의 현신을 만나 보는 데는 실패하고 만다. 그러다가 예전 중국 오대산 북대에서, "네 본국의 동북방 명주 지경에 오대산이 있다. 1만의 문수보살이 늘 그곳에 머물러 있으니, 네가 가서 뵙도록 해라."라는 가르침을 주고 사라졌던 이승異僧이 그의 꿈에 다시 찾아온 일을 계기로 명주 땅 송정松汀에서 문수보살을 뵐 수 있었고, 다시 갈반지로 오라는 가르침에 따라 자장은 태백산으로 들어갔다.

갈반지葛蟠地는 '칡넝쿨처럼 서려 있는 땅'이란 의미다. 갈반의 의미는 나무 아래 마치 칡넝쿨처럼 똬리를 튼 큰 구렁이를 보는 순간 풀렸다. 자장은 그곳에 석남원石南院, 즉 정암사를 창건하고 문수보살을 맞이할 준비를 차렸다. 하지만 남루한 도포를 입고 칡 삼태기 속에 죽은 강아지를 담고 온 늙은 거사가 문수보살의 현신임을 못 알아본 시자와 자장 자신의 불찰로 그곳에서 문수보살을 모시려던 자장의 염원은 수포로 돌아가고 만다.

늙은 거사가 했다는 탄식이 의미심장하다. "아상我相이 있는 자가 어찌 나를 알아보리." 자장은 이미 세속의 기림에 가려 예전의 자장이 아니라는 뜻이다. 특히 이 대목은 부처의 일체법이란 자성自性이 무소유임을 아는 데 있다고 한, 문수보살이 처음 자장에게 주었던 범게梵偈의 가르침을 다시 환기한 데 지나지 않는다. 이 같은 법성法性을 깨닫지 못했기에 그는 아만我慢에 가려 자신의 앞에 나타난 문수보살을 욕하며 쫓아내기에 이르렀다. 결국 이 일로 자장은 문수보살을 다시 뵙지 못한 채 죽음을 맞는다. 귀국 후 자장은 숱한 염원에도 불구하고 강원도 오대산에서 문수보살을 만나지 못했고, 원녕사와 송정에서 겨우 만나며, 그나마 오대산 아닌 태백산에서조차 문수보살의 친견에 실패하고 말았다. 그는 귀국 직후부터 만년까지 이 소망을 끝내 이루지 못했던 것이다. 이 점은 또 다른 기록인 〈대산월정사오류성중五類聖衆〉조 첫 머리의 "절에 전해 오는 옛 기록을 살펴보니, 자장 법사가 처음에 오대산에 이르러 진신을 친견코자 하여 산기슭에 띠집을 얽고 지냈으나, 7일이 지나도 보이지 않자 묘범산妙梵山으로 가서 정암사淨岩寺를 세웠다고 했다."라고 한 기록에서도 거듭 확인된다.

오대산의 두 태자

자장이 끝내 못 이룬 오대산 1만 문수보살 현신의 꿈은 그대로 좌절되고 말았던가? 그렇지 않다. 〈대산오만진신〉조와 이를 이은 〈명주오대산보질도태자전기〉조에 그 이후의 이야기가 상세하다. 어찌 보면 자장 법사의 실패는 신라 정신왕의 두 태자 보천과 효명의 놀라운 신심과 그 감응을 드러내기 위한 예고편만 같다. 먼저 〈대산오만진신〉조의 기사를 본다.

> 자장 법사가 신라로 돌아오자, 정신대왕淨神大王의 태자 보천寶川과 효명孝明 두 형제(국사를 살펴보면 신라에는 정신과 보천·효명 세 부자에 대한 분명한 글이 없다. 하지만 이 기록의 아래 글에는 신룡 원년(705)에 터를 닦아 절을 세웠다고 했다. 신룡은 바로 성덕왕이 즉위한 지 4년째 되는 을사년이다. 왕의 이름은 흥광興光이고 본명은 융기隆基로, 신문왕의 둘째 아들이다. 성덕왕의 형 효조孝照는 이름이 이공理恭인데 이홍理洪이라고도 한다. 그도 또한 신문왕의 아들이다. 신문왕 정명政明은 자가 일조日照니, 정신왕은 신

문왕 정명의 와전인가 싶다. 효명도 효조, 또는 효소孝昭의 잘못이다. 기록에서 효명이 즉위하고, 신룡 연간에 터를 닦아 절을 세웠다고 한 것 또한 자세치 못한 말이다. 신룡 연간에 절을 세운 것은 성덕왕이다)가 하서부河西部(지금의 명주에도 하서군이 있으니 이곳이다. 하곡현河曲縣이라고도 한다. 지금의 울주는 이곳이 아니다)에 이르러, 세헌世獻 각간의 집에서 하룻밤을 묵었다. 이튿날 큰 고개를 지나 각각 1천 명의 무리를 이끌고 성오평省烏坪에 이르러 여러 날을 유람하였다.

홀연히 하루 저녁에 형제 두 사람은 방외의 뜻을 은밀하게 약속하고는 남이 알지 못하게 하고, 달아나 숨어 오대산으로 들어갔다(고기古記에는 태화 원년 무신(648) 8월 초에 왕이 산중에 숨었다고 했다. 이 글은 크게 잘못된 듯하다. 생각건대 효조孝照 또는 효소孝昭는 천수 3년 임진(692)에 즉위하였는데, 당시 나이가 16세였다. 장안 2년 임인(702)에 세상을 뜨니 나이가 26세였다. 성덕왕이 이해에 즉위하니 나이가 22세였다. 만약 태화 원년 무신이라고 한다면 효조왕이 즉위한 갑진년보다 45년이나 앞서니, 이는 태종과 문무왕의 시대다. 이것으로 이 글이 잘못인 줄을 알게 된 까닭에 이를 취하지 않는다). 모셔 호위하던 자들이 간 곳을 몰라, 이에 서울로 돌아갔다.

두 태자가 산속에 이르니, 푸른 연꽃이 홀연 땅 위로 피어났다. 형 태자가 암자를 엮고 멈춰 살았다. 이것을 보천암寶川庵이라고 한다. 동북쪽을 향해 6백여 보를 가니 북대北臺의 남쪽 기슭에도 푸른 연꽃 핀 곳이 있었다. 아우 태자 효명이 또 암자를 엮고서 멈추었다. 각자 부지런히 수업하였다.

위의 기사는 참 처치가 곤란하다. 일연도 그 점을 다분히 의식해서 본문 사이에 장황한 주석을 달아 놓았다. 정신대왕淨神大王과 보천 효명 등은 달리 실체가 확인되지 않는 존재들이다. 태자인 보천과 효명이 자장 법사의 귀국 이후 수행하던 1천의 무리들을 따돌리고 오대산으로 잠적한 사건은 〈명주오대산보질도태자전기〉에 다시 나온다. 여기서는 이들이 오대산에 들어간 시점을 자장이 오대산을 찾았던 643년에서 5년 지난 태화 원년(648) 8월 5일의 일로 분명하게 못 박았다. 태화 원년은 진덕 여왕 2년이다. 그전에는 선덕여왕이 16년간 보위에 있었다. 이 연대를 따를 때 정신대왕과 두 태자의 존재는 모두 뜬금없는 얘기가 된다.

이들의 정체는 과연 뭘까? 뒤쪽의 관련 기록에서 오대산에 진여원眞如院을 세운 시점은 신룡 원년(705), 즉 성덕왕 4년의 일로 나온다. 이들이 산에 처음 들어간 시점과는 무려 57년의 차이가 난다. 일연은 이들의 입산 시점을 648년으로 비정한 것은 대단히 잘못된 것으로 보아 취하지 않았다. 그러고는 신문왕神文王의 이름이 정명政明이므로 '정명'과 '신문'에서 각자 한 글자씩 따서 '정신' 왕이라고 했을 것으로 추정했다. 막상 신문왕은 재위 기간이 681-691년이고, 그의 출생은 645년경으로 추정된다. 그러니 신문왕이 정신왕이라면 그의 두 아들이 오대산에 들어갔다는 648년은 또 전혀 앞뒤 없는 얘기가 되고 만다.

일연은 정신왕의 둘째 아들 효명孝明이 효조孝照, 또는 효소孝昭와 의미상 같으므로 효명을 효소의 와전으로 보았다. 신라인의 석독釋讀 방식으로 읽으면 문제가 없다. 하지만 효소왕은 신문왕의 엄연한 맏아들이다. 맏태자 보천寶川의 존재가 난감해진다. 신문왕의 둘째요, 효소왕의 동복동생으로 왕위를 이은 성덕왕聖德王

도 덩달아 설명이 불가능해진다. 더욱이 효소왕은 즉위 당시 나이가 고작 6세의 어린아이였다. 《삼국사기》에는 그가 687년 2월에 태어나, 691년에 태자가 되고, 이듬해 왕위에 올랐다고 되어 있다. 일연이 위 글에서 16세에 왕이 되었다고 한 것도 오류다. 즉위 당시 효소왕이 6세였다면 그 아우인 뒤에 성덕왕이 되는 융기隆基는 고작 서너 살에 불과했을 터. 그러니 이들이 자장의 자취를 이어 세속에 뜻을 끊고 오대산에 잠적한다는 설정은 애초에 가능한 일이 아니다.

효명이 왕위에 오르는 대목을 잠깐 다시 읽어 본다. 먼저 〈명주 오대산보질도태자전기〉의 내용이다.

> 정신태자淨神太子의 아우 부군副君이 신라에 있으면서 자리를 다투므로 이를 죽였다. 나라 사람이 장군 4인을 보내 오대산에 이르러 효명 태자 앞에서 만세를 불렀다. 그러자 그 즉시 오색구름이 일어 오대산에서 신라까지 7일 낮 7일 밤 동안 빛이 떠 있었다. 나라 사람이 빛을 찾아 오대산에 와서 두 태자를 모시고 나라로 돌아가려 했다. 보질도 태자가 울면서 돌아가지 않으므로, 효명 태자를 모셔 와서 나라로 돌아와 즉위하였다. 왕위에 있은 것이 20여 년이다. 신룡 원년(705) 3월 8일에 처음으로 진여원眞如院을 열었다.

같은 대목이 〈대산오만진신〉조에는 이렇게 나와 있다.

> 정신왕의 아우가 왕과 더불어 왕위를 다투었다. 나라 사람이 이를 폐하고, 장군 4인을 보내 산에 가서 맞아 오게

하였다. 먼저 효명암孝明庵에 이르러 만세를 부르자 오색구름이 일어나 7일 간 덮어 드리웠다. 나라 사람이 구름을 찾아서 모두 이르러, 임금의 거둥차비를 늘어세워 두 태자를 맞아 돌아오려 하니, 보천은 소리 내 울면서 사양하였다. 이에 효명을 받들어 돌아와 즉위케 했다. 나라를 다스린 지 몇 해가 되어, 신룡 원년(705) 을사 3월 4일에 처음으로 진여원을 창건하였다. 대왕이 친히 백관을 거느리고 산으로 와서 전당을 엮어 세우고, 문수대성文殊大聖의 소상을 빚어 불당 안에 안치하였다. 지식 영변靈卞 등 다섯 사람이 《화엄경》을 계속 돌아가며 읽게 하고, 인하여 화엄사華嚴社를 맺게 하였다. 여러 해 비용을 대고, 매년 봄가을에는 각각 산과 가까운 고을 창고에서 1백 석의 곡식과 1석의 정유淨油를 바치는 것을 항규恒規로 삼았다.

정신왕 말년에 아우 부군副君이 형의 왕위를 빼앗으려고 모변을 일으켰고, 그 결과 그는 나라 사람에게 죽임을 당했다고 했다. 물론 역사 기록에서는 전혀 찾아볼 수 없다. 나라 사람이 왕의 아우를 죽였다고 하고, 장군 네 사람이 나라 사람의 위촉에 의해 태자를 맞아 오게 해서 그 즉시 즉위케 한 것으로 미루어 볼 때, 아우의 모변 과정에서 정신왕이 이미 세상을 떴거나 왕위를 유지할 수 없는 상태였음이 짐작된다. 왕의 유고 상황에서 나라 사람이 효명 태자를 옹립해서 즉위시켰다. 효명 태자는 즉위 후 몇 년이 지나 자신이 머물던 곳에 진여원을 창건하고 직접 백관을 거느려 와서 화엄결사를 세우고, 경비 일체를 마련해 주었다.

그런데 또 이 신룡 원년(705)은 효소왕이 이미 죽고, 그 아우 성

▲ 수다사 탑 강원도 평창군 수항리에 있다. 탑 주위엔 감자밭이다.

덕왕이 재위 4년째 되던 해였다. 결국 어찌해 보더라도 오대산으로 들어간 정신왕의 두 태자 보천과 효명은 앞뒤를 맞출 수가 없는 서사인 셈이다. 이는 일연조차 해결할 수 없던 문제였으니 이제 와서 새삼 어찌해 볼 도리가 없다.

문제는 보질도寶叱徒 태자, 즉 보천寶川의 전기를 쓴 사람이나, 이를 《삼국유사》에 끌어 온 일연이나 모두 보천과 효명 두 사람이 자장의 뒤를 이어 오대산 문수보살 신앙을 완성시킨 장본인으로 보았고, 또 실제와는 관계없이 효명을 효소왕으로 인식했다는 사실이다. 화엄 신앙으로 이어지는 문수보살 신앙의 계보에서 자장은 창시자요, 보천과 효명은 계승 및 완성자로 보는 구도가 대충 그려진다. 다만 둘 사이에는 50년 이상의 거리가 있었다. 이것을 연속선상에서 매끄럽게 연결시키려다가 서사가 꼬여 버린 셈이다.

오만진신의 현신과 장천굴 굴신의 회개

다시 이야기를 앞으로 돌려, 보천과 효명 두 형제가 오대산에서 각각 암자를 얽고 예불하던 때의 정황으로 돌아가 본다. 〈대산오만진신〉조의 기록이다.

> 하루는 함께 다섯 봉우리에 올라 우러러 예를 올리려는

데, 동대東臺 만월산滿月山에서 1만의 관음진신이 현신하고, 남대南臺 기린산麒麟山에는 8대 보살을 우두머리로 한 1만의 지장보살이, 서대西臺 장령산長嶺山에는 무량수여래를 우두머리 삼아 1만의 대세지보살이, 북대北臺 상왕산象王山에는 석가여래를 우두머리로 해서 5백의 대아라한이, 중대中臺 풍로산風盧山은 또한 지로산地盧山이라고도 하는데, 비로자나불을 우두머리로 하여 1만의 문수보살이 현신하였다. 이 같은 5만 진신眞身에게 일일이 우러러 예를 올렸다.

매일 아침 인시寅時(새벽 3-5시)에 문수대성文殊大聖이 진여원眞如院, 즉 지금의 상원上院에 이르러 36가지 형상으로 변화하여 나타났다. 때로는 부처님의 얼굴 모양으로 나타났고, 보주寶珠의 형상을 짓기도 했다. 부처님의 눈 모양도 되고, 부처님의 손 모양도 되었다. 보탑이나 1만의 불두佛頭, 또는 1만의 등불이 되고, 황금 다리, 황금 북, 황금 종이 되거나, 신통神通의 형상, 황금 누각, 황금 바퀴의 형상을 짓기도 했다. 금강저金剛杵와 황금 항아리, 황금 비녀가 되는가 하면, 오색 광명이나 오색 원광圓光이 되고, 길상초와 청련화靑蓮花, 금전金田과 은전銀田도 되었다. 부처님의 발 모양이 되고 번개의 형상을 짓기도 했다. 여래가 솟아오르는 모양이나 지신地神이 솟구

▲ 오대산의 포근한 품에 안겨 있는 상원사 전경.

치는 모습도 지었다. 혹 황금 봉황이나 황금 까마귀도 되었다. 말이 사자를 낳는 형상이나, 닭이 봉황을 낳은 모양도 되고, 청룡이나 흰 코끼리, 까치 모양도 되었다. 혹 소가 사자를 낳는 모양을 지었고, 노는 멧돼지나 푸른 뱀의 형상도 지었다. 두 사람은 매일 골짜기의 물을 길어 차를 달여 올렸고, 밤에는 각자의 암자에서 수도하였다.

형제가 오대五臺에 올라 예배할 때 놀라운 일이 벌어지는 광경이다. 자장이 그토록 뵙고자 해도 뵐 수 없었던 1만의 문수보살뿐 아니라 관음보살과 지장보살, 대세지보살과 대아라한, 문수보살 등 5만이나 되는 진신이 일제히 현현하는 장관을 연출했던 것이다. 그뿐 아니다. 문수보살은 매일 새벽마다 36가지 형상으로 진여원에 나타나는 영험을 보여 주었다. 〈명주오대산보질도태자전기〉에는 형제의 일과를 "매일 아침에 골짜기 물을 길어 와 차를 달여 1만의 진신 문수보살께 공양하였다."고 적었다. 이들의 중심 경배 대상은 어디까지나 문수보살이었음을 알 수 있다.

이제 혼자 오대산에 남았던 보천의 후일담을 들어 본다. 〈대산오만진신〉조의 기사다.

> 보천은 늘 신령스런 골짜기의 물을 길어 마셨다. 그래서 만년에는 육신이 허공을 날아 유사강流沙江 너머 울진국의 장천굴掌天窟에 이르러 멈추었다. 《수구다라니경隨求陀羅尼經》을 아침 저녁으로 독송하는 것을 일과로 삼았다. 굴의 신이 현신하여 여쭈었다. "나는 굴신이 된 지 이미 2천 년이 되었습니다. 오늘에야 처음으로 수구隨求의 참된 가르침을 들었습니다. 청컨대 보살계를 주십시오." 계를 받고 나자 이튿날 굴도 형체가 없어졌다.
>
> 보천이 놀라고 기이하게 여겨 20일을 머물다가 오대산 신성굴神聖窟로 돌아왔다. 또 50년간 진리를 닦자, 도리천의 신이 하루 세 번 설법을 듣고, 정거천淨居天의 무리가 차를

> 달여 바치며, 40명의 성인이 허공에 열 자나 솟아서 언제나 호위하였다. 지녔던 석장錫杖도 하루 세 번 소리를 내면서 방을 세 바퀴 빙 돌았다. 이것으로 종경鐘磬을 삼아 시간에 따라 수업하였다. 문수보살은 이따금 보천의 정수리에 물을 부으면서 성도成道의 기별記莂을 주었다.

육신이 훨훨 날아 울진국 장천굴로 날아가 밤낮 《수구다라니경》을 외우자, 굴신窟神이 나타나 보살계를 청했다. 다시 오대산 신성굴로 돌아와 50년을 더 수도하자 이번에는 도리천의 천신들이 하루 세 번 설법을 듣고, 정거천淨居天의 대중들이 차를 달여 바치며, 40명의 성인이 10척 허공 위에서 항상 호위하는 신령스런 존재로 화하는 이적이 베풀어졌다. 문수보살께 아침저녁으로 차를 달여 올리던 보천은 이제 정거천 무리의 차 공양을 받는 존재로 변모했다. 정거천은 색계色界 제 4선禪에 불환과不還果를 증득한 성자만이 살 수 있다는 무번천無煩天 · 무열천無熱天 · 선현천善現天 · 선견천善見天 · 색구경천色究竟天 등 다섯 곳을 지칭한다. 《수구다라니경》은 다라니의 영험에 의해 중생이 구하는 원을 따라 그대로 모두 성취한다는 내용을 담은 경전이다. 여기서 따로 50년을 말한 것은 자장법사 이후 신라에 문수보살 신앙이 뿌리를 내리는 데 걸린 시간을 다시 환기코자 함인 듯하다.

다만 이야기 속에 등장하는 울진국 장천굴의 굴신 이야기는 그저 나온 것이 아니다. 그 바로 앞에 실린 〈어산불영魚山佛影〉조와 다시 긴밀하게 얽혀 있다. 곧 만어산萬魚山 동굴에 살던 다섯 나찰녀羅刹女가 옥지玉池의 독룡과 사통하여 해악을 끼친 이야기에 이어 《관불삼매경》과 《서역전》, 《서역기》 등에 반복적으로 나오는 독룡의 이야기들이 그것이다. 《서역기》에 실린 기록만 잠깐 본다.

> 옛날 석가여래께서 세상에 계실 적에 이 용이 소 기르는 사람이 되어 왕에게 우유를 바쳤는데, 바치는 일을 잘못해서 견책을 입었다. 마음속으로 원한을 품어, 돈으로 꽃을 사서 공양하면서 솔도파窣堵婆에 수기授記하고, 악룡이 되어 나라를 파괴하고 왕을 해코지하기를 서원하였다. 바로 석벽으로 달려가 몸을 던져 죽으니, 마침내 이 굴에 사는 대용왕이 되었다. 때마침 악한 마음을 일으키려 하자 여래께서 이를 살펴 아시고 몸을 변화시켜 신통력으로 이곳에 이르렀다. 이 용이 부처님을 뵙자 악독한 마음이 마침내 그쳐 불살계不殺戒를 받았다. 인하여 여래께 이 굴에서 늘 계시면서 늘 자신의 공양을 받아 줄 것을 청했다. 부처님께서 말씀하셨다. "내가 장차 적멸에 들리니, 너를 위해 그림자를 남겨 두마. 네가 만약 독하고 분한 마음이 일어나거든 항상 내 그림자를 본다면 독심이 마땅히 그치게 되리라."

바로 이 대목과 〈대산오만진신〉조의 이야기가 맥락이 서로 이어진다. 울진국 장천굴의 굴신은 《서역기》에 나오는 독룡에 해당한다. 독룡이 여래를 보고 불살계를 받았듯 굴신 또한 보천이 독송하는 《수구다라니경》에 감응하여 계를 받고 회개하였다. 《삼국유사》 속 각각의 기록은 이렇듯 상호 무관한 듯하면서도 인드라망의 촘촘한 그물처럼 벼릿줄을 당기면 모든 그물눈이 동시에 작동하며 움직이는 긴밀한 서사 체계를 이루고 있다.

오대산에 활짝 핀 화엄 만다라

이제 보천이 세상을 떠날 때 남긴, 산중에서 국가를 위해 보탬이 될 일로 행해야 할 바를 적은 내용을 마저 살펴보겠다. 앞 인용문에서 이어지는 대목이다.

> 이 산은 백두산의 큰 줄기다. 각각의 대臺마다 진신께서 상주하시는 땅이다. 청색은 동대東臺의 북쪽 모서리 아래, 북대의 남쪽 기슭 끝에 있다. 관음방觀音房을 설치하여 원상圓像의 관음상을 봉안하고, 푸른 바탕에 1만의 관음상을 그린다. 복전福田 승려 5명이 낮에는 8권의 《금경金經》과 《인왕반야경仁王般若經》, 및 《천수주千手呪》를 읽고, 밤에는 《관음예참觀音禮懺》을 외운다. 호칭은 원통사圓通社라 한다.
>
> 적색은 남대南臺의 남쪽 면에 있다. 지장방地藏房을 설치하고 원상의 지장상을 안치한다. 붉은 바탕에 8대보살을 으뜸으로 하여 1만의 지장상地藏像을 그린다. 복전승 5인이 낮에는 《지장경》과 《금강반야경》을 독송하고, 밤에는 《점찰예참占察禮懺》을 외운다. 금강사金剛社로 일컫는다.
>
> 백색은 서대西臺의 남쪽 면이니, 미타방彌陀房을 둔다. 원상의 무량수불상을 봉안하고, 흰 바탕에 무량수여래를 으뜸으로 하여 1만의 대세지보살을 그린다. 복전승 5인이 낮에는 8권의 《법화경》을 독송하고, 밤에는 《미타예참》을 외운다. 수정사水精社라 칭한다.

흑색은 북대의 남쪽 면으로 나한당羅漢堂을 둔다. 원상의 석가모니상을 봉안하고, 검은 바탕에 석가여래를 으뜸으로 5백 나한을 그린다. 복전승 5인이 낮에는 《불보은경佛報恩經》과 《열반경》을 독송하고, 밤에는 《열반예참》을 외운다. 백련사白蓮社로 부른다.

황색은 중대中臺의 진여원眞如院이니, 중앙에 흙으로 빚은 문수보살상과 부동명왕상不動明王像을 안치하고, 뒷벽에는 누런 바탕에 비로자나불을 으뜸으로 하여 36가지 화신化身의 형상을 그린다. 복전승 5인이 낮에는 《화엄경》과 《육백반야경》을 독송하고, 밤에는 《문수예참》을 외운다. 화엄사華嚴社로 부른다.

보천암寶川庵은 고쳐 화장사華藏寺로 창건하고, 원상 비로자나불 3존과 《대장경》을 봉안한다. 복전승 5인이 언제나 《대장경》을 독송하고, 밤에는 《화엄신중》을 외운다. 법륜사法輪社로 일컫는다. 이 화장사를 오대사五臺社의 본사本寺로 삼아 견고하게 지키도록 하라. 행실이 깨끗한 복전승에게 명하여 늘 향화香火를 받들면 국왕께서 천추를 누리고 인민은 편안하며, 문무文武가 화평하고 백곡이 풍성하리라. 또 여기에 더하여 하원下院에 문수갑사文殊岬寺를 배치하여 사社의 도회都會로 삼는다. 복전승 7인을 두어 밤낮으로 항상 《화엄신중예참》을 행한다.

이상의 문건에서 말한 37명 인원의 재齋 올리는 비용과 의복 비용은 하서부河西部 도내의 여덟 고을의 세금으로 네 가지 일에 드는 비용을 충당케 한다. 대대로 군왕이 잊지 않고 받들어 행하면 다행이리라.

이렇게 해서 앞서 오대산 가람의 방위별 배치와 이에 따른 불상의 안치 및 소의所依 경전의 자리매김이 끝났다. 앞서의 기록과 함께 도표로 정리하면 다음과 같다.

색	방위	寺名	社名	봉안불	소의경전	복전승
청	동	관음방	원통사	관음상	금경, 인왕반야경, 천수주, 관음예참	5인
적	남	지장방	금강사	지장상 8대보살	지장경, 금강반야경, 점찰예참	5인
백	서	미타방	수정사	무량수여래 대세지보살	법화경, 아미타예참	5인
흑	북	나한당	백련사	석가여래 5백 나한	불보은경, 열반경, 열반예참	5인
황	중	진여원	화엄사	문수보살 부동명왕 비로자나불	화엄경, 육백반야경, 문수예참	5인
	상원	화장사 (보천암)	법륜사	비로자나 삼존	대장경, 화엄신중경	5인
	하원	문수갑사	도 회		화엄신중예참	7인

화엄 신앙을 중심으로 한 진여원을 중앙에 두고 동서로 관음 신앙과 미타 신앙, 남북으로 지장 신앙과 석가 신앙을 배치하였다. 비로자나불과 문수보살이 중앙에 자리 잡고, 동쪽에 관음보살, 남쪽에 지장보살과 8대보살, 서쪽은 무량수여래와 대세지보살, 북쪽은 석가여래와 5백 나한을 배치한 형태다. 또 각 방위마다 별도의 경전과 예참禮懺, 즉 참회의식을 두어, 질서정연하고 장엄한 만다라의 꽃을 활짝 피웠다. 그뿐 아니라 이와 별도로 상원 근처의 화장사와 하원의 문수갑사를 따로 두어 《대장경》을 모셔 두고, 《화엄신중경》과 《화엄신중예참》을 행하게 하여 오대산 신앙의 중심에 화

엄 신앙을 우뚝 세우고 있음을 본다.

이에 이르러서야 비로소 자장 법사가 꿈꾸었던 오대산의 대화엄 세계가 활짝 펼쳐진 셈이다. 끝부분의 당부를 보면, 보천이 비록 왕위에 오른 효명 태자의 형이기는 해도, 각 사의 운영을 위한 비용 마련의 방도까지 제시한 후 대대로 군왕이 잊지 않고 준행할 것을 명령하듯 말했다. 이 모든 마련이 국가의 전폭적 성원 아래 이

▲ 오대산 월정사. 자장이 처음 움집을 지었던 터에 창건한 절이다.

루어져야 한다는 신념에서 밝힌 내용이다.

이 글에 이어지는 〈대산월정사오류성중〉에는 신효 거사信孝居士가 오대산의 성오평省烏坪으로 와서 자장이 처음 움집을 지었던 곳에 머물 때 다섯 비구가 그를 찾아오는 얘기가 나온다. 이 다섯 비구는 바로 오대산의 다섯 곳을 나눠 지키는 다섯 부류 성중聖衆의 화신이었다. 그 움집터가 오늘의 월정사月精寺다. 신효 거사 이후에는 범일梵日의 제자 신의信義가 암자를 세워 머물렀고, 여기에 수다사水多寺의 유연有緣 장로를 거치면서 점차 큰 가람이 되었다.

부처님의 모든 가르침은 하나의 중심으로부터 사방으로 퍼져 나가, 오대산에 가득 차고 전 국토에 편만하여, 신라 전체가 불국토로 화하는 기적을 이루었다. 이전까지 신라에는 높은 산에는 성모聖母 또는 신모神母란 이름의 산신이 지키고 있고, 못에는 독룡과 이무기가 숨어 해코지하며, 동굴엔 동굴신이 깃들어 있었다. 이러한 신라 토착 신앙의 영검 있던 존재들은 어느새 부처님의 법력 앞에 무릎을 꿇고 불법을 전파하는 조력자로 변모한다. 원광을 도왔던 삼기산의 여우 귀신이 그렇고, 만어산 연못 속의 독룡과 나찰녀, 울진 장천굴의 굴신, 보양을 돕던 이무기 등이 모두 그렇다.

깊은 산속 독경 소리

《삼국유사》 제 8은 편명이 〈피은避隱〉이다.
세상을 피해 숨은 은자들의 사연을 다룬다.
처음 두 이야기는 영취산에 숨어 산 낭지와 연회 스님에 대한 것이다.
영취산靈鷲山, 신령스런 독수리가 깃든 산. 불교에서는 영축산으로 읽는다.
이 산은 인도에도 있고 이 땅에도 있다.
신령스런 산에 신통한 스님들이 산다.
구름을 타고 심심하면 중국으로 마실을 가곤 했던 낭지 스님과
사계절 내내 시드는 법이 없던 정원 연꽃 곁에서 수행하던 연회 스님,
이들은 어쩐 일인지 모두 《법화경》을 읽는다.
영취산과 《법화경》 사이에는 어떤 맥락이 있나?
이들은 어째서 모두 〈피은〉편에 나란히 이름을 올렸나?
중국 태화지太和池의 용은 어떤 연유로 울주의 태화강과 연계될까?
변재천녀는 보현보살과 함께 이들 서사에 왜 자꾸 등장하나?
《법화경》을 읽던 승려 혜현은 어째서 다비 후에 혀만 남았나?
이들 사이에 보이지 않는 맥락을 살핀다.

까마귀가 알려 준 소식

《삼국유사》 제 8 〈피은〉편의 첫머리를 장식한 〈낭지승운朗智乘雲 보현수普賢樹〉의 앞부분을 읽는 것으로 글을 연다.

> 삽량주 아곡현의 영취산靈鷲山(삽량은 지금의 양주梁州다. 아곡阿曲은 아서阿西라고도 하고, 구불求佛 또는 굴불屈佛이라고도 한다. 지금 울주에 굴불역을 두었으니, 이제껏 그 이름이 남아 있다)에 기이한 승려가 있었다. 수십 년간 암자에서 살았지만, 향읍鄕邑에서는 모두 알지 못했다. 스님 또한 이름과 성씨를 말하지 않았다. 언제나 《법화경》을 강설하여, 이로 인해 신통력이 있었다.
>
> 용삭龍朔 초년(661)에 지통智通이란 사미沙彌가 있었다. 이량공伊良公의 가노家奴였다. 출가하여 나이가 7세 때였다. 까마귀가 와서 울며 말했다. "영취산에 가서 낭지朗智에게 몸을 던져 제자가 되어라." 지통이 이 말을 듣고 이 산으로 찾아갔다. 골짜기의 나무 아래서 쉬고 있는데, 갑자기 이

인異人이 나왔다. "나는 보 대사普大士다. 네게 계품戒品을 주려고 왔다." 인하여 계를 베풀더니, 마치자 바로 사라졌다. 지통은 정신과 마음이 시원스러워져서 지증智證이 문득 원만해졌다. 마침내 앞으로 나아가다가 길에서 한 승려를 만났다. 낭지 스님이 어디에 계시느냐고 묻자, 승려가 말했다. "어째서 낭지를 묻는 게냐?" 혜통이 신통한 까마귀의 일을 자세히 말해 주었다. 승려가 빙그레 웃더니 말했다. "내가 낭지다. 지금 이 법당 앞으로도 까마귀가 와서 알려 주었다. 거룩한 아이가 스님께 투탁하러 장차 올 테니 마땅히 나가 맞이하라고 말이다. 그래서 나와 맞이하는 게다." 그러고는 손을 잡고 탄식하며 말했다. "신령스런 까마귀가 너를 놀라게 해 내게 투신케 하고, 내게 알려 너를 맞이하게 하니, 이것이 얼마나 상서로우냐! 산신령께서 몰래 도우신 게다." 전하기를 산의 주인은 변재천녀辯才天女라고 한다.

지통이 이를 듣고 울면서 사례하고, 스님께 예를 올렸다. 이윽고 손수 계를 주려 하니, 혜통이 말했다. "골짝 어귀 나무 아래에서 이미 보현 대사께서 주시는 정계正戒를 받았습니다." 낭지가 탄식하며 말했다. "훌륭하다. 네가 이미 대사의 만분계萬分戒를 직접 받았구나. 나는 태어난 뒤 저녁마다 은근히 두려워하며 지극한 성인을 만나길 염원했다. 그런데도 아직 능히 환하지 못한데 이제 너는 이미 받았으니, 내가 네게 훨씬 못 미치는구나." 도리어 지통에게 예를 드렸다. 인하여 그 나무의 이름을 보현수普賢樹라 했다.

지통이 말했다. "법사께서 이곳에 머무신 지가 이미 오래인 듯합니다." "법흥왕 정미년(527)에 처음 발길을 들였다. 이제까지 얼마나 되었는지는 모르겠구나." 혜통이 산에 이른 때는 문무왕 즉위 원년인 신유년(661)이었다. 계산해 보니 이미 135년이나 되었다. 혜통은 나중에 의상義湘의 처소에 나아가 당에 올라 오묘한 가르침을 받았다. 자못 현화玄化에 보탬이 되었다. 그가 바로 《추동기錐洞記》의 저자다.

원효가 반고사磻高寺에 머물 때, 늘 가서 낭지 스님을 뵈었다. 낭지가 원효에게 《초장관문初章觀文》과 《안신사심론安身事心論》을 짓게 했다. 원효가 짓기를 마친 뒤 은사隱士 문선文善을 시켜 책을 받들어 올리게 했다. 글 끝에 게송을 적었는데 이러하였다.

서쪽 골의 사미가 머리를 조아려서	西谷沙彌稽首禮
동악 계신 큰 스님의 고암高巖 앞에 예 올리네.	東岳上德高巖前
미세한 먼지 불어 영취산에 보태옵고	吹以細塵補鷲岳
잔 물방울 날리어서 용연龍淵에 던집니다.	飛以微滴投龍淵

영취산 동편에는 태화강太和江이 있다. 중국 태화지太和池의 용이 복을 심으려고 만들었다. 그래서 용연龍淵이라고 한다. 지통과 원효는 모두 큰 성인이시다. 두 성인께서 옷깃을 걷고 낭지를 스승으로 모셨으니, 도가 고매함을 알 수 있다.

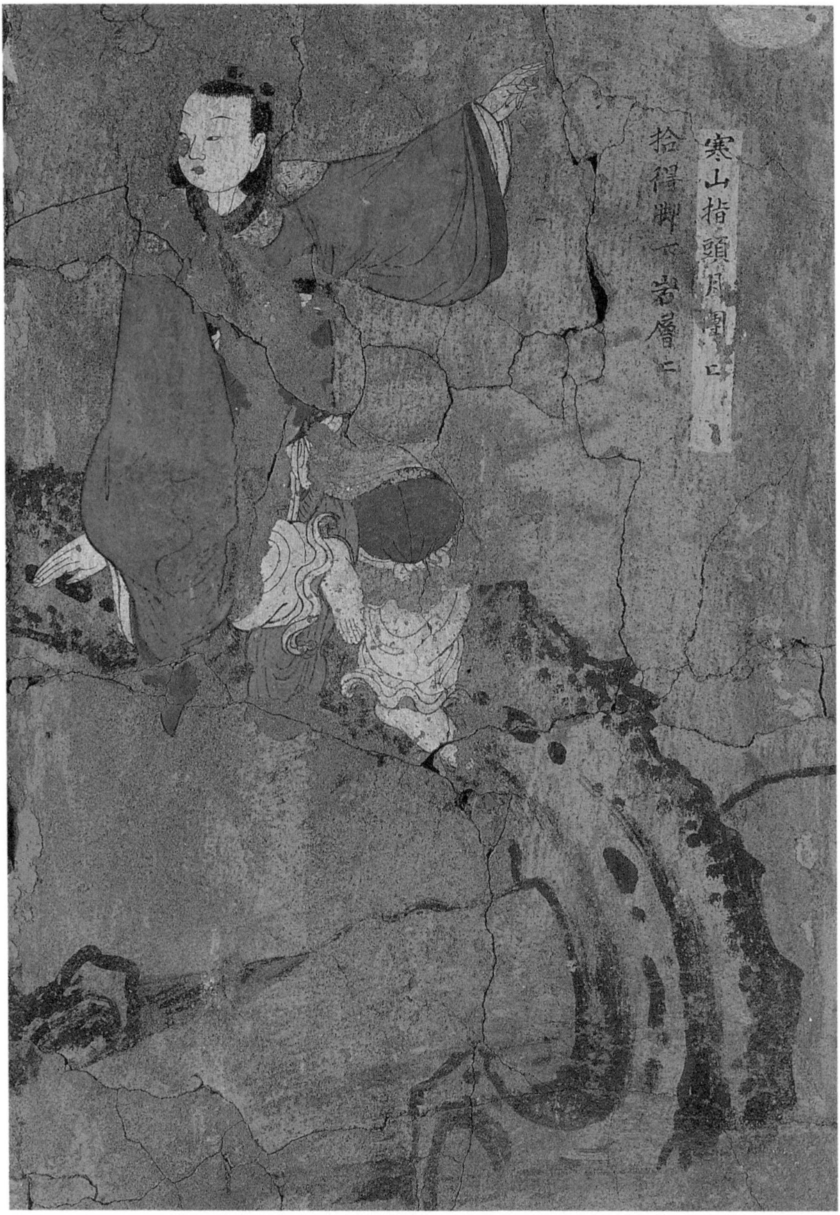

▲ 선운사 영산전 한산 · 습득벽화 – 사진 협조 성보문화재연구원.

글은 처음 낭지 스님의 제자인 지통과 원효의 이야기로 시작한다. 낭지는 정체불명의 승려였다. 낭지는 이 산중에 들어온 것이 무려 135년이나 되었다고 자기 입으로 말한다. 그의 출신에 대해서는 아무것도 알려진 것이 없다. 사람들도 그에 대해 까맣게 몰랐다. 그는 자신의 이름조차 밝히지 않았다. 그는 늘 《묘법연화경妙法蓮華經》을 강하였고, 신통력이 있었다. 암자는 영취산靈鷲山에 있었다.

661년에 지통이란 이름의 사미가 등장한다. 낭지도 알 수 없지만, 지통은 더 그렇다. 이량공伊亮公의 가노家奴라는 신분도 그렇고, 7살에 출가했다는 기록도 뜬금없다. 더구나 이 신통한 아이는 출가하자마자 신령한 까마귀의 인도로 영취산의 낭지를 찾아 나선다. 소년의 행동은 아무 거침이 없다. 영취산 자락 나무 아래서 쉬던 그는 보 대사普大士, 즉 보현보살을 만나 대뜸 계품戒品을 받는다. 계품을 받은 지통은 이름 그대로 지혜가 통해 마음의 문이 활짝 열렸다.

까마귀는 그가 찾아온다는 소식을 낭지에게도 미리 알렸다. 그의 이름이 지통智通인 것은 낭지朗智와 통하였다는 의미에서 지은 이름이었을까? 이름으로도 두 사람 사이에는 모종의 관련이 있다. 낭지는 신오神烏 또는 영오靈烏로 표현된 까마귀의 예고로 그를 맞았다. 그러고는 이를 산령山靈의 음조陰助라며 기뻐했다. 산신령은 누구인가? 변재천녀辯才天女다. 변재천녀는 아무 걸림 없는 말재주를 지녀 불법을 널리 펴는 천인天人이다. 그녀는 여덟 개의 손을 지녔고, 손마다 서로 다른 무기를 쥐고 있다. 그녀는 비파를 즐겨 타므로 비파는 변재천녀의 상징물로 쓰인다. 변재천녀에게는 15명의 동자가 있다. 여기에 선재善財 동자를 추가하기도 한다. 15동자는 1

일부터 15일까지 날마다 중생의 복과 지혜를 기원한다. 그러고 보면 지통은 변재천녀에게 속한 선재동자쯤에 해당하는 인물로 볼 수도 있겠다.

어린 소년은 자신을 맞이하러 왔다는 낭지의 말을 듣고 감격해 울었다. 낭지가 계를 주려 하자, 소년은 이미 보현보살의 정계를 받았다고 또박또박 말한다. 결국 스승 낭지가 외려 어린 아이에게 예를 올리는 기이한 형국이 벌어졌다. 영취산에 보현수普賢樹란 이름의 나무가 생기게 된 연유다.

소년이 묻는다. "스님! 이곳에 계신 지가 얼마나 되셨습니까?" 낭지가 대답한다. "135년 전이다." 소년은 낭지를 법사法師라 불렀다. 낭지는 자기가 법흥왕 14년 정미년(527)에 처음 이 산에 들어왔다고 했다. 제 3 〈흥법興法〉편에 실린 〈원종흥법元宗興法〉조에 관련 언급이 있다. 잠깐 읽어 본다.

> 《신라본기》에 법흥 대왕 즉위 14년에 소신小臣 이차돈이 불법을 위해 몸을 바쳤다고 했다. 이해는 소량蕭梁 보통 8년 정미년(527)이다. 서천축의 달마가 금릉으로 온 해이다. 이 해에 낭지 법사 또한 처음으로 영취산에 머물며 법을 열었다. 그럴진대 큰 가르침이 일어나고 쇠함은 반드시 원근에서 동시에 서로 감응함을 믿을 수 있겠다.

이차돈이 불법을 위해 순교하던 그해에 중국에는 서역에서 건너온 달마가 처음으로 선종의 가르침을 폈다. 그리고 같은 해에 낭지가 영취산에서 법회를 열었다. 불법이 중국과 신라에서 동시에 크게 일어난 감응이 있었다는 얘기다. 낭지는 이 땅에 불법이 처음

공인된 그해에 영취산으로 들어왔다. 이후 135년간《법화경》을 강설했다. 향읍에서도 그에 대해서는 아무도 몰랐다. 대충 이렇게 되는 이야기인데, 문맥 파악이 여간 난감하지 않다.

이 문제를 살피기 전에 먼저 해결해야 할 일은 낭지가 머문 영취산의 위치다.《삼국유사》는 영취산이 삽량주의 아곡현에 있다고 적었다. 삽량주는 양산이다. 아곡은 아서阿西 또는 구불求佛, 굴불屈弗이라고 한다.《신증동국여지승람》의 삽량주 즉 〈양산군〉조에는 아무리 살펴봐도 이런 지명이 없다. 오히려 〈울산군〉조에 관련 지명이 다 나온다. 울산은 신라 때 굴아화촌屈阿火村이다. 경덕왕 때는 하곡河曲 또는 하서河西라고 했다.《삼국유사》의 아곡이란 지명은 굴아화촌과 하곡에서 한 글자씩 따 온 이름이다. 굴아화촌의 풀이에 "신라의 지명은 화火라 한 것이 많은데 화는 불이 변해 그렇게 불리운 것"이라고 했다. 굴불이란 지명과도 합치한다. 영취산 동편에 있다고 한 태화강 역시 울산군에 속한 지명이다. 뒤에서 살필 〈연회도명緣會逃名〉조의 문수점文殊岾도 울산군 서쪽 25리 지점에 있다. 영취산은 울산에 있던 산 이름이다. 현재의 울주군 청량면 율리에 자리한 망해사望海寺의 뒷산이다.

그런데 일연은 영취산이 왜 양산에 있다고 했을까. 양산 통도사가 있는 뒷산 이름도 영취산이다. 영축산, 또는 취서산으로도 불리는 이 산은 낭지가 은거한 영취산과는 다른 산이다. 이곳 말고도 우리나라에는 여러 곳에 영취산이 있다. 경남 창녕과 밀양, 전남 여수, 경기 개성에도 있다. 취鷲는 독수리의 뜻이니, 전국 곳곳에 있는 수리봉, 또는 수리재도 다 같은 계열의 이름이다.

영취산은 인도 마갈타국摩竭陀國의 수도 왕사성王舍城 동북쪽에 위치한 기도굴산耆闍崛山(Grdhrakūta)의 다른 이름이다. 석가세존이《법화경》을 설법하신 장소다. 부처님께서 아승기겁에 언제나 상주하시며 중생을 위해 설법한다는 거룩한 공간이다. 취두산鷲頭山, 취봉鷲峯, 영산靈山 등으로 번역한다. 《법화경》의 게송 중에 "언제나 영취산과 그밖에 여러 머무는 곳에 상주한다[常在靈鷲山, 及餘諸住處]."고 적혀 있다.❖ 따라서 이 산에는 《법화경》에서 가장 중요한 보살인 보현보살과 문수보살이 상주하고, 변재천녀가 이를 수호한다는 것이다. 그런 성소聖所가 해동에도 있다는 것이고, 낭지가 이곳에서 《법화경》을 강설하고, 지통이 보현보살과 만나며 뒤에서 살필 연회가 문수보살과 변재천녀를 만나는 것은 지극히 자연스럽다.

❖ 김영태, 〈신라불교의 현신성불관〉, 《한국불교사정론》(불지사, 1997), 338쪽 참조.

기사의 뒷부분은 원효와 낭지의 관계를 설명했다. 반고사는 일연의 설명에 따르면 영취산의 서북쪽에 있던 절이다. 원효는 젊은 시절 이곳에 머물렀다. 그는 낭지의 지시로 《초장관문初章觀文》과 《안신사심론安身事心論》을 지었다. 《초장관문》은 원효의 저술인 《초장관심론初章觀心論》의 다른 이름이다. 원효는 낭지에게 자신을 서곡西谷에 사는 사미라며 한껏 낮췄다. 낭지에 대해서는 동악에 계신 상덕上德으로 높였다. 거처를 고암高巖이라 한 것을 보면 낭지가 머물던 암자가 영취산 높은 곳의 바위 아래 자리 잡았던 사정이 짐작된다. 자신의 저술이 취악鷲岳에 작은 티끌만 한 보탬이 되고, 용연龍淵에 미세한 물방울을 날리는 격이라도 되기를 바란다며 겸양했다. 이 같은 원효의 태도는 낭지의 위상을 상대적으로 우뚝하게 만든다.

끝부분에 울산의 태화강이 중국 태화지太和池의 용이 복을 심으려고 만든 것이라 용연龍淵이라 한다는 언급이 나온다. 용연 역시 《신증동국여지승람》 〈울산군〉조에 있다. 황룡연黃龍淵이 그것인데,

고을 서쪽 10리에 있고, 태화진大和津의 상류라고 했다. 중국 태화지의 용 운운한 것은 무슨 의미일까? 중국 태화지의 용 이야기는 앞서 살핀 〈대산오만진신〉조에 등장한다. 자장 법사가 중국 오대

▲ **반고사지** 울산시 울주군 두동면 천전리에 탑재가 흩어져 있는데 이곳이 반고사지로 알려져 있다.

산에서 문수보살의 진신을 뵙고 게를 받아 해동으로 건너올 때에 태화지의 용이 현신하여 재 올리기를 청하며 7일간 공양한 일이 있다. 〈자장정률〉에는 태화지의 용이 바쳤다는 목압침木鴨枕 이야기도 나온다. 이 태화지에서 울산의 태화강이란 이름을 연유했고, 상류의 못을 용연이라 한 것 또한 오대산의 문수대성을 기리고 그 복을 이 땅에 옮겨 오기 위함이었다고 설명했다. 또 〈감통〉편 〈선도산성모수희불사〉조의 기사에서 "고려 때 굴불지屈弗池의 용이 황제의 꿈에 나타나 영취산에 늘 약사도량을 열어 줄 것을 청했다." 고 한 기사도 보인다. 이래저래 영취산은 신라 불교의 상징적 중심의 하나였다.

구름 타는 낭지 스님

〈낭지승운〉조에서 정작 주인공인 낭지의 이야기는 지통과 원효의 서사가 다 끝난 뒤에 나온다.

> 스님은 늘 구름을 타고서 중국의 청량산으로 가서 대중을 따라 강의를 듣고 잠깐 만에 바로 돌아오곤 했다. 저들 중국 승려들은 낭지를 이웃에 사는 사람이라고들 했다. 하지만 사는 곳은 아무도 몰랐다. 하루는 대중에게 명하였다. "이곳에 상주하는 사람 외에 다른 절에서 온 승려는 저마다 사는 곳의 이름난 꽃과 기이한 식물을 가져와 도량에 바치도록

하라.” 낭지가 다음날 산중의 기이한 나뭇가지 하나를 꺾어 가서 드렸다. 저들 승려가 이를 보고 말했다. “이 나무는 범어 이름으로 달제가怛提伽라 한다. 이곳에서는 혁목赫木이라 하는데, 다만 서천축과 해동의 영취산靈鷲山에만 있다. 저 두 산은 모두 제 10법운지法雲地로 보살이 사는 곳이다. 이 사람은 반드시 성자일 것이다.” 마침내 그 행색을 살피고서야 해동의 영취산에 사는 것을 알았다. 이로 인해 그를 고쳐 보아, 이름이 온 세상에 드러났다. 신라 사람들이 그래서 그 암자를 혁목암赫木庵이라고 불렀다. 지금 혁목사의 북쪽 묏부리에 묵은 터가 있는데, 이곳이 그 옛터다. 《영취사기》에는 이렇게 적혀 있다. “낭지가 일찍이 말했다. ‘이 암자 터는 가섭불 당시의 절터다.’ 그러고는 땅을 파서 등잔 두 개를 얻었다. 뒤에 원성왕 대에 대덕 연회緣會라는 이가 있었다. 그가 와서 산중에 살며, 스님의 전기를 지어 세상에 전했다.” 《화엄경》을 살펴보니 제 10이 법운지法雲地이다. 이제 스님이 구름을 올라탄 것은 대개 부처님이 손가락 세 개를 구부리고, 원효가 몸을 1백 개로 나눈 것과 같은 종류다.

찬讚한다.

▲ **통도사가 있는 영축산 자락** 비 개인 후 피어오른 산안개가 자욱하다

생각건대 바위 속에 백년 간 숨어 살아　想料嵓藏百歲間
높은 이름 인간 세상 떨어진 적 없었지.　高名曾未落人寰
산새가 제멋대로 떠들어 댐 막지 못해　不禁山鳥閑饒舌
구름 타고 뜬금없이 오가던 일 들통났네.　雲馭無端洩往還

낭지가 구름을 타고 날아간 곳은 중국의 청량산이다. 청량산은 오대산의 다른 이름이다. 앞서 자장 법사가 문수보살을 만났던 태화지가 있는 곳이기도 하다. 우리의 오대산도 문수대성과 오만진신이 상주하는 법도량으로 상정되었다.

청량산의 승려들은 법회에 참석하는 정체를 알 수 없는 승려가 못내 궁금했다. 기화이초를 바치라는 명이 있었고, 낭지는 범어로 달제가, 한자로는 혁목으로 불리는 나뭇가지를 꺾어다 바친다. 달제가 가지를 본 중국 승려는 대뜸 이 나무가 서천축과 해동 영취산에서만 나는 것임을 알았다. 제 10법운지法雲地 보살이 사는 곳에서만 나는 나무라고 했다. 보살의 수행은 모두 52단계로 구성된다. 이 가운데 41단계부터 50단계까지가 십지十地다. 이 보살 십지의 최고 지위인 열 번째 단계가 바로 법운지다. 지바라밀智波羅蜜을 성취하고 의혹을 모두 끊어 끝없는 공덕을 갖춰 한량없는 공덕수功德水를 끌어내는 경지다. 이것이 마치 거대한 구름이 허공을 덮어 온 세상에 청정한 비를 내리는 것과 같다고 보아 법운지라 한다. 지혜의 구름이 단이슬 비를 내려 준다는 상서로운 지위이다.

이 일로 낭지의 존재가 비로소 세상에 드러났다. 신라 사람들도 그가 있던 암자를 혁목암이라 불렀다. 〈영취사기〉에 적힌 낭지의 말은 이렇다. "혁목암 터는 가섭불 당시 전불 시대의 절터다." 땅을 파 보니 그때의 등잔 두 개가 나왔다. 이후 연회緣會라는 승려가 이 산에 들어와 낭지 스님의 전기를 지었다.

끝에서 낭지 스님이 구름을 올라타고 중국을 왕래한 것이 불타가 손가락 세 개를 구부리고, 원효가 몸을 1백 개로 나눈 것과 같다고 한 설명이 흥미롭다. 불타佛陀의 굴삼지屈三指는 손가락 셋을 구부린 수인手印이다. 이를 통해 어떤 이적을 나타낸 듯하나 아직 문헌 근거를 못 찾았다. 원효의 분백신分百身은 〈원효불기〉조에 "송사로 인하여 몸을 1백 개의 소나무에 나누었다."고 한 언급을 두고 한 말이다. 전후의 자세한 정황은 역시 찾을 수 없다.

끝에 찬시 한 수가 붙었다. 135년간 바위틈에 숨어 살았어도 세상 사람들은 그의 존재를 전혀 몰랐다. 그런데 신령스런 까마귀가 지통을 데려와 법석을 떠는 바람에 그의 존재가 세상에 알려졌다. 나아가 그가 구름을 타고 중국 청량산을 오가던 일도 드러나고 말았다는 내용이다. 정작 낭지를 찾아온 지통은 의상義湘 스님에게 가서 그 문하의 10대덕大德의 하나로 이름이 났다. 《추동기錐洞記》는 의상이 문도들을 이끌고 소백산 추동錐洞으로 들어가 3천의 무리에게 90일간 《화엄경》을 강론한 것을 지통이 핵심만 간추려 정리한 책이다.

결국 성자의 기림을 받았던 고승 낭지의 법맥은 지통에게 이어지는 대신 몇 세대를 건너 뛰어 연회의 등장을 기다려야 했다. 낭지의 생애는 지통을 맞이하는 장면과 원효와의 짧은 인연, 이어 구름을 타고 청량사를 왕래하던 짤막한 에피소드로만 남았다. 출생도 죽음도 아무 남은 기록이 없다.

시들지 않는 연꽃

〈낭지승운 보현수〉조를 이어 〈피은〉편의 두 번째 이야기는 〈연회도명緣會逃名 문수점文殊岾〉조다. 고승 연회가 이름을 피해 달아난 이야기와 문수점에 얽힌 사연을 담았다.

고승 연회緣會는 영취산에 숨어 살았다. 늘 《법화경》을 읽고 보현보살의 관행법觀行法을 닦았다. 뜰 연못에는 언제나 연꽃 몇 송이가 피어 사철 내내 시들지 않았다(지금 영취사 용장전龍藏殿이 바로 연회의 옛 거처다). 임금인 원성왕이 그가 상서롭고 기이하다는 소문을 듣고, 불러서 국사國師로 삼으려고 했다. 스님이 이 말을 듣고는 암자를 버리고 달아났다.

가다가 서쪽 고개의 바위 사이를 넘고 있는데, 한 늙은이가 막 밭을 갈고 있다가 물었다. "스님 어딜 가십니까?" "내 듣자니 나라에서 잘못 듣고서 나를 벼슬로 묶어 두려 한다길래 피하는 길입니다." 노인이 듣고 나서 말했다. "여기서 장사할 수 있는데 어찌 수고로이 멀리 가서 파십니까? 스님께서 이름을 판다고 말해도 괜찮겠습니까?" 연회는 자기를 업신여긴다고 여겨 듣지 않았다. 마침내 몇 리쯤 가서 냇가에서 한 노파를 만났다. 노파가 물었다. "스님, 어디로 가십니까?" 앞서와 같이 대답했다. 노파가 말했다. "앞에서 사람을 만났던가요?" "어떤 늙은이가 저를 몹시 모욕하기에 성을 내고 왔습니다." 노파가 말했다. "문수 대성大聖이로군요. 말하는데 어째서 안 들었던가요?"

연회가 듣자마자 놀랍고도 두려워 급히 늙은이가 있던 곳으로 되돌아왔다. 이마를 조아리고 뉘우치며 말했다. "성자의 말씀을 어찌 감히 듣지 않겠습니까? 그래서 이제 돌아왔습니다. 냇가의 노파는 어떤 분이신지요?" 늙은이가 말했다. "변재천녀辯才天女일세." 말을 마치더니 마침내 숨어 버렸다. 이에 암자로 돌아왔다. 조금 있더니 왕의 사자가 조서를 가져와 그를 찾았다. 연회가 마땅히 받아야 할 업業인 줄을 알고 이에 조서에 응해 대궐로 나아가니, 그를 봉하여 국사로 삼았다(승전에는 헌안왕이 두 조정의 왕사로 삼고 호를 조照라고 했는데, 함통咸通 4년(863)에 죽었다고 했다. 원성왕의 연대와는 서로 맞지 않는다. 어느 것이 옳은지 모르겠다). 스님이 늙은이와 감응한 곳을 인하여 문수점文殊岾이라 하고, 여인을 만나 본 곳은 아니점阿尼岾이라고 한다.

찬讚한다.

저자에선 숨기 어려워 오래 묻혀 지냈건만	倚市難藏久陸沈
주머니 속 송곳 삐져나와 간수하기 어려웠지.	囊錐旣露括難禁
연회의 뜰 청련靑蓮이 그르치게 한 것일 뿐	自緣庭下靑蓮誤
구름 산이 깊지 않아 그런 것은 아니라오.	不是雲山固未深

연회는 원성왕(785-798)대에 활동한 승려다. 지통이 낭지를 찾아간 661년과는 120년 이상의 시간 거리가 있다. 한편《승전僧傳》의 기록에 따르면 헌안왕(857-860)이 연회를 이조왕사二朝王師로 봉했고, 함통 4년(863)에 세상을 떴다고 했다. 이 기록을 기준으로 보면 근 200년의 차이가 생긴다.

연회 또한 낭지와 마찬가지로 영취산에 숨어 살았다. 그도《법화경》을 늘 읽었고, 보현보살의 관행법을 닦았다. 그의 거처는 영취사 용장전龍藏殿이었다. 그가 특별히 주목을 끈 것은 뜨락 연못의 연꽃 때문이었다. 어쩐 일인지 그의 연꽃은 사철 내내 시드는 법이 없었다. 사철 시들지 않는 신비로운 연꽃 이야기는 임금인 원성왕의 귀에까지 들어갔다. 왕은 그를 국사國師로 삼으려 했다. 연회는 이 소문을 듣고 깜짝 놀라 암자를 버리고 숨으려 한다. 서쪽 고개의 바위 사이를 타고 넘을 때 한 늙은이와 만나 문답을 주고받는다. "헛된 이름을 피해 숨는 길입니다." "그깟 이름이야 그냥 여기서 파시지 힘들게 멀리 가서 파시렵니까? 스님은 결국 매명賣名을 하시려는 게로군요." 노인의 말 속에 가시가 있다. 도명逃名 즉 이름을 피해 달아난다는 사람에게 그것이 결국 매명을 하자는 수작이 아니냐고 다그쳤다. 이름을 감춘다는 것은 명성을 감추자는 것이 아니라 아상我相을 감추자는 것이 아닌가? 그런데 그대는 명성을 감추겠다면서 아상을 드러내고 있군 그래. 노인의 힐난은 이런 것이다.

연회가 그 말귀를 못 알아들었을 리 없다. 그는 노인의 수작이 불쾌했다. 다시 몇 리를 더 가서 노파를 만난 뒤에야 비로소 그 노인이 문수 대성임을 뒤늦게 깨닫는다. 정신이 번쩍 들어 되돌아올 때까지 노인은 그 자리에 그대로 있다. 노파는 변재천녀였다. 변재천녀는 앞서 낭지의 이야기에 한 차례 등장하고, 여기서 두 번째로 나온다. 문수대성과 변재천녀는 결국 임금의 부름을 피해 숨던 연회를 제자리로 돌려놓고 사라졌다.

연회는 결국 세상으로 나가서 국사가 되었다. 그래서 영취산에는 지통이 보현보살과 만나 계를 받은 보현수普賢樹와 연회가 문수대성을 만난 문수점文殊岾이란 두 공간이 생겨났다. 또 문수점에서 서쪽으로 몇 리 더 가서 변재천녀와 회동한 지점에는 아니점阿尼岾이란 명칭이 남았다.

그런데 이상하다. 〈피은〉편은 세상을 피해 숨은 은자들의 이야기다. 하지만 낭지와 연회의 경우는 그렇지가 않다. 그들은 모두 피해 숨으려다가 오히려 세상에 알려진 인물들이다. 게다가 연회는 국사에 오르기까지 한 인물이 아닌가. 일연은 연회의 이야기를 어째서 굳이 〈피은〉편에서 다루었을까? 일연의 찬시 속에 그 대답이 있다.

저자에서 숨기란 어려운 일이어서, 오래도록 영취산 깊은 산중에서 숨어 지냈다. 하지만 주머니 속 송곳처럼 명성이 퍼져 감을 막지 못했다. 빌미가 된 것은 사철 시들지 않는 연꽃이다. 연꽃으

▲ 장육사 대웅전 문수동자도 – 사진 협조 성보문화재연구원.

로 제 존재를 드러내지 않았더라면 임금이 사람을 보내 부르는 일도, 부름을 피해 달아나다가 문수대성에게 야단맞을 일도 애초에 없었을 것이다. 깊은 산속으로 숨는다고 이름이 가려지는 것은 아니다. 사철 피어난 연꽃 속에 이미 나의 아상我相과 아만我慢이 깃들어 있다. 피해 숨는 것은 내 존재를 지우는 것이다. 국사로 불려가도 아상이 없다면 나는 숨어 사는 것과 다를 것이 없다. 인적 끊긴 산중이라도 아만이 가득하면 사람이 붐비는 네거리를 벌거벗고 활보하는 것과 한가지다. 앞서 낭지 관련 기사에 붙인 찬시에서도 산새가 제멋대로 떠들어 댐을 막지 못해 구름 타고 중국을 오간 사적이 세상에 드러난 것을 말한 대목이 있다. 서로 맥락이 같다.

연회가 머물고 있었다던 영취사는 어떤 절인가? 제 4 〈탑상〉편, 〈영취사〉조에 관련 내용이 보인다.

> 절에 있는 옛 기록에 말했다. "신라 진골 제 31대 임금 신문왕 대인 영순永淳 2년 계미년(683)에 재상 충원공忠元公이 장산국萇山國(곧 동래현이니, 내산국萊山國이라고도 한다)의 온천에서 목욕하고 성으로 돌아올 적에 굴정역屈井驛 동지桐旨 들에 이르러 멈추어 쉬었다. 갑자기 어떤 사람이 매를 놓아 꿩을 쫓는 것을 보았다. 꿩은 날아서 금악金岳을 지나더니 아득히 종적이 없어졌다. 매방울 소리를 듣고 이를 찾다가 굴정현 관아 북쪽 우물가에 이르렀다. 매는 나무 위에 앉아 있고, 꿩은 우물 속에 있었다. 물이 온통 핏빛이었는데 꿩은 두 날개를 펼쳐 새끼 두 마리를 감싸 안았다. 매 또한 마치 측은하여 감히 낚아채지 못하는 듯하였다. 공이 이를 보

고 불쌍히 여겨 감회가 있었다. 땅을 물어 보니 절을 세울 만하다고 했다. 서울로 돌아와 왕에게 말씀드리고 그 고을을 다른 곳으로 옮겼다. 그 땅에 절을 세우고 이름을 영취사라고 했다.

장산국의 온천은 지금의 동래 온천이다. 재상 충원공은 굴정역 근처에서 매에게 다급하게 쫓기는 꿩을 보았다. 꿩은 날아 금악金岳, 즉 금정산을 지났다. 달아나 숨은 곳은 굴정현 관아 북쪽에 있던 우물 속이었다. 꿩은 피투성이인 채로 새끼 두 마리를 감싸 안고 있었다. 매도 그 모성에 측은함을 느꼈는지 그저 보고만 있었다. 충원공은 이 일을 왕에게 아뢰어 현청을 다른 곳으로 옮기고 그 곳에 절을 세웠다. 그 절이 바로 영취사라는 것이다.

굴정현은 어디인가? 정확한 위치가 비정되지 않는다. 다만 동래 온천에서 경주로 돌아오는 길에 지난 곳이고, 금악을 지난 지점에 있었다면 양산 또는 울산 방면의 어느 지점일 것이다. 그런데 앞서 고승 연회가 이 영취사의 용장전에 거처했다고 했다. 영취산이 있던 울산 아곡의 굴불역屈弗驛과 굴정역屈井驛도 명칭이 묘하게 겹친다. 같은 지명을 다르게 적은 것일까?

어쨌거나 영취산이 새와 관련 깊은 것은 음미할 만하다. 산 이름의 취鷲가 맹금류 중의 으뜸인 독수리이고, 앞서 지통을 영취사로 안내한 것은 영오靈烏, 즉 까마귀였으며, 영취사 창건 설화에는 또 신통한 매와 모성을 지닌 꿩이 등장하고 있는 것이다.

영취산은 《삼국유사》에 한 번 더 등장한다. 제 2 〈기이〉편의 〈처용랑망해사〉조가 그것이다. 헌강왕이 학성鶴城 서남쪽 개운포開雲浦를 지날 때 구름 안개에 갇혀 버렸다. 동해 용의 조화임을 알고, 그곳에 절을 세워 주기로 약속하자 구름 안개가 말끔히 걷혔다. 서울로 돌아온 왕은 영취산 동쪽 기슭 경치가 빼어난 곳에 절을 세우게 했다. 망해사望海寺 또는 신방사新房寺로 불린 이 절은 동해 용을 위해 지은 것이었다. 앞서 태화지의 용이 복을 빌려고 용연을 만들었다는 이야기와도 포개진다.

▲ 헌강왕이 동해 용을 위해 지었다는 망해사지.

썩지 않는 혀

〈피은〉편의 세 번째 이야기는 〈혜현구정惠現求靜〉이다. 여기에는 백제 승려 혜현惠現과 고구려 승려 파약波若 이야기가 실려 있다.

혜현 스님은 백제 사람이다. 어려서 출가했다. 고심으로 뜻을 온전히 해서 《법화경》 외우는 것을 일과로 삼았다. 기도로 재앙을 물리치고 복을 청하니 신령스런 감응이 실로 많았다. 아울러 삼론三論을 공부하고, 도를 닦아 신령과 통하였다. 처음에는 북부의 수덕사修德寺에 머물렀다. 대중이 있으면 강講하고, 없으면 불경을 외웠다. 사방에서 멀리 풍모를 흠모하여 문 밖에 신발이 가득했다. 차츰 번거롭게 사람들에게 에워싸이는 것이 싫증나서 마침내 강남의 달나산達拏山으로 가서 살았다. 산이 몹시 험준하여 왕래가 힘들고 드물었다. 혜현은 고요히 앉아 번뇌 잊기를 구하다가 산중에서 마쳤다.

함께 공부하던 이가 시신을 들어 석실 가운데 놓아두었다. 범이 유해를 다 먹어 치웠는데, 다만 해골과 혀만 남았다. 3년이 지나도록 혀는 붉고 부드러운 채로 있었다. 그 뒤로는 자줏빛으로 변해 딱딱하기가 돌과 같았다. 승려와 속인이 이를 공경하여 석탑에 간직해 두었다. 속세의 나이가 58세이니, 정관 초년(627)이었다. 혜현은 중국에 가서 배우지 않았고, 조용히 물러나 마쳤다. 그런데도 그 이름이 중국 여러 지역에 알려져, 전기가 지어지니, 당나라에까지 명성이 드러났다.

또 고구려 승려 파약波若은 중국 천태산에 들어가 지자智者 스님의 교관敎觀을 받들었다. 신이함으로 알려졌는데, 산중에서 죽었다. 《당승전》에 또한 기록이 있다. 자못 영험스런 가르침이 많았다.

주미로 경전 전함 한바탕 지겨워서　　麈尾傳經倦一場
지난날의 맑은 독경 구름 속에 감추었지.　去年淸誦倚雲藏
부질없는 푸른 역사 이름 멀리 전하리니　風前靑史名流遠
불 속의 홍련인 양 혀에 향기 남았구려.　火後紅蓮舌帶芳

그는 백제 승려였다. 그 또한 《법화경》 독송하는 것을 일과로 삼았다. 그 영험으로 많은 감응이 있었다. 그는 중국에도 가지 않았던 국내파였다. 수덕사에서의 번잡함을 못 견딘 그는 멀리 강남 달나산으로 숨어 들어갔다. 그곳에서 고요히 앉아 구망求忘했다. 그가 잊으려 했던 것은 무엇이었을까? 세상과 번뇌, 그리고 생각과 아집이었을 것이다. 마침내 모두 다 잊고 여여한 본성만 남긴 채 그는 세상을 떴다.

그는 자신의 몸뚱이를 산중의 주린 범에게 보시했다. 하지만 범은 그의 육신 중에서 《법화경》을 독송하던 그 영검스런 혀만은 먹지 않고 그대로 남겨 두었다. 어쩐 일인지 혀는 3년이 지나도록 붉은빛을 유지한 채 부드러움을 잃지 않았다. 그러더니 3년이 지나자 자주색으로 변해 돌처럼 굳어졌다. 그가 세상을 뜰 때 나이가 58세였다. 이해는 627년이었다.

일연의 찬은 이렇다. 주미麈尾, 즉 사슴 꼬리로 만든 총채를 들고 대중에게 불법을 펴는 일도 이제는 지쳤다. 사람들의 마음이 맑아

지던 독경 소리도 구름 속에 감추련다. 인간의 역사라는 것은 바람 앞의 등불 같은 것이 아니더냐. 불 속에서 피어나는 연꽃인가? 《법화경》을 강설하던 그 혀에 아직도 향기가 감돈다.

고구려 승려 파약波若은 반야般若로도 쓴다. 그는 천태산 지의智顗 선사에게서 천태교관天台敎觀을 전수받았다. 지의 선사는 그에게 천태산 최고봉에 올라가 고요히 지내면서 수행에 힘쓸 것을 권면했고, 그는 스승의 가르침에 따라 정상인 화정산華頂山에서 밤낮없이 눕지도 자지도 않고 16년간 수행했다.❖ 그 또한 법화삼매와 삼체원융三諦圓融을 종지로 하는 천태정관天台正觀을 닦았다. 역시 법화의 신앙을 실천했던 인물이다.

❖ 그의 전기가 황유복, 진경부 편저, 《해동입화구법고승전海東入華求法高僧傳》(중국사회과학출판사, 1994) 권 3, 32쪽, 〈법화사法華師〉 조에 수록되어 있다.

더 흥미로운 것은 《법화경》의 신통한 응험을 다룬 《홍찬법화전弘贊法華傳》에 실린 신라 승려 연광緣光의 전기다. 전문을 읽는다.

> 승려 연광緣光은 신라 사람이니, 선대는 삼한의 후예다. 〈안량원직도桉粱員職圖〉에는 "신라국은 위나라에서는 사로斯盧라 하고 송나라에서는 신라라 하니, 본래 동이東夷의 진한국辰韓國이다." 연광은 대대로 명문의 집안이었다. 오래전부터 불교 신앙이 돈독했다. 일찍 좋은 인연을 만나 어려서 승복을 입었다. 수행에 정진하고 지혜를 마음에 두니, 식견이 남보다 높았다. 경전의 조목은 반드시 외웠고, 마음을 두어 틀림없이 깨달았다.
>
> 다만 변방의 땅에서 사는지라 바른 가르침을 깨우치지 못하므로, 수隋나라 인수仁隋 연간(601-604)에 오吳나라 땅에

왔다. 마침 지자智者 스님이 와서 널리 《묘법연화경》을 강설하였다. 먼저 아침저녁으로 받들면서 쌍밀雙密을 행하여 이해하더니, 몇 년 만에 문득 크게 깨달았다. 지자가 그에게 즉시 나아가 《묘법연화경》을 강하게 했다. 준랑俊郎의 무리가 신통함에 감복하지 않는 이가 없었다. 그 뒤로 천태별원天台別院에서 묘관妙觀을 더욱 닦았다. 갑자기 몇 사람이 나타나 천제天帝께서 강경講經을 청한다고 하였다. 연광은 말없이 이를 허락하였다. 이에 갑자기 기절하여 열흘이 지났다. 낯빛은 평소와 다름없었고, 다시 본래대로 돌아왔다. 마침내 기업器業을 이루었다.

장차 신라로 돌아오려고 수십 인과 함께 큰 배를 타고 바다 가운데 이르자 배가 홀연 가지 않았다. 한 사람이 말을 타고 물결 위를 건너오더니 뱃머리에서 말했다. "해신海神께서 스님을 청하니 잠시 궁중에 가셔서 강설해 주십시오." 연광이 말했다. "빈도의 이 몸뚱이는 사물에 이롭게 쓰기로 맹세했습니다. 배와 내 동반들을 맡기지 못하니 어찌합니까?" 그가 말했다. "사람들도 함께 가십시다. 배도 아무 염려 마십시오." 이에 무리와 함께 같이 배에서 내려 몇 걸음을 떼자 다만 큰길이 평탄하고 향기로운 꽃이 길에 가득한 것만 보였다. 해신이 일백의 시종을 이끌고서 궁중에서 맞아들였다. 보배구슬이 휘황찬란하여 마음과 눈길을 비춰 정신을 빼앗길 지경이었다. 인하여 《법화경》을 한차례 강설하니, 보배를 크게 내리고 다시 전송하여 배에 올랐다.

연광이 본 고향에 이르렀다. 늘 《법화경》의 가르침을 널리 펴니 법문을 크게 여는 데 실로 공이 있었다. 여기에 더하여 어려서부터 지송持誦하여 날마다 한 차례씩 읽었다. 죽을 때까지 이 일을 그만두지 않았다. 나이가 80이 다 되어 머물던 곳에서 세상을 떴다. 화장을 마쳤는데 혀만 홀로 남아 있었다. 온 나라가 보고 듣고서 모두들 보기 드문 일이라고 감탄하였다. 연광은 두 누이가 있었다. 일찍부터 청신淸身에 마음을 두었는데, 그 혀를 거두어 공양하였다. 자주 혀가 혼자서 《법화경》을 독송하는 소리를 듣곤 했다. 누이가 《법화경》의 글자를 모르는 곳이 있어 이를 물으면 모두 말해 주었다. 신라 승려 연의連義라는 이가 있어 나이가 80이었다. 해진 옷으로 하루에 한 끼만 먹으며 고행으로 정진함이 무리 중에 뛰어났다. 나와 한곳에 머물며, 이 일을 말해 주므로 이를 기록해 둔다(《홍찬법화전》(《대정장大正藏》 51) 권 3에 수록되어 있다).

연광은 신라 명문가의 자제였다. 그도 고구려 승려 파약과 마찬가지로 지의智顗에게서 《묘법연화경》을 배워 크게 깨달았다. 스승의 분부로 동료 승려들에게 《법화경》을 강설했고, 또 하늘에 올라 천제에게도 《법화경》을 강설했다. 귀국 시에는 용궁에 초대되어 강경하였다. 그는 어려서부터 죽는 날까지 하루도 빠짐없이 《법화경》을 독송했다.

여기에도 혀만 남은 이야기가 등장한다. 앞서는 범이 먹다가 남긴 것이지만, 이번에는 화장을 했는데도 타지 않고 남았다. 혀는 혼자서도 《법화경》을 독송하는 소리를 내곤 했다. 두 누이가 《법화경》을 읽다가 모르는 곳이 있어 물으면 혀가 척척 대답해 주었다. 이처럼 혀만 남은 두 승려의 이야기는 당시 신라인이 《법화경》 독송의 감응력을 어떻게 인식하고 있었는지를 잘 보여 준다.

이상 영취산과 《법화경》을 매개로 한 낭지와 지통, 연회 등 〈피은〉편에 나오는 승려의 이야기를 읽었다. 석가모니 부처님이 《법화경》을 강설했던 인도의 영취산은 전불 시대 가람터였던 신라 땅에도 엄연하게 존재했다. 부처님을 도와 불법을 전한 문수보살과 보현보살, 이를 수호한 변재천녀도 영취산에 상주하며 법화 신앙의 포교를 도왔다. 보현수와 문수점, 아니점의 지명으로 남은 이들의 자취에 그토록 간절했던 신라인들의 불법을 향한 염원이 새겨져 있다.

〈피은〉편에는 영취산뿐 아니라 속세와 인연을 끊고 깊은 산중으로 피해 숨은 사람들의 이야기를 모아 놓았다. 속세와 단절하고 들어간 신충의 단속사斷俗寺와 세상을 피해 들어간 염불사念佛師의 피리避里 같은 지명에도 모두 피은避隱의 뜻이 깃들어 있다. 세상은 늘 시끄럽고 자주 소란스럽다. 구도를 향한 뜨거운 열정이 신라 승려의 발길을 깊은 산속으로 끌어들였다. 구원성불久遠成佛과 여래출세如來出世의 간절한 소망을 품고 삼승귀일三乘歸一의 염원을 담아 그들은 《법화경》을 읽고 또 읽었다. 깊은 산속에서 울려 퍼진 그 독경 소리가 임금의 귀를 적시고, 산새를 울렸다. 보살이 상주하고 천녀가 수호하는 땅, 상서로운 구름 속에 신령한 응험이 메아리로 되돌아온다. 불에도 타지 않고, 범도 감히 범접하지 못하는 붉은 혀는 어떤가? 갸륵한 원력願力으로 쌓은 공덕의 탑이 높았다.

신령스런 독수리와 영험한 까치, 신통한 매와 교감하던 그들의 신심을 이제 와서 어데 가 찾을까? 아! 우리는 자꾸 길 위에서 길을 잃고 길을 찾아 헤맨다.

대나무에 대한 기억

화랑정신이 신라를 견인했다.
애초 한반도 구석의 제일 작은 나라가
삼국 통일의 주체가 되리라고 생각한 사람은 아무도 없었다.
수많은 악전고투가 있었다.
절체절명의 순간마다 젊은 화랑이 앞장서서 장렬히 산화했다.
그것을 신호탄으로 열악하던 전세는 늘 기적처럼 뒤집혔다.
통일 이후 신라는 다시금 당나라와 전쟁을 시작한다.
이 과정에서 왕권의 향배와 정세 판단을 놓고
진골 귀족들 사이에 분란이 있었다.
김흠돌의 난 이후 화랑단의 중심부에 있던
진골 귀족들이 잇따라 숙청되었다.
화랑의 몰락은 참담했다.
통일의 주역들은 기억에 묻히고, 찬밥 신세가 되었다.
그들은 쿠데타 잠재세력으로 견제받아
모든 정치적 활동에서 배제되고 기득권을 박탈당했다.
서운해도 어쩔 수가 없었다.
세상 이치란 것이 늘 그런 법이니까.
이 와중에 벌어진 대나무에 얽힌 몇 이야기를 엮어 읽는다.

만파식적 이야기

《삼국유사》 〈기이〉편 권 2는 삼국통일 이후 문무왕부터 시작하여 각 왕별로 하나의 기사를 실었다. 신문왕 조를 대표하는 기사는 〈만파식적萬波息笛〉조다. 만파식적은 일만 가지 풍파를 잠재운다는 대나무 마술 피리다. 31대 신문왕은 아버지 문무왕이 서거하자 동해 바닷가에 감은사感恩寺를 창건했다. 즉위 원년인 681년의 일이다. 본문으로 들어간다.

> 이듬해(682) 임오년 5월 초하루에 해관海官을 맡고 있던 파진찬 박숙청朴夙淸이 아뢰었다. "동해 중에 작은 산이 있는데, 감은사를 향해 떠 와서 물결 따라 왔다 갔다 합니다." 왕이 기이하게 여겨 일관 김춘질金春質에게 명하여 점치게 했다. 그가 말했다. "거룩하온 아버님께서 이제 바다 용이 되시어 삼한을 눌러 지키십니다. 게다가 또 김유신 공은 33천의 한 분이신데 이제 내려와 대신이 되셨습니다. 두 분 성인께서 덕을 함께하사 성을 지킬 보물을 내려 하십니다. 폐하께서 바닷가로 행차하신다면 반드시 값으로 따질 수

없는 보배를 얻으리이다."

왕이 기뻐 그달 7일에 이견대利見臺로 행차했다. 그 산을 바라보며 사람을 보내 살피게 했다. 산의 형세가 거북의 머리 같은데, 꼭대기에 대나무 한 그루가 있었다. 낮에는 둘로 되고 밤에는 하나로 합쳐졌다. 심부름 갔던 사람이 와서 이를 아뢰었다.

왕이 감은사에 납시어 묵었다. 이튿날에는 환한 대낮에 대나무가 합하여 하나가 되었다. 천지가 진동하고 비바람이 몰아쳐서 7일간이나 캄캄했다. 그달 16일에야 바람이 걷히고 파도가 가라앉았다. 왕이 바다로 떠서 그 산에 들어갔다. 용이 검은 옥으로 만든 허리띠를 받들어 와서 바쳤다. 맞이하여 함께 앉아 물었다. "이 산과 대나무가 갈라졌다가 합쳐지는 것은 어째서입니까?" 용이 말했다. "비유하면 이렇습니다. 한 손으로 쳐 봐야 소리가 없지요. 두 손을 마주 치면 소리가 납니다. 이 대나무란 물건은 합쳐져야만 소리가 납니다. 거룩하신 왕께서 소리로 천하를 다스릴 상서로운 조짐입니다. 왕께서 이 대나무를 가져다가 피리를 만들어 부시면 천하가 화평해질 것입니다. 이제 돌아가신 아버님께서는 바닷속의 큰 용이 되셨고, 유신 공은 다시금 천신이 되셨습니다. 두 성인이 한마음이 되어 이 값으로 칠 수 없는 큰 보물을 내시고, 저를 시켜 바치게 한 것입니다." 왕이 놀라고 기뻐하여 오색 채단과 금옥으로 답례했다. 칙사가 대나무를 잘라 바다로 나올 때 산과 용은 홀연 숨어 보이지 않았다.

왕이 감은사에서 묵었다. 17일에 기림사 서쪽 냇가에 이르러 수레를 멈추고 점심을 먹었다. 태자 이공理恭(바로 효소

대왕이다)이 대궐을 지키다가 이 일을 듣고, 말을 달려와서 하례 드렸다. 천천히 살펴보더니 이렇게 아뢰었다. "이 옥대의 여러 구멍 장식은 모두 진짜 용입니다." "네가 어찌 아느냐?" 태자가 말했다. "장식 하나를 따서 물에 담가 보여 드리겠습니다." 이에 왼편 두 번째 구멍의 장식을 따서 시내에 담그니, 바로 용이 되어 하늘로 올라갔다. 그 땅은 연못이 되었는데, 인하여 용연龍淵이라 부른다.

어가御駕가 돌아와 대나무로 피리를 만들어 월성月城의 천존고天尊庫에 간직했다. 이 피리를 불면 적이 물러나고 병이 나았다. 가물다가 비가 오고, 비 오다가 개었다. 바람이 잠잠해지고 물결이 가라앉았다. 이름하여 만파식적萬波息笛이라 하고, 국보로 일컬었다. 효소왕 대인 천수 4년 계사(693)에 이르러 부례랑夫禮郎이 살아 돌아온 기이함으로 인하여 봉호를 고쳐 만만파파식적萬萬波波息笛이라 하였다. 그의 전기에 상세히 보인다.

〈만파식적〉은 신문왕 2년 5월의 기사다. 아버지 문무왕의 해중릉이 있는 바닷가에 떠오른 산 위 대나무 한 그루가 낮에는 산과 함께 갈라져 둘이 되고 밤에는 하나로 합쳐지는 이적을 보였다. 산은 5월 1일에 나타났고, 왕은 5월 7일에 바닷가로 행차했다. 낮에 둘로 되던 대나무는 왕이 바닷가에 행차하자 오시午時인데도 하나로 합쳐져 천지가 밤이 되었다. 이런 현상이 7일간 계속되다가 5월 16일에야 잠잠해졌다. 왕은 배를 타고 바다 위 산에 들어가 용과 대면한다. 용은 흑옥대黑玉帶를 바치고, 대나무를 베어 피리로 만들 것을 일러 준다.

▲ **감은사지 전경** 아래쪽 돌출부가 예전의 선착장 자리다.

왜 대나무가 둘로 되었다가 하나로 합쳐졌다 하느냐는 왕의 물음에 용은 고장난명孤掌難鳴으로 대답한다. 두 손바닥은 맞닿아야 소리가 난다. 대나무도 두 쪽이 합쳐져야 소리가 난다. 그래야 피리를 만들 수가 있다. 반쪽으로는 안 되고 둘이 합쳐야 힘이 생긴다. 위력을 발휘한다. 무슨 뜻일까? 앞서 일관 김춘질의 점괘 풀이는 이랬다. 문무왕은 바다 용이 되어 삼한을 진호鎭護하고, 33천의 한 사람인 김유신이 대신으로 내려와 있다. 이성동덕二聖同德으로 무가대보無價大寶를 주려 한다고 했다. 대신으로 내려와 있다는 것은 바다 용이 된 문무왕을 도와 김유신이 대신의 위치에서 삼한을 수호하고 있다는 말이다. 결국 두 쪽의 대나무가 합쳐져 소리를 내는 것은 문무왕과 김유신이 손을 잡고 신라를 수호한다는 뜻이다. 용은 거룩하신 왕께서 소리로 천하를 다스릴 상서로운 조짐이라고 풀이했다.

낮에는 둘이 되고 밤에 하나가 된 것은 겉보기엔 둘이나 속으로는 하나란 뜻이다. 하나가 될 수 없을 것 같은 둘이 남들이 못 보는 밤에만 하나가 된다. 그러다가 왕이 행차하자 드러내 놓고 대낮에 하나가 되었다. 그러자 대낮이 밤이 되고, 천지가 진동하며 풍우가 크게 일었다. 두 반쪽이 합쳐지는 데 상당한 진통과 반발이 있었다는 얘기다. 이윽고 7일 만에 진정되자 왕은 직접 바다 위 산으로 들어가 용을 만난다.

용은 왕에게 흑옥대를 바쳤다. 그 흑옥대는 진짜 용으로 혁대 구멍 장식을 만든 영험스런 물건이었다. 용이 바친 옥대는 왠지 익숙한 서사다. 26대 진평왕의 천사옥대天賜玉帶와 비슷하다. 진평왕은 즉위 초에 내제석궁內帝釋宮의 섬돌을 밟아 두 개를 부쉈다. 천사天使가 내려와 옥대를 바쳤다. 이는 황룡사 장륙존상, 황룡사 9층탑과 함께 신라삼보新羅三寶로 받들어진 신물이다. 좀체 서지 않던 왕의 권위를 이것으로 우뚝 세웠다. 신문왕도 용이 바친 흑옥대로 진평왕의 천사옥대와 동일한 상징성을 얻고자 했다.

문무왕은 죽기 전 남긴 유언에서 왕위를 잠시도 비우지 말고 자신의 장례를 치르기 전에 즉각 신문왕의 즉위식을 거행할 것을 당부했다. 왕위의 정상 승계가 그만큼 불안했던 상황이었다. 681년 7월 1일에 문무왕이 세상을 뜨자, 일주일 만인 7월 7일에 신문왕이 즉위했다. 7월 10일에 서둘러 장례식을 마치고 동해바다 큰 바위에 장사지냈다. 8월에 상대등을 임명했다. 아니나 다를까. 그 직후 8월 8일에 소판 김흠돌金欽突이 파진찬 흥원興元과 대아찬 진공眞功과 함께 반란을 일으켰다.

김흠돌은 누구인가? 신문왕의 장인이요, 김유신을 도와 통일 전쟁의 중심에 섰던 장수였다. 당시에는 정권의 핵심적 위치에 있었다. 아무 아쉬울 것 없던 그가 사위인 효소왕이 왕위에 오르자마자 반역을 꾀했다. 그는 자신이 직접 왕에 오르려 했던 듯한데, 이로 보아 그는 진골 중에서도 왕권에 가장 근접해 있던 인물이었음에 틀림없다. 문무왕의 유언은 이런 상황을 충분히 예견한 것이었다.

▲ 이견대에서 바라본 문무왕릉.

왕의 장인인 김흠돌이 앞장서고 파진찬, 대아찬이 합력했다. 군권軍權을 쥐고 있던 병부령 이찬 군관軍官까지 가담했던 대규모의 반란이었다. 이 반란을 조기 진압한 것을 보면 신문왕 측의 대비도 만만치 않았다. 이 일로 김유신 계보의 사량부 진골 귀족들이 큰 타격을 입었다.

반란이 진압된 뒤에도 왕권은 불안하고 아슬아슬했다. 귀족들의 동요도 쉬 가라앉지 않았다. 이런 와중에 동해 용이 만파식적과 흑옥대를 바쳤다. 반란을 겨우 진압한 이듬해(682) 5월의 일이다. 신문왕으로서는 이반된 민심을 수습하고, 동요하는 귀족 계층을 토닥여 왕권을 공고히 할 필요가 절박했다. 진평왕 대 천사옥대의 상징성을 반복한 흑옥대가 그래서 다시 등장했다. 하지만 이 흑옥대는 만파식적에 묻혀 다시 나오지 않는다. 1회용이었다.

7일간의 암흑은 문무왕 서거 후 즉위까지의 7일간과 겹친다. 만파식적을 문무왕과 김유신의 합력을 상징하는 표상으로 내세운 것은 김흠돌의 난과 무관치 않다. 선왕인 문무왕과 통일의 화신 김유신이 하나 되어 나라를 수호하면 온갖 파란이 종식된다는 상징성이다. 김흠돌의 난으로 김유신의 직계 또는 가까운 인척관계에 있던 진골 귀족들이 제거되었다. 이미 세상을 떠난 김유신의 입장에서 보면 신문왕에게 협조할 수 없는 상황이다. 그럼에도 죽은 문무왕과 김유신이 왕과 대신의 관계로 다시 맺어져 만파식적을 신표로 내렸다. 그간의 은원과 갈등을 씻고 하나로 나가자는 강력한 단결의 호소가 된다.

흑옥대 기사에 등장하는 태자 이공理恭의 존재만큼은 짚고 넘어갈 점이 있다. 그는 후에 효소왕으로 즉위하는 장본인이다. 하지만 신문왕은 김흠돌의 딸 김씨와의 사이에 아들이 없었다. 그녀는 반란 직후 대궐에서 쫓겨났다. 계비는 즉위 3년째 되던 683년 5월에 맞은 김흠운의 딸이다. 원자는 687년 2월에야 태어났다. 그가 뒤에 효소왕이 된다. 동해 용이 흑옥대와 만파식적을 바치는 682년은 효소왕이 태어나기 5년 전이다. 태어나지도 않은 태자가 왕에게 달려가 하례할 수 있는가? 더구나 글 속의 그는 적어도 20세를 넘긴 듬직한 모습이다. 알 수 없는 노릇이다.

백률사의 부례랑

이 만파식적은 그로부터 10년 뒤인 효소왕 원년(692)에 권 4 〈탑상〉편 〈백률사栢栗寺〉 기사에 다시 등장한다. 백률사는 계림 북쪽 금강령金剛嶺 남쪽 자락에 있던 절이다. 이차돈의 순교 당시 머리가 떨어진 곳에 세운 뜻 깊은 장소이다. 글의 서두에는 그 절에 있던 관음 불상의 영험함을 설명한 내용이 짧게 나온다. 이어지는 기사를 본다.

> 천수天授 3년 임진년(692) 9월 7일, 효소왕이 대현살찬大玄薩湌의 아들 부례랑夫禮郎을 받들어 국선國仙으로 삼았다. 구슬 신을 신은 1천의 낭도 중에 특히 안상安常과 몹시 친했다. 천수 4년(장수長壽 2년) 계사년(693) 3월 낭도를 이끌고 금란金蘭에 유람을 갔다. 북명北溟의 지경에 이르러 오랑캐에게 사로잡혀 끌려가게 되었다. 문객들은 모두 어찌할 바

모르고 돌아왔다. 안상만 홀로 자취를 따라갔다. 이때가 3월 11일이었다. 대왕은 소식을 듣고 놀람을 이기지 못했다. "선군先君께서 신적神笛을 얻어 짐에게 전하니, 지금 현금玄琴과 함께 내고內庫에 보관되어 있다. 국선이 무슨 일로 홀연 적에게 포로로 잡혀갔는가? 이를 어이할꼬?"(거문고와 피리의 일은 별도의 기록에 자세히 실려 있다) 때마침 상서로운 구름이 천존고天尊庫를 뒤덮었다. 왕이 또 놀라고 두려워하며 사람을 보내 이를 점검케 하니, 창고 안에 거문고와 피리 등 두 보물이 없어졌다. 왕이 말했다. "짐이 어찌 이다지도 불행한가? 지난번엔 국선을 잃고, 또 거문고와 피리를 잃다니." 인하여 창고를 맡았던 관리 김정고金貞高 등 5인을 가두었다. 4월에는 나라에 모집하여 말했다. "거문고와 피리를 얻는 자는 상으로 한 해의 세금을 주겠다."

5월 15일에 부례랑의 양친이 백률사의 대비상大悲像 앞에 나아가 여러 저녁 치성을 드렸다. 홀연 향탁香卓 위에서 거문고와 피리 등 두 보물을 얻었다. 낭과 안상 두 사람이 불상 뒤에서 나왔다. 양친은 엎어질 듯 기뻐하며 어디서 왔느냐고 물었다. 낭이 말했다. "제가 붙들려가고부터 저들 나라 대도구라大都仇羅의 목자牧子가 되어 대오라니大烏羅尼 벌에서 방목하고 있었습니다(다른 본에는 '도구都仇의 가노家奴가 되어 대마大磨 벌에서 말을 먹였다.' 고 되어 있다). 홀연 한 스님이 용의容儀가 단정한데, 손에 거문고와 피리를 들고 와서 위로하며 말했습니다. '고향이 그리운가?' 저도 몰래 그 앞에 무릎을 꿇고 말했습니다. '임금과 어버이를 그림을 어찌 말로 다하리이까?' 스님이 말했습니다. '그렇다면 나를 따라

오너라.' 마침내 이끌려 바닷가에 이르러 또 안상과 만났습니다. 이에 피리를 쳐서 둘로 나누더니 두 사람에게 주어 각각 하나씩 타게 하고, 자신은 거문고에 올라타더니만 둥실둥실 돌아와 잠깐 만에 이곳에 이르렀습니다." 이에 일의 앞뒤를 갖춰 달려가 보고하니 왕이 크게 놀라 사람을 보내 맞이하였다. 낭이 거문고와 피리를 따라 안으로 들어갔다.

각각 50냥 무게가 나가는 금은으로 주조한 5개 그릇 2벌과, 누비 가사 5벌, 큰 비단 3천 필, 밭 1만 이랑을 시주하여 절의 쓰임에 바쳐 자비로운 은덕에 답례했다. 나라 안에 대 사면령을 내리고, 사람들에게 3급의 벼슬을 내렸다. 백성의 세금도 3년간 면제했다. 주지승은 봉성사奉聖寺로 옮기고, 부례랑을 대각간에 봉하였다(신라 총재冢宰의 벼슬 이름이다). 아버지 대현아찬은 태대각간으로 삼고, 어머니 용보 부인龍寶夫人을 사량부 경정궁주鏡井宮主로 삼았다. 안상사安常師는 대통大統으로 삼았다. 창고지기 5명은 모두 풀어 주고 벼슬을 각각 5급씩 올려 주었다.

6월 12일에 혜성이 동방에 나타났다. 17일에는 또 서방에 나타났다. 일관이 아뢰었다. "거문고와 피리의 상서로움에 대해 봉작封爵하지 않아서입니다." 이에 신적神笛을 책호冊號하여 만만파파식적萬萬波波息笛이라 했다. 혜성이 이에 사라졌다. 그 뒤로도 영이靈異한 일이 많았지만 글이 번다해 싣지 않는다.

692년은 효소왕 즉위 당년이다. 그해 봄 대나무가 까닭 없이 마르더니 7월에 신문왕이 세상을 떴다. 효소왕은 《삼국사기》의 출생년에 따르면 당시 고작 6살이었다. 8월에 보위에 오른 왕은 즉위 직후인 9월 7일에 부례랑을 국선國仙으로 받들었다. 아버지는 대현 살찬薩湌으로, 고작 8위의 높지 않은 신분이었다. 그런데도 따르는 무리가 무려 1천 명이었고, 그들은 주리珠履 즉 구슬 장식을 한 신을 신었다. 대체 무슨 일이 있었던 걸까? 지위도 높지 않던 그가 단숨에 국선이 되고, 임금은 그를 받들어 공경했다. 쇠락 일로에 있던 화랑을 새삼 부각시켜 국선이니 1천 낭도니 운운한 것도 생뚱맞다. 부례랑이 효소왕 즉위시 발생한 모종의 사태에서 큰 공을 세우기라도 한 걸까? 아니면 그를 국선으로 세워 높임으로써 얻어질 어떤 상징적 효과를 노린 것일까? 이를테면 자신은 선부왕先父王인 신문왕과 달리 친화랑적인 정책을 견지하겠다는 선언적 의미 같은 것 말이다.

이듬해인 693년 3월에 그 부례랑이 낭도를 이끌고 강원도 통천 땅을 찾았다. 그는 이곳에서 그만 말갈족에게 붙들려 가고 만다. 낭도승이었던 안상사安常師만이 그를 찾아 자취를 따라갔다. 나머지 1천의 낭도들은 속절없이 돌아왔다. 그들의 결속력은 매우 느슨했고 지리멸렬했던 듯하다. 부례랑이 지닌 상징성으로 보더라도 그의 실종은 왕으로서는 몹시 난감한 일이 아닐 수 없었다. 왕의 첫 반응은 '천존고에 현금玄琴과 신적神笛이 있는데 어찌 이런 일이 생길 수 있는가?' 였다. 거문고와 만파식적이 어째서 제 구실을 못했느냐고 힐난한 것이다. 그 말이 끝나기 무섭게 이번에는 거문고와 만파식적이 사라져 버렸다. 사라진 두 신물은 4월까지도 자취를 찾을 수 없었다. 국가는 마침내 큰 상을 걸고 찾기에 나섰다. 낭의 실종에 이은 만파식적의 분실은 이제 국가적 차원의 변고가 되었다.

5월 15일. 백률사에서 치성을 드리던 부례랑의 양친 앞에 사라

▲ 이차돈의 목이 떨어진 곳에 세운 백률사.

졌던 두 신물이 거짓말처럼 나타났다. 그뿐 아니라 오랑캐에게 잡혀갔던 부례랑과 안상도 불상 뒤에서 함께 나타났다. 한 스님의 인도에 따라 그가 쪼개어 나눠 준 만파식적의 반쪽을 타고 바다를 건너 돌아왔다. 스님은 누군가? 백률사의 대비상大悲像, 즉 관음보살상의 현신이었다. 이 기적적 생환은 국가의 큰 경사가 되었다. 부례랑은 단번에 품계를 뛰어올라 대각간에 오른다. 8위의 사찬에서 아들이 국선에 오르면서 6위의 아찬으로 승진했던 부례랑의 부친도 태대각간으로 뛰어올랐다. 어머니 또한 사량부에 있던 경정궁鏡井宮의 궁주가 되었다. 사량부는 경주 김씨계 진골 귀족의 본거지이다. 그 상징성이 적지 않다.

기쁨도 잠시, 6월에는 잇따라 혜성이 출현했다. 거문고와 피리의 공로를 잊고 따로 봉작封爵하지 않아서라는 일관의 말에 피리는 이전의 만파식적에서 '만만파파식적'으로 격상되었다. 일만 풍파가 아니라 1만을 1만 번 한 1억 번의 갖은 풍파도 모두 종식시킬 수 있는 강력한 요술 피리가 되었던 것이다.

동해 바다 산 위에서 두 쪽의 대나무를 하나로 합쳐 만든 피리가 이때 다시 쪼개져서 부례랑과 안상을 구했다. 실종되었던 국선을 대자대비한 부처님께서 구하고, 잃었던 신물도 제자리로 돌아왔다. 기쁜 일이기는 해도 모든 관리의 품계를 3등씩 올려 주고, 3년간 백성의 세금을 면제해 줄 만한 사안은 아니다. 제 실수로 적에게 사로잡힌 국선은 살아 돌아왔다는 이유만으로 대각간에 봉해진다. 6급의 아버지는 곧장 태대각간의 1등 품계로 뛰어오른다. 어머니는 사량부 경정궁의 궁주가 되었다. 만파식적도 만만파파식적으로 호칭이 승격되었다. 뭔가 과도하다는 느낌을 지울 수 없다.

즉위 초 효소왕의 위치는 몹시 불안정했다. 권 6, 〈신주〉편의 〈혜통항룡惠通降龍〉조의 기사를 보면 신문왕 서거 후 효소왕이 산릉山陵을 닦아 장사 지내는 길을 낼 때, 정공鄭恭 집 앞 버들이 길을 막아 이를 베려 한 일이 보인다. 정공이 화를 벌컥 내며 말했다. "차라리 내 머리를 베라. 이 나무는 손 못 댄다." 왕은 분노하여 정말 그를 목 베고 집을 묻어 버렸다. 효소왕이 선대 왕의 무덤에 가는 길을 닦는데, 귀족 하나가 제 집 앞 버드나무 한 그루를 죽어도 못 벤다고 버티다가 죽은 사건이다. 도대체 임금의 영이 서지 않던 시절이었다. 화랑의 위상이 갈수록 시들해지던 시점에 부례랑에 대한 효소왕의 이례적 환대와 존숭은 어리둥절할 정도다. 《삼국사기》를 비롯한 여타 다른 기록 어디에도 부례랑과 관련된 언급이 없다.

그는 대체 누군가? 효소왕은 부례랑과 그가 지닌 상징성에 자신의 정치적 명운을 온통 거는 듯한 인상이다. 그런데 더 이상의 구체적인 정보가 하나도 없다.

죽지랑 개망신 사건

〈효소왕 대 죽지랑〉은 〈만파식적〉에 이어 실린 글이다. 일연은 신문왕 대의 가장 특기할 만한 일로 만파식적을 꼽았던 것처럼, 효소왕 대의 주목할 만한 사안으로 죽지랑의 이야기를 꼽았다. 그의 이름에도 대나무가 들어 있는 것은 흥미롭다. 죽지랑은 누구인가? 그는 화랑이었다. 통일 전쟁 당시 김유신을 도와 부원수로 활약했던 불세출의 영웅이었다. 죽만竹曼으로도 불렸고, 지관智官이라고도 했다. 앞서 부례랑에 대해서는 그토록 환대했던 효소왕이었다. 당시 통일의 영웅인 대화랑 죽지랑의 위상은 어땠을까?

> 제 32대 효소왕 대에 죽만랑竹曼郎의 낭도에 득오得烏(득오곡得烏谷이라고도 한다) 급간이 있었다. 풍류황권風流黃券에 이름이 속해, 날마다 직임에 나아갔다. 열흘 넘게 보이지 않자, 낭이 그 어미를 불러 아들이 어디 있는지 물었다. 어미가 말했다. "당전幢典인 모량牟梁의 익선益宣 아간이 제 아들을 부산성富山城의 창직倉直으로 차출하여, 달려감을 급히 행하느라 낭께 떠남을 아뢸 겨를이 없었습니다." 낭이 말했

다. "네 아들이 만약 사적인 일로 저곳에 갔다면 찾아볼 필요가 없다. 이제 공적인 일로 나아갔다고 하니 모름지기 찾아가서 대접해야겠다." 이에 설병舌餠 한 홉과 술 한 항아리를 가지고 좌인左人(우리말로 갯지[皆叱知]이니 노복을 말한다)을 이끌고 갔다. 낭도 137명도 의장을 갖추어 모셔 따랐다.

부산성에 이르러 문지기에게 득오실이 어디 있는지 물었다. 그가 말했다. "지금은 익선의 밭에서 관례에 따라 부역을 하고 있습니다." 낭이 밭으로 가서 가져간 술과 떡으로 그를 먹였다. 익선에게 휴가를 청해 장차 함께 돌아가려 하니 익선이 굳게 금하며 허락하지 않았다. 이때 심부름 온 관리 간진侃珍이 추화군推火郡에서 능절조能節租 30석을 관리하여 거둬 성 안으로 옮기고 있었다. 낭이 선비를 중히 여기는 풍미를 아름답게 여기고, 익선이 꽉 막혀 융통성 없음을 비루하게 여겼다. 거둬 온 30석을 익선에게 주면서 청을 거들었는데도 허락하지 않았다. 또 진절珍節 사지舍知가 타던 말안장을 주자 그제야 허락했다.

조정의 화주花主가 이를 듣고, 사신을 보내 익선을 잡아와 그 더럽고 추함을 씻어 내려 했다. 익선이 달아나 숨자, 그 맏아들을 잡아갔다. 그때는 11월 몹시 추운 때였다. 성 안 연못 속에 목욕을 시켜 얼어 죽게 만들었다. 대왕이 듣고 모량리 사람으로 벼슬길에 있는 자를 모두 쫓아서 다시 관공서에 발붙이지 못하게 하고, 검은 옷도 입지 못하게 했다. 만약 중이 된 자는 종과 북이 있는 절에는 들어오지 못하게 했다. 명령으로 간진의 자손을 올려 평정호손枰定戶孫으로 삼고 특별히 표창했다. 이때 원측 법사가 해동의 고덕

高德이었는데, 모량리 사람인 까닭에 승직을 주지 않았다.

신라는 삼국통일 이후 제자리를 잡아가느라 모든 것이 뒤숭숭했다. 신문왕 대 김흠돌의 난으로 진골 귀족 다수가 숙청되었다. 이 과정에서 통일 전쟁 중 큰 공을 세웠던 유력 집단들이 다수 제거되었다. 죽지랑은 진덕 여왕(647-653) 대부터 신문왕(681-691) 대까지 4대에 걸쳐 총재冢宰, 즉 재상의 지위에 올랐던 인물이다. 품계가 17관등 중 2위인 이찬伊湌에까지 올랐다. 그는 진골 귀족 중에서도 중심부 핵심계층에 속했다. 진덕 여왕 3년(649)에 이미 대장군 김유신, 장군 진춘陳春 천존天存 등과 함께 백제군과 싸워 공을 세웠다. 당시 30대 초반의 나이로 추산해도 효소왕(692-701) 대에 그는 이미 70대의 노인이었다.

득오는 이미 노경에 접어든 대화랑의 만년을 지키던 낭도의 하나였던 셈. 그들은 희미한 옛 추억 속을 유영하는 무리였다. 득오의 품계는 뜻밖에 9등의 급간級干이었다. 6두품 이상만이 오를 수 있는 직위다. 결코 무지렁이 일반 백성이 아니었다. 나이 또한 새파란 젊은이가 아닌 4 · 50줄을 넘나드는 중년이었을 터. 죽지랑의 낭도들이란 이미 현직에서 은퇴한 노화랑을 모시는, 그 그늘에서 화랑도의 명맥만 유지하던 명색뿐인 조직이었다.

득오가 풍류황권에 소속되어 날마다 직임에 나아갔다지만, 품계 6등의 아간阿干 익선이 공역으로 차출하면 제 상관에게 보고할 겨를도 없이 달려가야 했다. 풍류황권의 일은 어디까지나 사적 영역이었고, 부역은 공적으로 부과되는 의무였다는 얘기다. 전쟁이 한창 진행 중이던 성세 때라면 대 죽지랑의 낭도를 일개 아간 지위의 벼슬아치가 허락 없이 빼 간다는 것은 생각조차 할 수 없는 일이었다. 죽지랑 자신도 사적인 일과 공적인 일을 구분해 이미 자신의 낭도들이 사적 영역에 속한 조직임을 인정했다.

죽지랑이 낭도 137명을 거느리고 떡과 술을 차려서 득오를 찾아가는 장면은 왠지 슬프고 민망하다. 구슬 신을 신고 멋을 낸 부례랑의 1천 낭도와는 확연히 구분된다. 저쪽이 신진기예의 득의연한 모습이라면, 이쪽은 실세한 노병들의 쇠락한 기미가 역력하다. 득오는 모량리 부산성富山城의 창직倉直으로 차출되었다. 부산성은 군사적 요충지여서, 그곳의 창고 관리자로 불려 간 것이다. 하지만 막상 죽지랑이 그를 찾았을 때, 득오가 맡은 일은 창고지기의 소임이 아니었다. 그는 익선의 개인 밭에서 관례에 따라 부역을 하고 있었다. 득오는 명색이 급간의 지위요 국가의 원로인 죽지랑의 낭도였다. 그런데도 그는 고작 익선의 밭일이나 하는 막노동에 내몰리고 있었다. 《삼국유사》는 이를 '수례부역隨例赴役', 즉 관례에 따른 부역으로 적었다. 원래는 창직의 소임이지만, 경우에 따라 개인의 밭에 가서 일하는 것이 용인되었다는 뜻이다. 득오로서는 대단히 모욕적인 처우를 받은 셈이다. 하지만 그 또한 관례가 용인하는 범위 안에 있었다. 불만을 표출할 계제가 못 되었다. 득오에게 준 익선의 모욕이 겨냥한 지점은 죽지랑인 듯하다. 익선은 자신에게 허용된 권한을 최대한 이용해 득오를 욕보임으로써 죽지랑을 도발하고 있다.

죽지랑은 아무 말 못하고 부산성에서 걸음을 돌려 익선의 밭을 물어물어 득오를 찾아간다. 삼국 통일의 영웅이 낭도 137명을 이끌고 의장을 갖춰 느닷없이 그의 밭에 나타났다. 그런데 6급에 불과한 익선 아간은 조금도 당황하는 기색이 없다.

"여보게! 이쯤 했으면 어떤가. 내가 득오를 데리고 함께 돌아가도 되겠는가? 허락해 주게나."

익선이 눈을 똑바로 치뜬다.

"데려가다니요. 안 될 말씀이지요. 아직 기일이 남았습니다. 아실 만한 분이 그러시면 안 되지요."

"부탁일세. 그러지 말고."

"글쎄 안 된다니까요."

죽지랑이 애초에 굳이 부하들을 대동했던 것은 그 위의를 바탕으로 득오를 데려오려 작정했던 것임이 분명하다. 말 한마디면 황송해하며 선선히 허락할 줄 알았던 것은 큰 오산이었다. 죽지랑의 부탁은 아예 이빨도 먹히지 않았다. 둘러섰던 137명 낭도들의 격분은 보지 않아도 뻔하다. "저 자식이?" "저걸 당장!" 울근불근 칼 잡은 손을 부르르 떨던 모습들이 스쳐 간다. 익선은 눈 하나 깜짝하지 않는다. 너희 같은 늙다리들은 하나도 겁 안 난다는 투다. 어쩔 건데, 하는 기세다. 낭패도 이런 낭패가 없다. 죽지랑으로서는 자식뻘의 익선 앞에서 이럴 수도 저럴 수도 없어 망신살이 뻗쳤다.

정작 흥분한 것은 같이 갔던 137명의 낭도가 아니었다. 추화군에서 곡식 30석을 거둬 성안으로 옮기다가 그 광경을 목격한 사리使吏 간진侃珍이었다. 대체 무슨 이런 경우가 있나? 통일의 영웅 죽지랑이 아닌가? 득오가 부역을 안 한 것도 아니고 고작 휴가 청한 일로 이런 망신을 주는 법도 있던가? 의분을 못 이긴 그는 세금으로 거둔 곡식 30석을 덥석 내놓는다. 익선은 이 상황을 즐기기로 작정한 사람이다. 차갑게 고개를 가로젓는다. 막무가내다. 그 곁에 섰던 13급의 진절珍節 사지舍知가 다시 불끈했다. 제 타던 안장을 끌러 덤으로 얹어 주었다.

그제야 익선은 큰 인심이라도 쓴다는 듯 득오를 내준다. 처음부터 그에게 그깟 곡식 30석이나 안장 따위는 안중에도 없었다. 득오를 빌미로 죽지랑을 개망신 주려 했을 뿐이다. 안장이 탐나서가 아니라, 소기의 목적을 충분히 달성했다 싶었기에 그만둔 것이다. 137명의 낭도를 허깨비로 보지 않고서야 이런 행동은 가능하지 않다. 죽지랑 등은 속수무책으로 그 모욕을 고스란히 받았다.

137명이 폼 잡고 갔다가 전체로 개망신을 당하고 온 사건의 전말이 이랬다. 막말로 전설적 전공을 세우고 예편한 예비역 육군 대장이 예비군 훈련 간 부하 하나를 훈련 중간에 데려오려고 찾아갔다가 예전 부하들이 지켜보는 앞에서 새파란 동네 예비군 장교에게 아주 개망신을 당하고 온 것보다 더한 상황이었다. 돌아오는 길은 비통한 침묵만 흘렀다. 신라가 어찌 이 지경이 되었나? 통일의 원훈을 어찌 이리 대접할 수 있는가? 저자가 무얼 믿고 저러는가?

이 사건이 즉각 풍월주風月主에게 보고되었을까? 그렇지도 못했다. 죽지랑이 득오를 데려온 것은 밭일이 한창이고, 간진이 추수한 곡식을 거둬 실어 나르던 때였다. 음력 8, 9월 이전이다. 달아난 익선 대신 그 아들을 잡아와 얼어 죽게 한 것은 11월도 추위가

맹위를 떨치던 말경이었다. 적어도 두 달 이상의 시간차가 난다. 죽지랑은 망신스러워 차마 이 일을 보고조차 못했던 것이 틀림없다. 민망해서 말을 꺼내지 못했던 걸까? 아니면 그럴 수밖에 없었던 다른 속사정이라도 있었던 걸까?

익선의 만행을 뒤늦게 접한 풍월주를 비롯한 화랑단은 발칵 뒤집혔다. 가뜩이나 추락하는 화랑단의 위상에 한숨만 푹푹 쉬던 상황이었다. 풍월주는 왕에게 보고도 않고 즉각 익선을 체포해 오게 했다. 익선은 비웃기라도 하듯 달아나 숨었다. 잡을 테면 잡아 봐라 하는 심사다. 도대체 그는 무얼 믿고 이런 행동을 거듭했을까? 믿는 구석 없이 할 수 있는 행동이 아니다. 끌려온 맏아들이 아비 대신 얼어 죽었다.

대왕의 조처는 그 다음이다.

"그런 일이 있다니, 짐은 놀랍다. 죽지랑이 얼마나 놀라셨겠느냐? 그놈의 모량리가 자꾸 사단이로구나. 모량리 출신으로 현직에 있는 자들을 모두 내쫓아라. 승복僧服도 못 입는다. 이미 중노릇하는 자는 큰절 근처

◀ 부산성터 여근곡으로 유명한 오봉산 정상부에는 넓고 평평한 평지가 있는데 많은 군사들이 기거하며 훈련하였음직하다. 산 정상부를 따라 성곽 흔적이 곳곳에 남아 있다.

에 얼씬도 못하게 하라.”

대망신 사건의 소동은 이렇게 해서 마무리되었다. 이 사건의 유탄은 엉뚱하게 당대의 고승 원측 법사가 맞았다. 그가 모량리 출신이어서 일체의 승직을 받지 못했던 것이다. 이것도 이상하다. 익선의 패륜적 행위를 개인의 돌출 행동으로 보지 않고, 모량리란 지역사회의 성향과 관련지었다. 임금도 그랬고 풍월주도 그랬다. 사건의 본질을 모량부 출신의 사량부에 대한 의도적 도발, 또는 계산된 행동으로 파악한 것이다. 그렇지 않다면 왕이 익선에 대한 징계를 모량리 출신 전체에 대한 징벌로 확대했을 리 없다.

죽지竹旨는 향찰 표기다. ‘대마루’로 읽는다. 이어지는 이야기에 나오듯 그는 죽령竹嶺 고개에서 길 닦던 거사의 후신後身이었다. 그래서 죽령의 다른 표기인 ‘죽지’란 이름을 얻었다. 대마루는 대나무가 있는 산마루가 아니라 줏대의 ‘대’다. 대가 세다고 할 때 그 대다. 죽령은 소백산맥 등줄기의 대마루다. 그 대마루의 정기를 타고 태어나 전장을 휘저으며 혁혁한 공을 세운 이가 죽지랑 바로 그다.

모량부와 사량부, 해묵은 악연

모량부와 사량부는 신라 6부 중 가장 세력 있던 지역이었다. 두 지역은 오랫동안 경쟁 관계에 있었다. 사량부는 김씨 왕족과 김유신 계열을 위시한 진골 귀족들의 본거지다. 모량부는 진흥왕 비 사도 부인과 법흥왕 비 파도 부인 등 신라 중고시대 대부분의 박씨 왕비를 배출한 실력 있는 집단이었다. 하지만 선덕과 진덕 여왕이 잇따라 즉위하면서 왕비의 존재가 불필요해졌다. 김유신의 누이가 무열왕 비에 오른 뒤로 모량부는 더 이상 왕비를 배출하지 못했다. 세력이 형편없이 위축, 약화되었다.

사량부의 김씨 왕족은 중고시대에는 모량부의 유력 가문인 박씨와 혼인으로 제휴해 지배력을 유지했다. 금관가야가 멸망하자 김유신의 조부인 무력武力 등 금관가야의 왕족을 사량부로 편입시켜 세력을 확대했다.❖ 통일 전쟁에서 큰 공을 세우거나 화랑으로 뚜렷한 자취를 남긴 것은 대부분 사량부 출신들이었다. 반굴盤屈의 아들 김영윤金令胤, 귀산貴山과 강수强首, 취도驟徒와 필부匹夫와 눌최訥催 등 《삼국사기》에 열전으로 남은 이들이 대부분 사량부 출신이었다. 모량부 출신은 고작 해론奚論 하나만 이름을 올렸다.

❖ 모량부의 위상에 관한 논의는 이문기, 〈신라 중고의 육부에 관한 일고찰〉(경북대 석사논문, 1980)과 권오영, 〈신라 상고기上古期 모량부의 성립에 대한 연구〉(동아대 석사논문, 1997) 참조.

사정이 이럴진대 사량부에 속한 진골 귀족이요, 통일 전쟁의 영웅이며, 4대 임금에 걸쳐 총재冢宰의 지위에 올랐던 죽지랑에 대한 모량부 익선 아간의 오만불손한 행동은 납득하기 어렵다. 익선의 행동은 죽지랑쯤은 마음껏 능욕해도 상관없으리라는 확신 아래 나온 것이다. 익선의 믿는 구석은 아무래도 사량부의 진골 귀족이 주축이 된 신문왕 초년 김흠돌의 난 수습 과정에서 사량부 진골 세력들이 숨도 쉬지 못할 만큼 위축되었던 사정을 짐작케 한다. 한편 김씨 세력을 견제하기 위해 신문왕과 모량부 세력 간에 모종의 결탁이 있었을 가능성도 의심치 않을 수 없다. 죽지랑이 꼼짝없이 그 수모를 당하고도 드러내 놓고 말조차 할 수 없었던 것을 보면 이 짐작은 근거 없는 것이 아니다.

죽지랑 사건 또한 효소왕 즉위 초기에 일어난 일로 보인다. 효소왕은 드러나게 특별한 공훈도 없고, 아버지의 벼슬 품계도 그다지 높지 않은 부례랑에 대해서는 받들어 국선으로 모시는 호들갑을 떨었다. 화랑단의 역할이 축소일로에 있던 즈음에 새삼스레 낭도 1천 운운한 것도 부자연스럽다. 그가 실종되자 거국적 관심이 쏟아졌다. 기적적으로 돌아오자 국가적 큰 경사에 준하는 조처를 단행했다. 거기에 비하면 통일의 원훈이요, 미륵의 화신이며, 부하를 진정으로 아꼈던 죽지랑은 처량한 뒷방 늙은이 신세다. 이 기이한 부조화를 어찌 설명해야 좋을까? 기록으로 남지 않은 안 알려진 사실이 분명히 있다.

필자의 가설은 이렇다. 어찌 보면 신문왕 즉위 초에 발생한 김흠돌의 반란은 사량부 내부의 권력 투쟁적 성격이 강했다. 신문왕은 반란을 수습하는 과정에서 모량부 세력과의 모종의 제휴를 통해 사량부 진골 세력의 준동을 막았다. 이후 사량부 진골 세력들은 정권의 중심부에서 제거되거나 몰락했다. 모량부 익선의 방자한 행동은 이런 가정 없이는 설명되지 않는다. 그가 믿었던 구석은 바로 신문왕의 그늘이었다. 익선의 행동은 오랫동안 중심에서 밀려나 있다가 졸지에 권력을 쥔 자들의 속물적 속성을 잘 반영한다. 사량부에 속한 김씨계 진골 세력에게는 지속적인 견제와 탄압이 일상화되었다. 죽지랑의 실세失勢와 영락零落이 그 증거다. 그 치욕적인 상황에서 그는 말 한마디 못한 채 물러나고 만다. 간진 등의 도움이 없었다면 그는 자신의 명예에 회복 불능의 상처를 입었을 것이다. 죽지랑의 행동은 모든 것을 숙명으로 받아들여 체념하는 태도다. 일연은 어째서 효소왕 대를 대표하는 단 하나의 사건을 예로 들면서 죽지랑의 이 일을 꼽았을까? 그 의도가 자못 궁금하지 않을 수 없다. 아마도 효소왕 대 죽지랑의 예화를 통해 통일의 영웅들이 통일 후 어떤 대접을 받았고, 소인배들이 날뛰던 정황이 어떠했는지를 보여 주는 것으로 효소왕 대를 규정하고 싶었던 듯하다. 뒤이어 이어지는 죽지랑의 신이한 출생담은 앞쪽의 사건과 큰 낙폭으로 엇갈리며 긴 여운을 남긴다.

이와는 반대로 나이 어린 효소왕이 즉위하면서 돌연 부상한 부례랑의 존재에서는 미묘한 상황 변화가 감지된다. 부례랑은 왕에 의해 국선으로 받들어지기 전에 효소왕을 절체절명의 위기에서 구해 내는 역할을 수행한 것이 틀림없다. 그것이 정변의 위기에서 왕의 목숨을 구한 것인지, 종교적 상징성을 통한 통제력 강화의 역할인지는 이제 와 가늠하기 어렵다. 글의 어조로 보아 당시 부례랑은 나이가 그다지 많지 않았던 듯하다. 그는 오히려 신진기예의 젊은이였다. 신문왕과 효소왕은 거듭된 위기 상황을 만파식적, 즉 대나무 요술 피리의 상징성에 기대 돌파한다. 이 과정에서 만파식적은 만만파파식적으로 업그레이드된다.

익선의 죽지랑 능멸 사건에 대한 효소왕의 신속하고도 과도해 보이기까지 한 일련의 조처는 효용가치가 끝난 제휴 관계의 뒷마무리에 해당한다. 익선은 선대 신문왕과의 제휴 관계에서 발생한 후광을 업고 제멋대로 굴었다. 하지만 그것은 신문왕과의 일이었다. 효소왕은 부례랑과 만파식적으로 상징되는 다른 세력과의 연계를 통해 제휴선을 변경했다. 모량부를 거의 부곡 수준으로 강등한 일련의 조처로 한동안 지속되어 온 제휴 관계의 종식을 선언했다. 익선의 방자한 행동이 빌미를 제공했다. 그러고는 부례랑의 어머니를 사량부의 경정궁주로 임명했다. 그렇게 해서 효소왕은 사량부 중심의 진골 출신 화랑 세력과 신뢰 관계를 회복했다. 더 이상 그들이 왕권에 위협적 존재가 되지 못한다는 판단이 선 것이다. 그렇다고 그들에게 새로운 역할이 주어졌던 것 같지는 않다. 그 점은 부례랑도 마찬가지다. 《삼국사기》 쪽에는 《삼국유사》에서 그토록 비중 있게 다룬 그의 이름이 도무지 보이지 않는다.

유사시 군사집단의 기능을 보유한 화랑단은 통일 전쟁이 종료된 뒤 국가적으로도 왕 개인에게도 더 이상 유용한 존재가 아니었다. 화랑단은 이러구러 왕권 강화의 걸림돌로 지목되어 지속적으로 도태될 운명이었다. 득오가 불렀다는 〈모죽지랑가慕竹旨郎歌〉의 서글픈 가락은 익선을 징치한 이후에도 죽지랑의 말년이 여전히 우울한 석양빛이었으리란 느낌을 준다.

미추왕의 댓잎 군사

이제 하나의 대나무 이야기가 더 남았다. 제 13대 미추왕과 삼국통일의 화신 김유신에 얽힌 사연이다. 권 1, 〈미추왕죽엽군未鄒王竹葉軍〉조를 읽는다.

> 제 13대 미추잇금未鄒尼叱今(미조未祖 또는 미고未古라고도 한다)은 김알지의 7세손이다. 대대로 높은 지위에 있었고, 게다가 성덕聖德이 있었다. 이해理解 이사금에게서 물려받아 처음으로 왕위에 올랐다(지금 세속에서 왕의 릉을 시조당始祖堂

으로 일컫는다. 대개 김씨로 처음 왕위에 올랐으므로, 후대에 김씨 성을 지닌 여러 왕이 모두 미추왕을 시조로 삼는 것은 당연하다). 재위 23년 만에 세상을 떴다. 능이 흥륜사 동편에 있다.

제 14대 유리왕 대에 이서국 사람들이 와서 금성金城을 공격했다. 우리가 방어 군사를 크게 일으켰으나 오래 버틸 수가 없었다. 홀연 이상한 군사가 와서 도와주었는데, 모두 댓잎을 귀에 꽂고 있었다. 우리 군사와 힘을 합쳐 적을 쳐서 무찔렀다. 군대가 물러간 뒤에 어디로 갔는지 알지 못했다. 다만 미추왕릉 앞에 댓잎이 쌓인 것을 보고 선왕이 음덕으로 도와 공을 세운 것임을 알았다. 인하여 죽현릉竹現陵이라 부른다.

한참을 건너뛰어 37대 혜공왕 대의 일이다. 대력 14년 기미년(779) 4월에 갑자기 회오리바람이 김유신 공의 무덤으로부터 일어났다. 그 가운데 한 사람이 준마를 탔는데 장군의 모습과 같았다. 또한 갑옷과 병장기를 지닌 자 40여 명이 모시고 와서 죽현릉으로 들어갔다. 잠시 후 무덤 속에서 곡하는 소리가 진동하는 듯했다. 혹 고하여 하소하는 소리 같았다. 그 말은 이러했다. "신은 평생 시대를 보좌하고 난리를 구하며 합당하게 바로잡은 공이 있나이다. 이제 혼백이 되어 나라를 진호鎭護하고 재난을 건지고 환난을 구할 마음을 잠시도 고쳐먹은 적이 없습니다. 지난번 경술년(770)에 신의 자손이 죄 없이 죽음을 당했습니다. 군신이 나의 공렬功烈을 생각지 아니합니다. 신은 멀리 다른 곳으로 옮겨 다시는 애써 노력하지 않으렵니다. 원컨대 왕께서 윤허하소서." 왕이 대답했다. "오직 나와 공이 이 나라를 지키지

> 않는다면 백성을 어찌한단 말이오. 공은 다시금 전처럼 노력하시오." 세 번 요청해도 세 번 다 허락지 않았다. 회오리바람이 이에 돌아갔다.
>
> 왕이 이 소식을 듣고 두려워 공신工臣 김경신金敬信을 보내 김 공의 무덤에 나아가 잘못을 사죄케 했다. 공을 위해 공덕보전功德寶田 30결을 취선사鷲仙寺에 세워 명복을 빌게 했다. 절은 바로 김 공께서 평양을 토벌한 뒤 복을 심고자 세운 곳이었다. 미추왕의 혼령이 아니었다면 김 공의 노여움을 막을 수 없었을 것이다. 왕이 나라를 지킴이 대단히 커서 이런 까닭에 나라 사람들이 덕을 마음에 품어 삼산三山과 더불어 제사 지내기를 끊이지 않았다. 차례를 오릉의 위에다 두고, 대묘大廟로 일컬었다고 한다.

신라는 제 13대 미추왕 대에 와서야 처음으로 김씨 임금을 배출한다. 김알지가 경주 김씨의 시조로 신이한 사적을 보였지만, 왕은 되지 못했다. 중고 이후 김씨 왕계가 줄곧 이어지면서 미추왕의 지위는 시조始祖에 준하는 위격으로 격상되었다. 14대 유리왕 때 귀에 댓잎을 꽂은 군사들이 나타나 외적을 무찔러 나라를 누란의 위기에서 구했다. 싸움이 끝나자 그들은 죽현릉 앞에 수북이 쌓인 댓잎만 남겨 둔 채 사라졌다. 이것은 신라 상대의 일이다. 이 일로 미추왕의 수호신적 상징성은 신라인의 뇌리에 깊게 각인되었다. 문제가 생기면 왕의 댓잎 군사가 출동한다. 왕은 죽어서도 우리를 지킨다.

이것이 갑자기 37대 혜공왕 대로 건너뛴다. 33천의 신격으로 문무왕의 대신이 되어 신라를 수호하겠다던 김유신이 더 이상은 못

참겠다며 신라를 떠나겠다고 선언한다. 그 선언을 하필 미추왕의 무덤 속에 들어가서 했다. 미추왕과 김유신은 신라적 가치, 신라의 국혼國魂을 대변하는 두 인물이다. 김유신과 그의 무리 40여 명은 곡을 하며 분개했다. 그것은 《삼국사기》 신라본기 혜공왕 6년조(770) 8월 기사에 나오는 "대아찬 김융金融이 모반하다가 죽임을 당했다."고 적힌 일과 관계된다. 나는 넋이 되어서도 신라를 지키려고 진력하는데, 어찌 내 후손을 죽이는가? 김유신이 신라를 떠나겠다고 한 이유다. 미추왕의 강력한 만류로 김유신은 뜻을 못 이룬

▲ **미추왕릉** 언제 심었는지 알 수 없지만, 지금의 미추왕릉 주위엔 대나무는 없고 벚나무가 심어져 있다. 봄날 벚꽃 잎이 떨어져 능을 향해 부복하고 있다.

채 돌아갔다. 떠나지는 않았으나 승복하지도 않은 것이다. 김유신의 승복은 이후 두려움을 느낀 혜공왕의 사죄와 지극한 제사 이후의 일이다.

정리한다. 네 편의 글을 읽었다. 〈만파식적〉, 〈백률사〉, 〈효소왕 대 죽지랑〉, 〈미추왕 죽엽군〉 등이다. 〈만파식적〉은 신문왕 대의 이야기이고, 〈백률사〉와 〈효소왕 대 죽지랑〉은 그 아들인 효소왕 대의 사건이다. 〈미추왕 죽엽군〉은 훨씬 뒤인 혜공왕 대의 일이다. 앞쪽의 세 이야기는 하나의 맥락으로 꿰어진다. 두 쪽으로 갈라진 대나무를 하나로 합쳐 만파식적을 만들었다. 그 만파식적이 소용없게 되자 관음보살이 다시 그 대나무를 쪼개 부례랑과 안상을 구해 왔다. 결국 만파식적으로 위기를 두 번 구한 것이다. 이제 피리는 만만파파식적으로 격상되었다.

신문왕 대의 위기는 김흠돌의 반란으로 야기된 진골 귀족 내부의 권력 쟁탈전 때문이었다. 효소왕 대의 위기는 화합의 상징으로 내세운 부례랑의 실종과 이에 이은 만파식적의 분실이 가져온 왕권의 추락이었다. 첫 번째 위기는 문무왕과 김유신의 넋이 한데 합쳐 보우함으로써 해결되었다. 두 번째 위기는 관음보살의 도움으로 부례랑이 만파식적과 함께 돌아와 무사히 넘겼다. 정작 대나무 요술 피리가 직접 그 소리를 통해 위기를 극복해 보인 적이 없는 점은 기억해 둘 만하다. 두 차례의 위기 모두 비대해진 화랑 조직을 축소하고, 기득권층인 진골 귀족들의 세력을 약화시켜 왕권을 강화하는 과정에서 야기되었다. 내부의 반발을 무마하고 화합과 통합으로 극복하는 중심에 만파식적의 상징이 위력을 발했다.

한편 부례랑에 대한 극진한 환대와 죽지랑이 겪은 치욕적 상황은 여러 모로 큰 낙차를 보이며 많은 생각을 자아낸다. 익선의 돌출 행동이 빚은 모량부에 대한 대대적 탄압까지 겹치면 더 복잡하다. 죽지랑은 서산낙조西山落照요, 부례랑은 뜨는 태양이었다. 하지만 그 부례랑조차 맥없이 실종되고, 납치되고, 간신히 돌아온다. 어찌해도 화랑의 옛 영화는 회복될 수 없는 것임을 알겠다.

김유신은 만파식적과 미추왕 죽엽군에서 지속적인 그림자를 남겼다. 그는 꺼지지 않는 통일의 전설 그 자체였다. 그에 얽힌 수많은 후일담과 이적들이 《삼국유사》와 《삼국사기》에 따로 전한다. 김흠돌의 난이 평정되었을 때 그의 넓은 화합을 위해 문무왕과 기꺼이 손을 잡았다. 그로써 신문왕에게 힘을 실어 주었다. 혜공왕이 다시 그의 후손을 죽이자 그는 격노했으나 미추왕의 만류로 신라에 등 돌리지는 않았다. 신라의 왕들은 거듭 김유신을 도발하여 그의 노여움을 사고, 잘못을 뉘우쳐 위기를 극복한다. 그조차 돌이킬 수 없게 되었을 때 신라는 망했다.

이 모든 이야기 속에 대나무가 등장한다. 대나무로 만든 피리, 대나무로 이름을 삼은 화랑, 그리고 댓잎 군사 등등. 곧음과 굳셈, 그리고 절개를 상징하는 대나무는 위기와 시련 앞에 선 신라인의 결기를 보여 준다. 그들은 속을 비운 마디의 힘을 믿었다. 쭉쭉 쪼개지는 파죽지세의 기상을 지녔다. 하지만 사시에 푸르던 댓잎이 시들자, 피리는 다시 두 쪽으로 갈라지고, 쭉쭉 뻗던 기개도 기세가 꺾였다. 화랑의 꽃답던 꿈도 희미한 옛 노래가 되었다.

당나귀 귀 임금님의 속사정

경문왕은 신라 48대 왕이다.
헌안왕에게 대답 한번 잘해서 졸지에 왕의 사위가 되고,
석달 만에 임금 자리를 꿰찬 운 좋은 사내.
밤이면 침전에 수많은 뱀들이 몰려들어 함께 잠을 자고,
혀를 내밀면 가슴을 덮었다는 괴상한 임금.
당나귀 귀 임금님으로 더 유명해진 그에게
일연은 대왕의 호칭을 얹어 주었다.
왜 그랬을까?
대숲이 산수유 숲으로 바뀌자 바람결에 들리는 소리도 달라졌다.
화랑들은 어째서 향가를 지어 바치며 결속과 충성을 다짐했을까?
같은 내용을 두고 《삼국사기》의 기록은
왜 딴 소리를 하고 있을까?
이 글에서 두루 해결해야 할 문제들이다.

헌안왕과의 문답

먼저 경문왕이 왕위에 오르게 된 계기를 마련한 헌안왕과의 만남을 적은 첫 대목을 읽는다.

> 왕의 휘는 응렴膺廉이다. 나이 18세에 국선國仙이 되었다. 약관에 이르러 헌안 대왕이 낭을 불러 궁전 안에서 잔치를 베풀었다. 왕이 물었다. "낭은 국선이 되어 사방을 유람했다. 어떤 기이한 일을 보았는가?" 낭이 말했다. "신은 행실이 아름다운 사람 셋을 보았습니다." 왕이 말했다. "그 이야기를 듣고 싶구나." 낭이 말했다. "남의 윗사람이 되어 겸손하게 남의 아래 앉는 사람이 하나요, 부호이면서 옷이 검소한 사람이 둘입니다. 본시 귀한 권세를 지니고도 그 위엄을 쓰지 않는 자가 셋입니다." 왕이 그 말을 듣고 그가 어진 것을 알았다. 저도 몰래 눈물을 떨구며 말했다. "짐에게 딸 둘이 있다. 건즐巾櫛을 받들게 하기를 청한다." 낭이 자리를 피하며 절을 올리고, 고개를 조아리고 물러났다. 부모에게 고하니 부모가 놀라고 기뻐했다. 그 자제들

을 모아 놓고 의논하였다. "왕의 맏공주는 외모가 몹시 못생겼고, 둘째 공주는 매우 아름답다. 이를 취하는 것이 좋겠다."

왕의 이름은 응렴膺廉이다. '응膺'은 받다, 인수하다는 의미다. 응수膺受는 받든다는 말이고, 응봉膺奉도 뜻을 받들어 모신다는 의미다. 응록膺籙은 천명을 받들어 임금의 자리에 오른다는 뜻이다. 응렴이란 이름은 뜻으로 풀면 청렴으로 임금의 자리를 받았다는 의미가 된다. 그가 청렴의 코드로 왕의 질문에 대답함으로써 왕의 자리에 올랐던 사실과 그대로 부합한다. 《삼국유사》에는 이런 방식의 작명법이 아주 흔하다. 눈먼 딸의 광명을 빌었던 여인은 이름이 '희명希明'이고, 임금에게 충언을 올린 스님은 충담사忠談師다. 혜성을 없애 하늘을 융화시킨 스님은 융천사融天師이고, 노래에 재능이 있어 도적을 감화시킨 사람은 영재永才다. 열거하자면 한정이 없다. 응렴이란 이름은 위의 일이 있은 뒤에 붙여진 이름이다.

응렴은 18세에 국선이 되었고, 다시 2년 뒤인 20세 때 궁전의 잔치에 참석했다. 왕은 지나가는 말투로 그에게 묻는다. 사방을 노닐면서 어떤 사람을 보았는가? 응렴은 세 종류의 사람을 보았다고 대답한다. 첫째, 윗사람인데도 겸손으로 자신을 낮춰 남의 아래에 앉는 사람이다. 둘째는 부자인데도 검소한 사람이다. 셋째는 권세를 지녔지만 위세를 부리지 않는 사람이다.

이 말을 들은 헌안왕이 자신도 모르게 눈물을 흘렸다. 대수롭지 않은 대답에 격한 반응을 보였다. 왜 그랬을까? 윗사람은 남의 위에 군림하려만 들고, 부자들은 사치와 향락이 끝없으며, 작은 권세만 지녀도 위세를 부려 못하는 짓이 없는 것이 당시 귀족들의 보편적 행태였다. 신라의 모든 문제는 여기서 시작되고 끝이 났다. 그런데 응렴은 그렇지 않은 사람을 보았노라고, 아직 희망이 있지 않느냐고 말한 것이다.

왕은 하고많은 사람 중에 왜 그에게 이런 질문을 했을까? 우연일까? 미리 작정했던 일일까? 그의 가계와 출신은 어떠했나? 막상 이 문제는 복잡하게 얽힌 신라 하대의 정치 상황과 밀접하게 맞물려 있다.

응렴은 궁전의 잔치에 참석한 불특정 다수 중의 한 사람이었을까? 그렇지 않다. 게다가 그는 여느 국선 중의 한 사람도 아니었다. 그의 할아버지는 바로 신라 43대 임금 희강왕僖康王이었다. 흥덕왕의 사촌 아우의 아들이었던 그는 아저씨뻘 되는 균정均貞과 왕권 쟁탈전을 벌여 그를 죽이고 힘겹게 왕위에 올랐다. 하지만 재위 3년째 되던 봄 정월에 상대등 김명金明 등의 반란으로, 궁중에서 목을 매어 자살했던 비운의 임금이었다.

반란의 주역이었던 상대등 김명은 즉위하여 44대 민애왕閔哀王이 되었다. 하지만 그는 균정의 아들 김우징의 반란으로 재위 1년도 채 못 되어 살해되고 만다. 김우징은 45대 신무왕神武王이 된다. 그는 죽은 희강왕의 사촌 아우였다. 희강왕은 자신의 아버지를 죽였고, 희강왕을 죽게 한 김명을 김우징이 죽였다. 은원恩怨은 돌고 돌아 제자리로 온 셈이었다. 하지만 그는 839년 4월에 즉위하여 11월 23일에 급서했다.

다시 신무왕의 아들 문성왕文聖王이 보위를 이었다. 정국은 불안하기 짝이 없었다. 잇따른 기근과 역질로 민심이 흉흉했다. 반란도 잇따랐다. 재위 10년째인 848년에 파진찬 김계명金啓明이 시중에 올랐다. 그는 죽은 희강왕의 아들이자 응렴의 아버지였다. 김계명은 이치상으로 따지면 자신의 할아버지인 균정을 죽인 원수의 아들이기도 했다. 하지만 얽히고설킨 정국은 두 세력 간에 모종의 타협을 요구했던 듯하다. 그는 곡절 많은 19년간의 치세 끝에 병으로 세상을 떴다. 그는 세상을 뜨면서 숙부인 의정誼靖에게 왕위를 맡겼다. 그가 바로 응렴을 불러 잔치를 열어 준 47대 헌안왕이다.

《삼국사기》에 따르면 재위 4년째 되던 860년 9월에 헌안왕은 임

▲ **희강왕릉** 내남면 망성리 골짜기에 자리하고 있어 찾는 사람들이 드물다. 다른 왕릉에 비해 크기나 규모가 초라하다.

해전臨海殿에서 잔치를 베푼다. 여기서 응렴은 15세였던 것으로 나와 《삼국유사》의 기록과 다섯 살 차이가 난다. 왕은 응렴에게 착한 사람을 본 적이 있느냐고 묻고, 응렴은 세 사람을 보았노라고 대답했다. 어떤 사람이었느냐고 묻자, 응렴은 이렇게 대답한다.

> 한 사람은 높은 가문의 자제였는데, 남과 함께할 때 스스로를 앞세우지 않고 남 아래에 처하였습니다. 한 사람은 집안에 재물이 많아 의복을 사치하게 할 수 있는데도 늘 삼베나 모시로 스스로 기뻐했습니다. 한 사람은 권세와 영화를 누리면서도 그 권세를 남에게 부리지 않았습니다.

위 《삼국유사》의 대답보다 약간 자세하다. 헌안왕은 당시 20세와 19세 난 딸 둘만 있었으므로, 응렴의 이 대답을 듣고 그를 사위로 삼을 것을 결심한다. 왕이 응렴의 대답에 눈물까지 보인 것을 보면, 당시 그가 겪었던 마음고생이 이만저만이 아니었음을 알 수 있다. 당시 응렴의 아버지 계명은 시중으로 국정의 책임을 맡았던 처지였다. 그의 아버지가 희강왕이었던 사실을 환기한다면, 헌안왕이 응렴을 시험한 것은 이미 권력의 양위에 대해 왕과 계명 사이에 모종의 묵계가 있었음을 알 수 있다.

아들을 사위 삼겠노라는 왕의 전언에 응렴의 부모들은 놀라 기뻐했다고는 했지만, 크게 놀란 것 같지는 않다. 사양하지 않고, 바로 못생긴 첫째 공주 대신 아름다운 둘째 공주에게 장가드는 것이 좋겠다고 결정을 내렸던 것이다. 여기서 이야기는 다시 한 단계의 곡절을 준비한다.

헌안왕은 양위의 명분이 필요했고, 응렴은 '청렴'의 카드를 들고 나왔다. 저마다 제 욕심만 차리느라 정신없던 신라의 현실에서 응렴이 내민 청렴의 카드는 과연 난국을 타개하는 해법이 될 수 있었을까?

범교사의 충고

이때 등장하는 인물이 바로 범교사範教師다. 해당 대목을 읽어보자.

> 낭의 무리 중 상수上首인 범교사範教師가 이를 듣고 집으로 찾아와서 낭에게 물었다. "대왕께서 공주를 공에게 처로 주려 하신다는데 그렇습니까?" 낭이 말했다. "그렇습니다." "누구를 취하시렵니까?" 낭이 말했다. "부모님께서 동생을 취하라고 제게 명하셨소." 범교사가 말했다. "낭께서 만약 동생에게 장가드신다면 제가 반드시 낭의 면전에서 죽겠습니다. 첫째에게 장가드시면 반드시 세 가지 좋은 일이 있을 것입니다. 잘 살피십시오." 낭이 말했다. "명을 따르겠습니다." 이윽고 왕은 날을 받아 낭에게 사람을 보내 말했다. "두 딸은 오직 공이 명하는 바에 따르리라." 사신이 돌아와 낭의 뜻으로 아뢰었다. "맏공주를 받들겠습니다." 그리고 석 달이 지나 왕의 병이 위중해지니 여러 신하를 불러 말했다. "짐은 아들이 없다. 장례 후의 일은 마땅히 장녀의 남편

인 응렴이 잇도록 하라." 이튿날 왕이 세상을 뜨니, 낭이 유조를 받들어 즉위하였다. 이에 범교사가 왕에게 아뢰었다. "제가 말씀드린 세 가지 좋은 일이 이제 모두 드러났습니다. 장녀에게 장가든 까닭에 이제 왕위에 오른 것이 첫째요, 예전에 흠모하던 어여쁜 둘째 공주를 이제 쉽게 취할 수 있으니 둘째며, 언니에게 장가든 까닭에 왕과 부인께서 몹시 기뻐하신 것이 셋째입니다." 왕이 그 말을 덕스럽게 여겨 대덕大德의 작위를 주고 황금 130냥을 하사했다. 왕이 돌아가시니 시호를 경문景文이라 했다.

응렴의 부모는 속도 없이 예쁜 둘째 공주에게 장가들라고 했다. 이 소식을 들은 범교사가 즉각 달려왔다. 그는 국선 응렴의 무리 중 상수上首였고, 《삼국사기》의 기록에 따르면 흥륜사의 승려 신분이기도 했다. 흥륜사는 신라 왕실의 중심 사찰이었다. 응렴의 신분이 그랬듯, 그의 위상도 범상치 않다. 둘째에게 장가들려 한다고 하자, 그는 단도직입으로 둘째에게 장가들면 자신이 먼저 죽겠다고 극언한다. 절대로 안 된다는 뜻이다.

응렴은 이에 부모의 뜻을 따르는 대신 범교사의 말에 따랐다. 한차례 설득의 과정이 있었을 터. 왕은 맏공주에게 장가들겠다는 응렴의 말에 흐뭇해서 혼례를 치렀다. 그러고는 3개월 만에 병으로 세상을 뜨고 만다. 그러니 응렴을 불러 물었을 때 이미 왕의 병세는 깊었고, 후계 문제를 마무리 짓지 않으면 안 될 시점이었던 셈이다. 응렴이 둘째 공주를 취했더라면 왕위에 오르지 못할 수도 있는 상황이었다. 이 점을 간파한 범교사의 훈수는 사태를 극적인 반전 없이 왕위가 순탄하게 응렴에게로 이어질 수 있게 했다.

범교사 또한 뜻으로 풀면 모범模範으로 가르친[敎] 스님[師]이란 뜻이다. 다시 말해 정답을 가르쳐 준 스님이다. 앞서 충담사, 융천사와 마찬가지로 이 일로 인해 붙여진 이름이 틀림없다.

뱀이 몰려들고, 혀가 배를 덮다

바로 이어지는 기록은 응렴이 즉위한 직후, 침전에서 벌어진 이상한 일에 관한 것이다. 그 내용이 참 야릇하다.

> 왕의 침전에는 매일 날이 저물면 무수한 뱀들이 몰려들었다. 궁인들이 놀라 떨며 몰아내려 했다. 왕이 말했다. "과인은 뱀 없이는 편히 잘 수가 없다. 금하지 말라." 매번 잘 때마다 혀를 내밀면 온 가슴을 덮었다.

밤마다 침전으로 몰려들어 궁인들을 공포에 떨게 한 뱀들의 정체는 무얼까? 왕은 동요하는 궁인들에게 뱀 없이는 편한 잠을 잘 수 없으니 막지 말라고 했다. 요컨대 몰려든 뱀 떼는 혹시 있을지도 모를 정변에서 경문왕을 지키려는 수호 세력이다. 즉위 초기 왕은 이들의 호위 속에서만 비로소 편안한 잠에 들 수 있었으리만치 불안한 상태였다. 어렵사리 왕이 된 지 3년이 채 못 되어 궁궐에서 자살하고 말았던 할아버지 희강왕의 일도 두고두고 마음에 맺혔을 것이다. 자신도 그 전철을 밟지 말라는 법이 없었다.

사실《삼국유사》속에서 뱀이 왕권의 수호자로 등장하는 것은 한 두 번이 아니다. 〈가락국기〉에서는 도적들이 수로왕릉 사당 안에 있는 금과 옥을 훔치려고 하자 큰 구렁이가 나타나 번개 같은 눈빛으로 도적들을 물어 죽인 이야기가 나온다. 뱀은 능원을 지키는 신물神物이었다. 박혁거세가 하늘로 올라간 후 7일 만에 유체遺體가 땅에 흩어져 떨어지므로 나라 사람이 합장하려 했을 때도 큰 뱀이 나타나 이를 방해하여 따로따로 장사 지내게 했다.

이렇게 보면 경문왕의 침전으로 밤마다 몰려든 뱀 떼들은 왕권을 수호하려는 경문왕의 추종 세력, 더 구체적으로 말하면 국선 응렴 시절의 낭도들이었다고 볼 수 있다. 그들은 호시탐탐 기회를 노리던 성골 귀족들의 사이에서 불안한 왕권을 지켜 내기 위해 궁인의 동요를 무릅쓰고 침전을 지키려 했던 것이다. 그 중심에 범교사가 있었다.

문제는 그 다음 기록이다. 원문은 "매번 잘 때마다 혀를 내밀면 온 가슴을 덮었다[每寢吐舌, 滿胸鋪之]."고 했다. 대부분의 번역은 침전으로 몰려든 뱀 떼가 왕이 잠들면 혀를 내밀어서 왕의 배를 덮었다는 뜻으로 풀이했다. 하지만 뱀의 혀는 바늘처럼 뾰족하고, 잠시도 가만있지 못하고 들락거린다. 그러니 수많은 뱀이 제 몸으로 왕의 배를 덮었다면 몰라도, 혀로 배를 덮었다는 것은 이치에 닿지 않는다. 무엇보다 원문의 구문상 주어는 뱀이 아니라 왕이다.

요컨대 왕이 잠잘 때 혀를 내밀고 잤는데 그 혀가 온 가슴을 가득 덮었다는 뜻이다. 이건 또 무슨 말인가? 가슴을 가득 덮을 만큼 길고 넓은 혀라면 대뜸 장광설長廣舌이 떠오른다. 석가모니에게는 보통 사람들과는 다른 32가지 신체적 특징이 있었다고 한다. 이른바 삼십이상三十二相이 그것인데, 그 가운데 하나가 보통 사람보다 훨씬 길고 넓은 혀, 즉 장광설상長廣舌相이다. 부처님의 혀는 얇고도 부드러우며 혀를 길게 내밀면 얼굴을 감싸고, 혀끝은 귀털의 가장자리에까지 이른다고 불경에 적혀 있다. 장광설은 지혜의 상징이다. 말은 입속 혀를 움직여 소리가 된다. 혀는 곧 말과 같다. 혀가 길고 넓었다는 것은 결국 보통 사람과는 다른 뛰어난 지혜의 소유자라는 의미다. 오늘날 끝도 없이 늘어지는 요설饒舌의 의미로 쓰는 것과는 본뜻이 다르다.

이렇게 보면 이 대목은 뜻밖에 심장한 의미를 내포한다. 왕은 잠잘 때만 감춰 둔 혀를 내밀어 가슴 가득 덮고서 잤다. 긴 혀는 자신의 추종 세력이 곁에 있을 때만 내밀었다. 평소에는 감춰 두고 비밀로 했다는 뜻이다. 길고 넓은 혀가 지혜의 상징이라면, 왕은 평소 자신의 지혜와 경륜을 감춰 두고 겉으로 드러내지 않았다는 뜻이 된다. 감춘 것이 많은 할 말이었다면 왕은 아직 때가 아니라고 판단하여 자신의 생각을 숨기고 침묵했다는 의미가 된다.

왕은 잘 때도 무서워서 친위 세력들을 곁에 두고서야 잠을 잘 수 있었다. 자신의 감추어 둔 지혜와 경륜을 좀체 펼쳐 보이려 들지도 않았다. 하고 싶은 말이 있어도 내놓고 입을 열지 않았다. 아직 그럴 만한 상황이 아니었던 것이다.

이 대목은 왕이 등극 후 6년째 되던 해에야 비로소 아버지 김계명을 봉하여 의공 대왕懿恭大王으로 삼고, 어머니 박씨 광화 부인을 광의왕태후光懿王太后로 올리고 있는 것으로도 가늠해 볼 수가 있다. 《삼국사기》의 봉호 또는 추존의 예를 보면 십여 차례 모두 예외 없이 즉위 원년이나 이듬해에 이루어졌다. 경문왕의 경우만 재위 6년째에 이루어졌다. 그만큼 즉위 후 여러 해 동안 이리저리 눈치 보고 가늠할 일이 적지 않았던 것이다.

당나귀 귀로 변하다

하지만 왕의 곤경은 여기서 그치지 않았다. 이번에는 또 다른 상황이 발생했다. 귀가 갑자기 나귀처럼 길어진 것이다. 이제 이 이상한 이야기에 대해 알아볼 차례다.

> 즉위하자 왕의 귀가 갑자기 당나귀 귀처럼 자랐다. 왕후와 궁인들은 모두 알지 못했다. 복두장이 한 사람만 이를 알았다. 하지만 평생 남에게 말하지 않았다. 그가 장차 죽으려 할 때, 도림사道林寺(도림사는 옛날에 입도림入都林 곁에 있었다) 대숲 속 아무도 없는 곳에 들어가 대나무를 향해 외쳐 말했다. "우리 임금님 귀는 당나귀 귀 같다." 그 후 바람이 불면 대나무가 "우리 임금님 귀는 당나귀 귀 같다."고 소리 냈다. 왕이 이를 미워하여, 대나무를 베어 버리고 산수유를 심었다. 그러자 바람이 불면 다만 "우리 임금님은 귀가 길다."고 소리를 냈다.

왕의 귀가 갑자기 당나귀 귀처럼 커졌다. 즉위 직후에 일어난 변화다. 무슨 뜻인가? 왕후와 궁인도 몰랐고 복두장이만 아는 비밀이었다. 죽으려 할 때 도림사 대숲에 가서 말했다는 것으로 보아, 왕의 이 비밀은 한동안 아무도 몰랐던 것이 분명하다. 왕이 왕후에게까지 비밀로 하고, 대나무 숲에서 나는 소리를 미워한 것으로 보아, 자신의 귀가 당나귀 귀란 사실이 알려지는 것을 원치 않았음을 알 수 있다. 도대체 이 상황을 어떻게 풀이해야 좋을까?

송나라 때 도곡陶穀이 지은 《청이록清異錄》에는 무종武宗이 집에서 기르던 열 가지 애완동물을 그림으로 그린 〈십완도十玩圖〉 이야기가 나온다. 그는 자신이 기르던 애완동물에게 하나하나 별칭을 붙여 주었다. 예를 들어 닭은 장명도위長鳴都尉이고, 개는 수문사守門使였다. 열 가지 중에 나귀도 있었는데, 나귀의 별명이 장이공長耳公이었다. 길게 드리운 귀를 나귀의 특징으로 포착한 것이다.

또 《구당서舊唐書》의 이충신李忠臣 열전에 흥미로운 대화 한 토막이 있다.

> 한번은 주대奏對하던 중 덕종德宗이 말했다. "경은 귀가 몹시 크니 참으로 귀인이오." 충신이 대답했다. "신이 들으니, 나귀 귀는 몹시 크고, 용의 귀는 아주 작다고 합니다. 신의 귀가 비록 크지만 나귀 귀입니다." 임금께서 기뻐하셨다.

임금이 귀가 크니 귀인이라고 칭찬하자, 용의 귀는 작지만 귀하고, 나귀 귀는 커도 천하니, 큰 자신의 귀보다 작은 임금의 귀가 더 귀하다고 겸양한 내용이다. 임금은 그의 말을 듣고 기뻐했다. 이 삽화는 《구당서》뿐 아니라 여러 문헌 설화집에 수록되어 당시 꽤 널리 알려졌던 이야기다. 여기서 두 가지 단서를 얻는다. 하나는 귀가 크면 귀인貴人으로 여기는 인식이 있다는 점이다. 요즘도 다르지 않다. 다른 하나는 나귀의 큰 귀가 그 우스꽝스러운 모양으로 인해 희화화되고 있는 점이다. 일반적으로 큰 귀는 귀인의 형상이나, 나귀 귀는 오히려 소인에 가깝다.

나귀에 대한 이런 인식은 꽤 보편화된 것이었다. 당나라 유종원

柳宗元은 〈검지려黔之驢〉란 글을 썼다. 검주 땅의 나귀에 대해 쓴 글이다. 범이 나귀를 처음 보고 낯선 동물이라 위세에 눌려 접근조차 못하고 달아났다. 차츰 보니 그 재주란 것이 별것 없고 히힝 소리나 지르고 뒷발질하는 것이 고작이었다. 그래서 날름 잡아먹었다는 이야기다. 이때 나귀는 별 재주 없는 물건의 상징이다.

다시 《삼국유사》의 기록으로 돌아가자. 왕은 즉위하자마자 귀가 당나귀 귀처럼 자랐다. 즉위 전에는 그렇지 않았는데, 즉위하고 나서 새롭게 드러난 사실임을 뜻한다. 다시 말해 왕위에 오르면서 드러난 왕의 본색이 당나귀 귀다. 그는 청렴 코드로 기대를 한 몸에 받으며 왕위에 올랐다. 그런데 막상 왕이 되고 보니, 기대했던 만큼의 그릇이 아니었다는 의미로 읽을 수 있다. 즉 난국을 타개해 줄 귀인일 줄 알았는데 오히려 나귀 귀를 가진 소인이었다는 뜻이다. 그런데 이것이 과연 경문왕의 객관적 진실인지, 복두장이가 판단했던 진실인지를 따지는 일이 문제다. 밤에만 혀를 내밀며 자신의 경륜을 감추고 있던 왕에게, 알고 보니 무능력한 바보라는 소문이 퍼지게 된다면 이는 이래저래 난감한 상황이 아닐 수 없었다. 어쨌거나 이 치명적인 소문은 왕과 지근거리에 있던 복두장이의 입을 통해 퍼져 나갔다. 복두장이의 입장에서 당나귀 귀는 왕의 감춰진 진실이었을 테고, 왕의 입장에서는 퍼져서는 안 될 악성의 유언비어였을 것이다. 어쨌거나 왕은 이 불온한 소문의 확산을 어떻게든 차단하려 애썼다. 그 결과는 성공적이어서 잠자리를 같이하는 왕비조차도 알아채지 못했을 정도였다.

도림사道林寺는 지금의 경북 월성군 내동면 구황리에 자리 잡았던 절이다. 도림사지는 오늘날 호국 원찰인 황룡사지와는 산업도로 하나를 사이에 두고 있는 구황동 모전석탑지 자리였을 것으로 추정한다. 1930년 경 일본인 오사카 긴타로가 이곳에서 '도림道林' 이라고 새겨진 기와 조각을 주운 사실이 있다. 도림사는 입도림入都林가에 있다고 했으니, 도성都城 즉 경주로 들어서는 길목에 자리 잡은 절이다. 지금도 경주로 들어가는 차량들의 행렬이 끝없이 이어지는 길목이다.

▲ 도림사지(현 구황동모전석탑지) 황룡사지 길 건너편 도로변에 위치하며, 석탑의 부재部材들이 모여 있는데 사면의 인왕상 조각은 힘이 넘친다.

도림道林이란 말도 재미있다. 굳이 뜻으로 풀면 '말하는 숲'이다. 바람만 불면 대숲에서 수런수런하는 소리가 들려오는 숲이 바로 도림이다. 그러니까 도림사란 이름 또한 나중에 붙여진 이름으로 보면 된다. 신라인의 명명법은 이렇게 앞뒤가 바뀐 경우가 한둘이 아니다. 왕의 안 좋은 소문을 퍼뜨리는 숲 속에 절이 있다. 그리고 그 절은 서울로 들고 나는 어귀에 있다. 여기서 소문이 퍼지면, 각 지방으로 순식간에 퍼져 나가 전국성을 띠게 된다.

결국 도림사 대숲에서 나는 소리는 도림사의 승려들이 퍼뜨린 소문이다. 도림사의 위치나 위상으로 보아 그곳을 진원으로 하는 소문은 그냥 내버려 두기에는 매우 불온했다. 대나무는 직언을 상징하니, 자칫 이를 방치할 경우 사태는 걷잡을 수 없이 확대될 수도 있었다. 왕은 이 상황을 타개키 위해 대나무를 일거에 베어 버렸다. 그리고 그 자리에 산수유를 심었다. 도림사의 승려들을 자신에게 우호적인 세력으로 교체해 버린 것이다.

그런데 대나무 대신 심은 것이 왜 하필 산수유였을까? 산수유의 코드를 풀어 볼 차례다. 《본초경本草經》에는 "산수유는 일명 촉산조蜀酸棗라 하는데, 평생 산곡에서 자란다. 심장 아래 삿된 기운을 다스려 주고 삼충三蟲을 제거해 준다."고 했고, 《풍토기風土記》에는 "9월 9일을 상구上九라 하는데, 수유가 노랗던 것이 이날이 되면 기운이 매워지고 빛깔이 붉게 변한다. 수유를 꺾어서 머리에 꽂으면 나쁜 기운을 물리치고 추위를 막아 준다고 한다."고 했다. 요컨대 수유는 사기邪氣 또는 악기惡氣를 막아 준다. 9월 9일에 사람들이 등고登高, 즉 높은 곳에 올라가서 수유 가지를 머리에 꽂아 나쁜 기운을 물리치려 한 것은 두보의 시에도 나올 만큼 연원이 오랜 풍습이다.

왕은 입바른 말 하는 대숲을 잘라 내고, 대신 사악한 기운을 막아 주는 산수유를 심었다. 비판적 세

력을 밀어내고 내 편을 심은 것이다. 효과는 바로 나타났다. 산수유 숲은 이제 "우리 임금님 귀는 당나귀 귀 같다."고 하는 대신 "우리 임금님은 귀가 길다."고 복창하기 시작한 것이다. 이것은 표현의 완화로 볼 수도 있고, 반전으로 볼 수도 있다. 완화로 보면, 우리 임금님 귀가 길기는 해도 당나귀 귀 정도는 아니라고 한 것이 된다. 반전으로 보면, 우리 임금님은 참으로 귀인이시라고 말한 것이다. 반전으로 보아야 이 대목의 극적 효과가 살아난다. 여론이 수습 국면으로 접어든 것이다. 왕의 입장에서 보면 비판적인 반대 세력을 제거하고, 우호적인 세력을 심어 악화된 여론을 자기편으로 되돌리는 데 성공한 것이다.

문제는 그곳에 절이 있었다는 점이다. 경문왕은 불교 세력의 재편에 유달리 힘을 쏟았던 임금이다. 그는 숭복사와 황룡사, 그리고 해인사 등의 교종 사찰을 거듭 중창하고, 국가적인 불교 행사를 주도했던 왕이다. 또 신라 하대에 막강한 경제력을 바탕으로 성장을 거듭했던 선종 산문에 대해서도 회유와 포섭을 통해 결속력을 강화해 나갔다. 도림사 대숲을 베어 낸 이야기는 이러한 불교 재편 과정을 통한 왕권 강화책과도 무관치 않을 것이다.

최치원이 지은 〈대숭복사비문大崇福寺碑文〉에서는 경문왕 즉위 즈음의 상황을 이렇게 적고 있다.

> 갑작스레 근심이 기국杞國을 침범하여 왕위가 비고 산악이 요동쳤다. 비록 사슴 쫓는 들판[逐鹿之原]은 아니었으되, 또한 까마귀가 몰려드는 무성한 동산[集烏之苑]이 있었다. 하지만 어질고 순한 데다 장자長者면서도 어질어 백성들이 추대한 바 되니, 그분이 아니고 어디로 갈 것인가? 이에 대저

代邸에서 몸을 편히 하시고 불문佛門에 마음을 기울이셨다. 조상에게 부끄러움을 끼칠까 염려하여 불사를 일으키고자 하였다.

헌안왕이 갑작스레 승하하여 나라가 위태롭게 되었을 때, 축록지원逐鹿之原은 아니었지만 집오지원集烏之苑이 있었다고 했다. 왕위를 둘러싼 치열한 쟁탈전까지는 아니었지만 권력의 향배를 좇아 상당한 세력 다툼이 있었다는 말이다. 하지만 경문왕은 현순賢順과 장인長仁의 미덕으로 백성들의 추대를 받아 임금의 지위에 오를 수 있었다. 그러고는 불문佛門에 마음을 쏟고 불사佛事를 일으킴으로써 나라를 안정 궤도에 올려놓으려고 했다.

까마귀가 몰려드는 동산[集烏之苑]은 출전이 있는 말이다. 춘추 때 진헌공晉獻公이 여희驪姬를 총애하자 여희의 아들 해제奚齊에게 사람들이 쏠렸다. 하지만 이극里克은 힘없던 태자 신생申生과 가까이 지냈다. 우시優施가 그 어리석음을 까마귀가 몰려드는 나무의 비유로 시를 지어 풍자하자, 이극이 마음을 바꿔 이후로는 신생을 돕지 않았다. 그래서 집원集苑이란 말은 무리를 따라 권력을 붙좇는다는 의미를 지닌다.

결국 경문왕은 헌안왕의 갑작스런 승하로 혼란스런 정국에서 권력의 향배를 예의 주시하며 이리저리 붙좇던 무리를 덕으로 눌러 왕위에 올랐다. 하지만 그의 처지는 여전히 불안했고, 재위 14년간 세 차례의 반란이 일어났을 만큼 아슬아슬한 정국을 이어 갔다. 뱀 떼의 호위, 밤중에만 내놓는 길고 넓은 혀, 당나귀 귀로 변해 버린 귀, 대숲의 소문과 산수유로의 대체 등은 모두 이런 정치 상황에 대한 암유로 읽으면 된다.

화랑들의 후원

경문왕 기사의 대미는 화랑들의 협력 약속으로 마무리된다.

> 국선國仙 요원랑邀元郎과 예흔랑譽昕郎, 계원桂元과 숙종랑叔宗郎 등이 금란金蘭을 유람하다가, 가만히 군주를 위해 나라를 다스리려는 뜻이 있었다. 이에 노래 세 수를 지어 심필心弼 사지舍知를 시켜 공책을 주어 대구 화상大矩和尙의 거처로 보내 세 노래를 만들게 했다. 첫 곡은 〈현금포곡玄琴抱曲〉이고, 두 번째는 〈대도곡大道曲〉이며, 세 번째는 〈문군곡問羣曲〉이었다. 들어가 왕께 아뢰자 왕이 크게 기뻐하며 칭찬하였다. 노래는 알 수 없다.

위는 대나무 숲의 유언비어 유포사건이 가라앉은 후에 바로 이어지는 기사다. 경문왕과 같은 국선 출신의 화랑 4명이 강원도 지역을 유람하다가 '가만히[暗]' 군주를 위해 나라를 다스리려는 뜻을 품었다. '가만히'를 강조한 것은 이제는 우리가 나설 때가 되었다는 판단이 깔려 있다. 이들은 직접 자신의 뜻을 피력하는 대신, 향가 세 수를 지어 향가의 최고 전문가인 대구 화상에게 사람을 보내 노래로 만들게 하였다. 가사를 자신들이 짓고, 곡조는 대구 화상이 붙인 것이다. 대구 화상은 누구인가? 다음 시기 진성 여왕 때 각간 위홍魏弘과 함께 향가집인 《삼대목三代目》의 편찬을 주도했던 인물이다. 위홍은 또 바로 경문왕의 친동생이었다. 위홍이 왕실을 대표하는 책임자였다면 대구 화상은 《삼대목》 편찬을 진두지휘한 실무 책임자였다.

그런 그가 화랑들을 위해 왕에게 바칠 노래 세 곡을 지었다.

노래 제목도 의미심장하다. 〈현금포곡玄琴抱曲〉과 〈대도곡大道曲〉, 그리고 〈문군곡問羣曲〉이다. 현금玄琴은 거문고다. 현금은 《삼국유사》 〈백률사〉조에 신라 왕실 천존고天尊庫에 신적神笛과 함께 보관되어 있던 신물이다. 효소왕 때 부례랑夫禮郎이 말갈족에게 잡혀갔을 때 한 승려가 이 현금과 신적의 신통력을 빌어 그를 위기에서 구출했던 바로 그 물건이기도 하다. 또 후에 혜성이 나타나 소란스럽게 되자, 일관日官이 현금과 신적을 봉작해야 한다고 하여, 이를 책호冊號하자 혜성이 즉시 사라진 일도 있었다. 현금은 곧 신라를 위기에서 건져 내는 신물인 셈이다. 그러니 '거문고를 안고'란 제목은 그때 그 현금이 신라를 위기에서 건져 냈듯 자신들도 현금의 염력을 빌어 신라를 수호하겠다는 의지를 나타내는 내용이었을 것이다. 대도大道는 나라를 다스리는 큰 도리다. 구체적인 정책 비전이 담겨 있었을 법하다. 마지막 문군問羣은 '무리에게 묻는다'는 뜻이다. 대내외에 자신들의 의지를 천명하고 여론의 동조를 유도한 내용이다.

왕은 생각지 않은 뜻밖의 선물에 크게 기뻐했다. 그는 곡절 끝에 왕위에 올라 이런저런 불만세력을 어렵사리 잠재웠다. 이제 막 뜻을 펼치려 하는 장면에서 생각지 않은 든든한 원군을 얻게 된 것이다. 이렇게 해서 정치 전면에서 밀려나 있던 화랑 세력이 다시 정치의 전면에 등장했다.

경문왕의 왕위 등극에 화랑도의 상수였던 범교사가 결정적 역할을 했다. 즉위 후 왕권이 위태로울 때는 화랑의 무리가 왕을 측근에서 지켰다. 그리고 다시 쟁쟁한 화랑들이 향가와 함께 등장하여 왕의 개혁을 마무리 짓는 데 견인차 역할을 자임하고 나선 것이다. 왕의 처음과 끝에 화랑이 있었다.

남는 생각

이렇게 해서 당나귀 귀 임금님 이야기의 속살을 살펴보았다. 하나뿐인 정답은 없다. 《삼국유사》의 이야기는 읽을 때마다 새롭고 다르다. 괴상하고 알지 못할 이야기투성이지만, 한 켜 한 켜 벗겨 내면 뜻밖에 흥미로운 진실과 마주치는 즐거움이 있다. 사실의 언어로는 설명할 수 없는 아우라가 여기서 생겨난다. 뱀에 대한 해석, 대나무 숲과 산수유에 대한 풀이를 새로 해 보았다. 특히 장광설에 관한 해석은 이 글에서 처음 시도한 것이다. 응렴과 범교사, 도림사를 뜻풀이로 새롭게 살펴보았다.

이 글을 쓰는 도중 경주 답사를 다녀왔다. 경문왕의 할아버지 희강왕의 무덤을 찾아 묻고 물어 경주시 내남면 망성리의 황량한 산속을 헤맸다. 희강왕릉은 원래 석축 하나 없는 봉분뿐인 무덤이었다. 갑작스런 죽음으로 황황하게 치러졌을 그의 장례 장면이 떠올랐다. 그를 죽음으로 몰고 갔던 민애왕릉이 불과 몇 백 미터 거리에 나란히 놓여 있었다. 여기에는 석축이 잘 갖춰져 있었다. 황룡사 건너편 산업도로 너머에 있던 도림사지, 즉 구황동 모전석탑지에는 사면의 인왕상이 잡초더미 속에 뒹굴고 있다. 그 근처에 있었을 대숲 자리를 더듬어 보며, 현장이 주는 실감을 되새겨 보았다.

《삼국사기》는 왕이 세상을 뜨기 두 달 전의 일을 이렇게 적었다. “여름 5월에 용이 왕궁의 우물에 나타났다. 잠깐 만에 구름 안개가 사방에서 몰려들더니만 날아가 버렸다.” 그는 과연 왕궁에 잠시 머물다 떠난 용이었을까?

그는 42대 흥덕왕 사후 불과 25년 사이에 6명의 왕이 바뀌는 혼란 속에 왕위에 올랐다. 재위 기간 중 세 차례의 모반을 진압하고, 불교 세력의 결집을 통해 국권을 안정시켰다. 그는 당나귀처럼 귀만 큰 어리석은 소인이 아니라 귀인貴人이었다. 혀를 감춰 자신의 경륜을 숨겨야 했을망정, 차근차근 반대 세력을 잠재우고, 지지 세력을 확장해서 왕권의 안정을 가져왔던 큰 임금이었다. 그는 30대 중반의 젊은 나이에 아깝게 세상을 떴다. 이후 그의 첫째 아들이 49대 헌강왕에 오르고, 둘째 아들이 50대 정강왕에 올랐다. 딸은 51대 진성 여왕이다. 52대 효공왕은 헌강왕의 아들이었다. 이리저리 춤추듯 왔다 갔다 하던 왕위가 그의 직계로만 4대를 이어 갔던 것이다. 경문왕을 둘러싼 알 듯 모를 듯한 이야기들은 이러한 전후 상황을 통해 볼 때 비로소 맥락이 소연해진다.